服务外包蓝皮书顾问及编委会（2019—2020）

总　顾　问：江小涓

顾　　　问：王一鸣　王洛林　朱晓明　李德水
　　　　　　沈丹阳　张燕生　张蕴岭　陈文玲
　　　　　　郑新立　冼国明　李　钢

主　　　编：王晓红　戚桂杰　齐海涛

副　主　编：杨　林　沙　琦　李　蕊

编委会主任：王晓红　徐东海　齐海涛

编委会副主任：张　颖　周李明

编　　　委：王晓红　谢兰兰　李　蕊　马卫红
　　　　　　杨　林　柯建飞　齐海涛　沙　琦
　　　　　　李鉴诚　袁　静　戚桂杰　金殿臣
　　　　　　刘　震　周宏燕　谷祖莎　沈　君
　　　　　　刘　文　朱福林　盛宝富　焦慧莹
　　　　　　陈能军　邓　丽　赵合喜　杨馥萍

服务外包蓝皮书
BLUE BOOK OF
SERVICE OUTSOURCING

中国服务外包产业发展报告
(2019—2020)

CHINA'S SERVICE OUTSOURCING INDUSTRY
DEVELOPMENT REPORT (2019—2020)

主　编◎王晓红　戚桂杰　齐海涛

图书在版编目（CIP）数据

中国服务外包产业发展报告.2019－2020／王晓红，戚桂杰，齐海涛主编．－－北京：中国经济出版社，2021.8

ISBN 978－7－5136－6605－3

Ⅰ.①中… Ⅱ.①王…②戚…③齐… Ⅲ.①服务业－对外承包－研究报告－中国－2019－2020 Ⅳ.①F726.9

中国版本图书馆 CIP 数据核字（2021）第 171992 号

责任编辑　严　莉
责任印制　巢新强

出版发行	中国经济出版社
印 刷 者	北京中石油彩色印刷有限责任公司
经 销 者	各地新华书店
开　　本	710mm×1000mm　1/16
印　　张	22.25　彩页印张　0.25
字　　数	328 千字
版　　次	2021 年 8 月第 1 版
印　　次	2021 年 8 月第 1 次
定　　价	128.00 元

广告经营许可证　京西工商广字第 8179 号

中国经济出版社 网址 www.economyph.com 社址 北京市西城区百万庄北街 3 号 邮编 100037
本版图书如存在印装质量问题，请与本社发行中心联系调换（联系电话：010－68330607）

版权所有　盗版必究（举报电话：010－68355416　010－68319282）
国家版权局反盗版举报中心（举报电话：12390）　　服务热线：010－88386794

※ 主要编撰者简介 ※

王晓红

1963年11月出生于北京市密云县，1998年毕业于中国社会科学院研究生院获经济学博士，2002年进入东北大学博士后流动站研究跨国投资。现任中国国际经济交流中心信息部副部长兼《全球化》副总编，兼任清华大学服务经济与数字治理研究院客座研究员，山东大学、北京邮电大学、中央财经大学等教授，BSN荷兰商学院博士生导师，中国藏学研究中心学术委员会委员。长期从事国际贸易投资、服务经济等领域研究，主持课题和个人专著荣获商务部商务发展研究成果奖7项、国家发展改革委优秀研究成果奖2项，其中一等奖1项、三等奖6项、优秀奖2项，研究报告《中国的全球经济战略研究》荣获商务部商务发展研究成果奖一等奖。主笔撰写内参多次获得党和国家领导人批示。公开出版学术专著及发表论文350余万字。出版专著11部（其中独著5部、合著6部），发表学术论文200余篇，其中在《人民日报》《经济日报》《光明日报》及《求是》《改革》《财贸经济》《经济学动态》《国际贸易》等核心期刊发表论文150余篇。主持参与国家部委和国家社科基金重大项目等课题60余项，作为课题组长主持了中财办《加入CPTPP的策略研究》《"十三五"时期扩大对外开放战略研究》、国家发展改革委《"十四五"时期推动高水平对外开放的思路》《建设更高水平开放型经济新体制重大问题研究》《生产性服务业准入条件研究》《中国工业设计产业发展政策研究》、商务部《中国数字贸易发展报告2020、2019》《中国数字服务贸易发展报告2018》《中国服务贸易发展报告2017》《数字贸易和软件出口发展报告2017》《中国软件出口发展报告2015、2016》、工信部《制造业创新设计发展行动纲要研究》《我国中小企业公共服务平台需求与建设研究》、国家知识产权局《创新型工业设计企业知识产权保护的研究》等研究项目。主编《服务外包蓝皮书——中国服务外包产业发展报告》《工业设计蓝皮书——中国工业设计发展报告》《设计产业蓝皮书——中国创新设计发展报告》。多次担任国家社科基金、教育部哲学社会科学研究重大课题攻关项目、教育部高等学校科学研究优秀成果奖评委，担任商务部、工信部、国家发展改革委等重大研究项目评审专家。

徐东海

徐州市原副市长，市政府党组成员。负责开放型经济、商务、口岸、市场监督管理、知识产权、外事、台湾事务、港澳事务等方面工作，协助分管有关重大项目。徐东海副市长对服务贸易和服务外包产业具有深刻的理解和全球化的视角，作为主管领导，紧抓全球数字经济发展新趋势和新机遇，把发展服务外包作为推动徐州市高质量发展、建设淮海经济区中心城市的重要抓手，整合资源、开拓创新，举全市之力加以推进，产业发展取得了显著成果。2016年12月，徐州被江苏省商务厅正式认定为"江苏省服务外包示范城市"，并在2018年度中国服务外包示范城市及申请城市综合评价中以72.58分位居11个申请城市之首。2019年徐州市服务外包业务总量居江苏省第5位，淮海经济区首位。

戚桂杰

山东大学商学院院长/自贸区研究院院长，管理科学与工程学科教授/博导。长期从事管理科学、信息管理与信息系统、电子商务领域的教学、科研工作。近年来，主持多项国家自然科学基金、国家社科基金等科研项目；出版专著多部，在国内外重要学术期刊上发表论文70余篇。主持国家一流专业《信息管理与信息系统专业》建设项目、国家级精品课程《数据结构》等多项教研项目；曾获国家级教学成果二等奖。主要学术兼职有：中国信息经济学会常务理事、信息管理专业委员会副理事长、国际信息系统协会中国分会（CNAIS）常务理事，教育部高等学校管理科学与工程类专业教学指导委员会委员、高等学校国家级实验教学示范中心联席会经济管理学科组组长等。

齐海涛

鼎韬集团总裁、鼎韬产业研究院院长、中国外包网CEO，是全球协会评选的全球24位国际服务与外包界思想领袖之一，入选全球服务与外包名人堂，是亚洲地区入选该名单的唯一企业领袖。同时作为全球联合发起人，参与发起制定了全球服务采购领域第一个国际标准——多维度服务供应商评估国际标准（MVSS）。兼任国家发展改革委地方政府产业创新促进中心主任，联合国项目署、联合国工业发展组织科技与服务产业专家，国家发展改革委、商务部、工信部产业专家，中国信息服务与外包产业联盟副理事长，京津冀众创联盟秘书长，国家（上海）服务外包交易促进中心战略合作委员会常务副主任，全国服务外包考试管理中心指导委员会副理事长，中国国际贸易协会全国服务外包岗位专业考试专家委员会副主任等。

杨　林

教授、博士生导师，山东大学杰出中青年学者，商学院副院长。兼任山东大学自贸区研究院、山东大学劳动经济与人力资源研究中心、山东大学威海发展研究院、中国海洋发展研究中心等机构研究员。主要研究方向为现代财税理论与政策、海洋经济与管理。主持国家社科重大项目1项、国家社科重点项目1项、国家社科一般项目1项、国家软科学项目1项、省部级项目10余项；出版专著5部；发表CSSCI论文40余篇，研究成果获省市级等奖项10余项。

沙 琦

鼎韬产业研究院副院长、鼎韬咨询副总裁,担任国家发展改革委地方政府产业创新促进中心副主任、TOPs系列评选委员会专家、中国信息服务与外包产业联盟专家委员会专家、《服务外包教程》副主编、《服务外包英语》主编,为全球服务采购MVSS国际标准发起人。曾经主持过联合国、商务部、工信部、GIZ等多个国际和国家级课题项目,并主持了天津、郑州、长沙、烟台、珠海、徐州、泰州、贵阳等多个城市及当地园区的产业发展规划和咨询项目。

李 蕊

中国国际经济交流中心《全球化》编辑部副主任,从事服务贸易、文化创意产业领域研究,公开发表多篇相关文章。《中国服务外包产业发展报告(2018)》《服务外包蓝皮书2013—2014》《工业设计蓝皮书2014》等书的副主编,《中国创新设计发展报告(2016)》《中国服务外包产业发展报告(2016—2017)》等书的编委,参与《中国时尚产业蓝皮书2014》等书的撰写工作。曾参与国家发展改革委、商务部、工信部等多个部委的十余项课题,荣获商务部全国商务发展成果奖2次。

目　录

Ⅰ　总报告

"十四五"时期我国服务贸易发展的思路研究……………………………… 3

Ⅱ　专题篇

专题一　推动服务外包转型升级的主要思路………………………………… 51
专题二　全球数字贸易发展及对服务外包的影响…………………………… 55
专题三　大数据、云计算、人工智能发展与中国服务外包的发展机遇…… 75
专题四　服务外包企业实现数字化转型的路径……………………………… 87
专题五　2019年中国服务外包交易指数……………………………………… 110

Ⅲ　行业篇

专题一　金融服务外包进入数字金融时代的发展战略……………………… 129
专题二　2018—2019年中国人力资源外包发展简析………………………… 144
专题三　云服务外包产业发展现状及未来展望……………………………… 159

Ⅳ 国际篇

专题一　美国服务外包行业发展现状及展望 …………………… 175
专题二　欧盟服务外包行业发展现状及展望 …………………… 185
专题三　日本服务外包行业发展现状及展望 …………………… 200
专题四　韩国服务外包行业发展现状及展望 …………………… 213
专题五　"一带一路"服务外包不断迈向高质量发展之路 ……… 226

Ⅴ 区域篇

专题一　2019年度徐州市服务外包产业发展报告 ……………… 247
专题二　2019年度上海市服务外包产业发展报告 ……………… 259
专题三　2019年度深圳市服务外包产业发展报告 ……………… 270
专题四　2019年度天津市服务外包产业发展报告 ……………… 286
专题五　2019年度贵阳市服务外包产业发展报告 ……………… 296
专题六　2019年度大连市服务外包产业发展报告 ……………… 311
专题七　2019年度威海市服务外包产业发展报告 ……………… 323

Ⅵ 案例篇

案例一　创新，带给东软新的生命——东软集团股份有限公司 ………… 337
案例二　博彦科技的进阶之路 …………………………………… 346

Ⅰ 总 报 告

"十四五"时期我国服务贸易发展的思路研究

王晓红　费娇艳　谢兰兰①

服务贸易是服务业国际竞争力的重要体现，是我国贸易高质量发展的重要标志，是推动产业迈向全球价值链中高端的关键环节。在服务全球化时代，服务贸易在开放型经济发展中的战略地位显著提升，已经成为影响国际分工和贸易利益分配的关键因素。大力发展服务贸易不仅与我国进入服务经济时代的发展阶段相适应，与资源要素禀赋相匹配，也是推动我国经济结构战略性调整的迫切要求，对于稳外贸、稳外资、稳投资、稳就业及促进国际收支平衡都具有重大战略意义。"十四五"时期，我国贸易环境将面临更大挑战，逆全球化思潮，导致保护主义加剧；中美贸易摩擦的影响，导致货物贸易"降顺差"面临更大压力；国内经济增长与成本、能源、资源、环境的矛盾加剧，导致劳动密集型产业加快转移。这些都要求我们把发展服务贸易放在更重要的战略位置，切切实实地促进我国外贸增长的动力变革、效率变革和质量变革。

一、"十三五"时期我国服务贸易的发展现状

"十三五"以来，我国通过不断深化服务贸易供给侧结构性改革，完善政策促进体系，发挥服务贸易创新发展试点的示范作用，特别是通过持续促进

---

① 王晓红，中国国际经济交流中心信息部副部长，教授、博士生导师；费娇艳，商务部服贸司副处长；谢兰兰，中国国际经济交流中心战略部副教授。

服务贸易自由化和便利化等措施,进一步优化营商环境,使服务贸易实现稳步增长,结构持续优化,国际竞争力明显增强,企业自主创新能力和国际化经营水平明显提升,对外贸易转型升级和服务业国际化发展的带动作用更加突出,在稳外贸、稳外资、稳投资、稳就业中发挥了重要促进作用。但总体来看,服务贸易仍是外贸的短板和弱项。与发达国家相比,我国服务贸易存在"三低一大"的特点:"三低"即服务贸易占对外贸易比重低、数字化水平低、知识密集型服务贸易比重低,"一大"即逆差大。究其原因,服务贸易发展不平衡、不充分的矛盾突出,服务业开放不足仍是主要制约因素。

(一)取得的主要成就

1. 服务贸易竞争力不断提升,世界服务贸易大国地位继续稳固

2016—2018 年,我国服务贸易年均增速 9.4%,高于同期全球 7.3% 的增长水平。其中,出口和进口平均增速分别为 12.8% 和 7.8%,出口增速明显高于进口增速,是竞争力增强的重要表现。2018 年服务贸易占外贸总额的比重是 14.6%,较"十二五"末提高 4 个百分点。2019 年,我国服务贸易额为 7850 亿美元,同比下降 1.4%,较 2015 年增长 20.0%。其中,出口额为 2836 亿美元,同比增长 4.5%;进口额为 5014 亿美元,同比下降 4.5%(见图 1-1)。

我国已经成为推动全球服务贸易增长的重要动力。截至 2019 年,我国服务贸易规模连续 6 年保持世界第二位,是世界服务贸易第二大进口国和第五大出口国,服务贸易占全球比重由 2011 年的 5.2% 上升至 2018 年的 7.0%(见图 1-2),其中出口占比 4.6%,进口占比 9.4%。2011—2018 年我国服务贸易年均增速 8.4%,高于全球平均水平 4.2 个百分点。

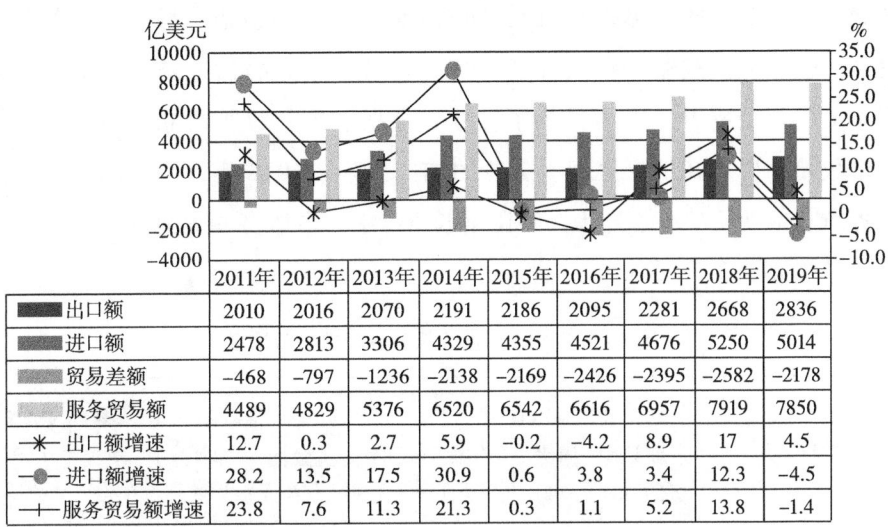

图 1-1　2011—2019 年我国服务贸易发展情况

资料来源：商务部。

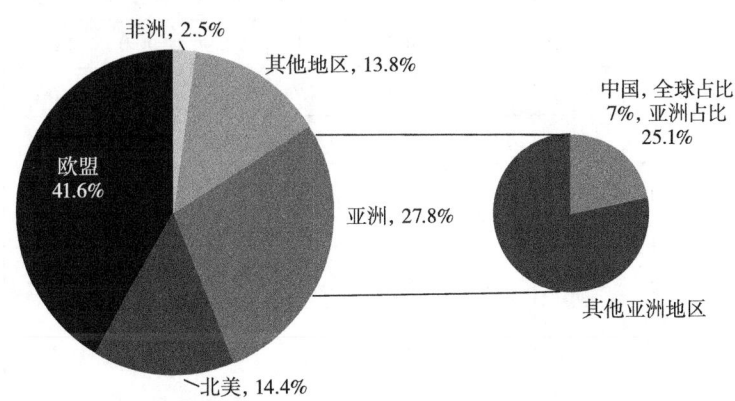

图 1-2　2018 年全球服务贸易占比

资料来源：International Trade Statistics.

2. 服务贸易结构持续优化，知识密集型服务贸易①成为主要增长动力

旅行、运输、建筑三大传统领域在我国服务贸易中一直占主导地位。"十三五"期间占比有所下降。2019 年，上述三大领域服务贸易额为 4738.1 亿

---

① 知识密集型服务贸易指金融服务、保险服务、知识产权使用费、电信计算机和信息服务、个人文化和娱乐服务、其他商业服务等领域。

5

美元，占比60.4%（见表1-1），同比下降3.4个百分点。数字经济的蓬勃发展，创新驱动战略的深入推进，制造业与服务业的加速融合及信息技术竞争力的不断提升，有力带动了保险、金融、电信计算机和信息服务、知识产权使用费等知识密集型服务业的加速发展。2019年，我国知识密集型服务贸易额为2722亿美元，同比增长6.2%，占服务贸易比重达34.7%，较上年提高2.3个百分点。

表1-1 2019年我国服务分项进出口情况

服务类别	进出口 金额（亿美元）	同比（%）	出口 金额（亿美元）	同比（%）	进口 金额（亿美元）	同比（%）	贸易差额（亿美元）	贸易额占比（%）
总额	7850.0	-1.4	2835.6	4.5	5014.1	-4.5	-2178.0	100
运输	1509.1	0.2	460.3	8.8	1048.7	-3.2	-588.4	19.2
旅行	2856.1	-9.7	345.1	-12.5	2511.0	-9.3	-2165.9	36.4
建筑	372.9	6.0	280.0	5.3	92.9	8.0	187.1	4.8
保险服务	155.5	-7.4	47.8	-2.9	107.8	-9.3	-60.0	2.0
金融服务	63.8	13.8	39.1	12.3	24.7	16.4	14.4	0.8
电信、计算机和信息服务	807.6	14.0	538.6	14.5	269.0	13.2	269.6	10.3
知识产权使用费	410.3	-0.3	66.5	19.6	343.8	-3.4	-277.2	5.2
个人、文化和娱乐服务	52.8	14.5	12.0	-1.3	40.8	20.2	-28.8	0.7
维护和维修服务	138.4	42.5	101.8	41.8	36.6	44.2	65.2	1.8
加工服务	198.9	-10.8	195.8	-11.2	3.1	18.4	192.7	2.5
其他商业服务	1232.0	5.1	733.5	4.9	498.5	5.4	235.1	15.7
政府服务	52.6	-15.5	15.4	-12.0	37.2	-16.8	-21.8	0.7

资料来源：商务部。

3. 离岸服务外包量质齐升，成为生产性服务出口的主要方式

我国连续多年为全球第二大接包国，占全球离岸服务外包总量的33%左右。"十三五"以来，服务外包产业继续保持两位数增长，对服务贸易增长的贡献明显提升。2019年，我国承接离岸服务外包执行额为968.9亿美元（见图1-3），占服务贸易比重12.3%，较2015年提高2.4个百分点，占服务出口比重34.2%。其中，作为本时期服务外包主要业务的生产性服务出口，成为推动服务贸易发展的新引擎和新动能。随着企业创新能力和服务能力的不断提升，服务外包呈现向价值链高端攀升的趋势。研发设计、数据分析和挖掘、整体解决方案、系统设计服务等高附加值业务出口规模扩大。2019年，我国企业承接离岸信息技术外包（ITO）、业务流程外包（BPO）和知识流程外包（KTO）执行额分别为426.8亿美元、175.5亿美元和366.6亿美元，占比分别为44.1%、18.1%和37.8%。其中，工程技术服务、检验检测、医药和生物技术研发服务、工业设计等领域分别增长10.7%、17.5%、13.0%和12.8%。

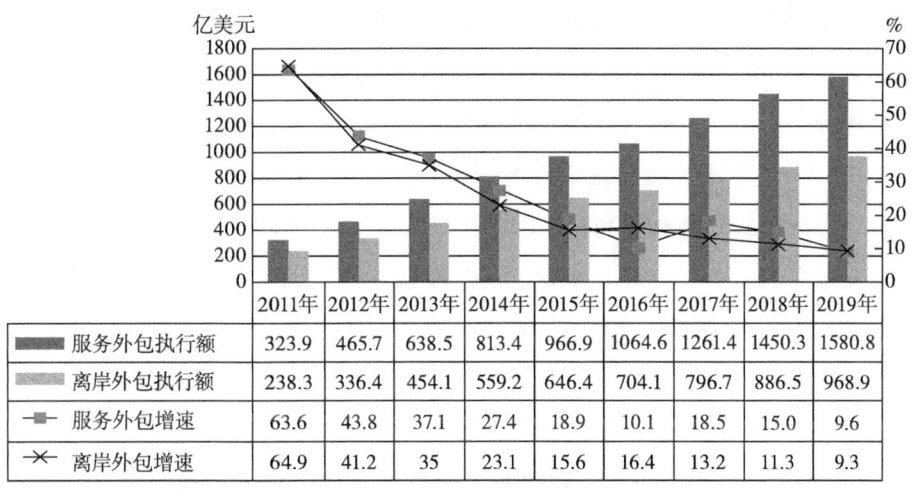

图1-3 2011—2019年我国承接服务外包和离岸外包情况

资料来源：商务部。

4. 文化服务贸易高速增长，技术贸易稳步发展

2018年，我国文化服务进出口总额为346.3亿美元（见图1-4），同比增长17.8%，占文化贸易总额的25.3%。其中，文化服务出口比上年提升22.1个百分点。处于核心层的文化和娱乐服务费、著作权等研发成果使用费、视听及相关产品许可费三项服务出口增长21.4%，高出整体增速3.2个百分点，占比25.7%。

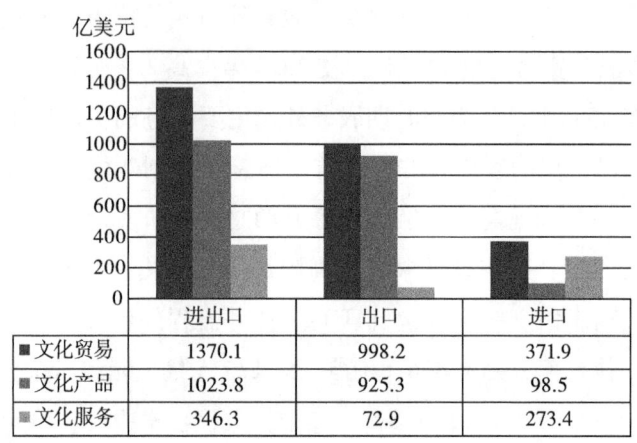

图1-4 2018年我国文化贸易情况

资料来源：商务部。

技术贸易在增强企业创新能力、推动产业升级、培育经济增长新动能等方面发挥着重要作用。我国与全球130多个国家和地区建立了技术贸易联系，发达国家仍是主要贸易伙伴国。2018年，技术贸易额为614.5亿美元，同比增长10.3%。其中，技术出口额为283.1亿美元，技术咨询、技术服务、专有技术、计算机软件和专利技术四类出口方式占比87.3%；技术出口的行业主要是计算机服务、软件、研发、通信设备、计算机及其他电子设备制造和专业技术服务，占比62.1%。技术进口额为331.4亿美元，其中技术费占比97%，制造业占技术进口额的85.3%，专有技术、专利技术和成套设备、关键设备和生产线四种进口方式合计占比82.9%。

5. 跨境电商等新业态加快成长，数字贸易成为新的增长引擎

近年来，我国数字贸易呈现快速增长、领域广泛和国际化等积极的发展态势。跨境电商规模居世界前列，2019年跨境电商零售额同比增长38.3%。社交媒体和搜索引擎加速拓展海外市场。据统计①，2019年全球社交媒体前八位中，我国占3席，分别是微信、QQ、Qzone，抖音海外版（Tik Tok）排在社交应用类App下载量第三位②，百度作为全球最大的中文搜索引擎积极推

---

① WE ARE SOCIAL, HOOTSUITE. 2019年全球数字报告（*Global Digital* 2019 *Reports*）。
② 互联网数据咨询中心Apptopia发布的2018年度全球App下载量排行。

进国际化进程。云服务成为新增长点，2018年我国与云计算相关的运营服务收入同比增长21.4%，在信息技术服务中占30%[①]。我国公共云服务商规模和实力仅次于美国，居世界第二位，拥有阿里云、百度云、腾讯云等全球领先的公共云提供商。数字内容服务出口迅速扩大，2011—2018年自主研发的网络游戏海外市场销售收入从3.6亿美元增至95.9亿美元，8年增长27倍。跨境电子支付大幅增长，中国支付清算协会数据显示，2017年我国第三方支付机构跨境互联网支付总额近3200亿元，同比增长70.9%。据《2019年中国移动支付行业分析报告》分析，预计今后数年跨境支付的规模将保持年50%以上增速[②]。微信跨境支付应用已覆盖49个国家和地区，2018年跨境支付月均交易金额同比增长400%。卫星导航定位与位置服务快速发展，2018年我国北斗卫星定位导航系统开始提供全球服务，对卫星导航定位和位置服务产业的核心产值贡献率达80%。目前，我国企业的卫星导航定位产品和服务已遍布全球100多个国家和地区，应用于"一带一路"沿线30多个国家和地区。

6. 全球市场格局日趋多元化，"一带一路"市场新空间不断拓展

我国已经与全球200多个国家和地区建立了服务贸易往来。2018年，服务出口额排名前十的国家和地区占服务出口总额的67.5%，较2015年下降7.1个百分点[③]；进口额排名前十的国家和地区占服务进口总额的73.3%（见表1-2）。2018年，我国与"一带一路"沿线国家和地区的服务贸易额为1217亿美元，占比15.4%。沿线国家数字鸿沟巨大，为我国信息技术服务出口提供了新市场。2012—2018年我国对沿线国家和地区软件出口执行金额由26.9亿美元增至69.7亿美元。目前，我国已经签订了《中国—中东欧国家服务贸易合作倡议》《金砖国家服务贸易合作路线图》，并同14个国家建立了服务贸易双边合作机制。

---

① 工业和信息化部运行监测协调局.2018年软件和信息技术服务业统计公报解读[Z].2019-02-01.
② 观研网.
③ 2015年排名前十位的出口国家和地区占比74.6%。

表 1-2 2018 年我国服务贸易全球市场结构　　　　单位：亿美元

排名	出口目的地	出口额	进口来源地	进口额
1	中国香港	616.4	中国香港	1022.6
2	美国	384.1	美国	869.1
3	新加坡	152.6	日本	381.6
4	日本	132.6	爱尔兰	302.9
5	爱尔兰	132.3	澳大利亚	260.4
6	韩国	113.6	德国	232.9
7	英国	87.1	加拿大	229.4
8	德国	85.5	英国	223.9
9	中国台湾	54.0	韩国	168.2
10	瑞士	43.9	俄罗斯	157.7

资料来源：商务部服贸司。

7. 服务业利用外资稳步扩大，外资结构呈现高端化发展趋势

我国已经形成以服务业为主导的外商投资结构。2018 年，实际利用外资额为 1349.7 亿美元，其中服务业实际利用外资额为 918.5 亿美元，占比 68.1%。2019 年，我国实际利用外资额为 1381 亿美元，其中服务业实际利用外资 1001 亿美元，占比 72%。2016 年至 2019 年 7 月，我国服务业利用外资 3261.6 亿美元，占同期利用外资总额的 69.3%；新设外商投资企业 127090 家，占同期外资企业设立数的 85.8%。其中，房地产，租赁和商业服务，信息传输、计算机服务和软件，批发和零售，金融及科学研究、技术服务和地质勘查等六大行业，占服务业实际吸收外资额和新设外资企业数均达 87%（见表 1-3）。2016—2018 年信息技术服务业在高技术服务业利用外资中占比保持在 60%～80%，占绝对优势。2019 年 1—8 月，高技术服务业利用外资同比增长 53%，占比 17.5%。

表1-3 2016年至2019年7月我国主要行业累计实际利用外资情况

产业行业名称	实际外资金额			新设立企业数		
	金额（亿美元）	占比（%）	排名	累计（家）	占比（%）	排名
总计	4708.1	100.0	—	144216	100.0	—
农、林、牧、渔业	41.4	0.9	—	2295	1.5	—
第二产业（工业）	1553.7	33.0	—	22237	15.0	—
制造业	1329.8	28.2	1	18328	12.40	1
建筑业	70.2	1.5	3	2688	1.80	2
电力、燃气及水的生产和供应业	120.5	2.6	2	1108	0.70	3
采矿业	33.2	0.7	4	113	0.10	4
第三产业（服务业）	3261.6	69.3	—	127090	85.8	—
房地产业	714.2	15.2	1	2613	1.8	6
租赁和商业服务业	634.4	13.5	2	21624	15.0	2
信息传输、计算机服务和软件业	491.0	10.4	3	14039	9.7	4
批发和零售业	423.9	9.0	4	51540	35.7	1
金融业	309.0	6.6	5	7143	5.0	5
科学研究、技术服务和地质勘查业	268.8	5.7	6	14088	9.8	3
交通运输、仓储和邮政业	183.2	3.9	7	1966	1.4	8
住宿和餐饮业	20.8	0.4	8	2553	1.8	7
居民服务和其他服务业	17.7	0.4	9	1262	0.9	10
文化体育和娱乐业	17.3	0.4	10	1961	1.4	9
水利、环境和公共设施管理业	16.9	0.4	11	462	0.3	12
卫生、社会保障和社会福利业	10.2	0.2	12	321	0.2	13

续表

产业行业名称	实际外资金额			新设立企业数		
	金额（亿美元）	占比（%）	排名	累计（家）	占比（%）	排名
教育	4.6	0.1	13	685	0.5	11
公共管理和社会组织	0.3	0.0	14	8	0.0	14

资料来源：商务部外资司。

8. 服务业对外投资保持主体地位，生产性服务业投资成为主要增长动力

2018年，我国对外直接投资额1430.4亿美元，流向服务业1084.2亿美元，占比75.8%。其中，租赁和商务服务、批发与零售、金融三大领域合计847.3亿美元，占比78.2%；信息传输/软件和信息技术服务业、交通运输/仓储和邮政业占比分别为5.2%和4.8%（见表1-4、图1-5）。生产性服务业投资占主体地位，反映出我国对外投资正在由资源获取型向构建全球供应链和价值链体系转变，说明服务贸易取得积极进展。

表1-4 2011—2018年我国服务业对外直接投资情况　　单位：万美元

项目	2011年	2012年	2013年	2014年	2015年	2016年	2017年	2018年
我国对外直接投资总额	7465404	8780353	10784371	12311986	14566715	19614943	15828830	14303731
服务业对外直接投资总额	4884556	5895024	6898091	8979082	10598608	15395489	12110303	10841816
批发与零售业	1032412	1304854	1464682	1829071	1921785	2089417	2631102	1223791
交通运输/仓储和邮政业	256392	298814	330723	417472	272682	167881	546792	516057
住宿和餐饮业	11693	13663	8216	24474	72319	162549	-18509	135396
信息传输/软件和信息技术服务业	77646	124014	140088	316965	682037	1866022	443024	563187
金融业	607050	1007084	1510532	1591782	2424553	1491809	1878544	2171720
房地产业	197442	201813	395251	660457	778656	1524674	679506	306600

续表

项目	2011年	2012年	2013年	2014年	2015年	2016年	2017年	2018年
租赁和商务服务业	2559726	2674080	2705617	3683060	3625788	6578157	5427321	5077813
科学研究和技术服务业	70658	147850	179221	166879	334540	423806	239065	380199
水利/环境和公共设施管理业	25529	3357	14489	55139	136773	84705	21892	17863
居民服务/修理和其他服务业	32863	89040	112918	165175	159948	542429	186526	222822
教育	2008	10283	3566	1355	6229	28452	13372	57302
卫生和社会工作	639	538	1703	15338	8387	48719	35267	52480
文化/体育和娱乐业	10498	19634	31085	51915	174751	386869	26401	116586
公共管理/社会保障和社会组织	—	—	—	—	160	—	—	—

资料来源：商务部。

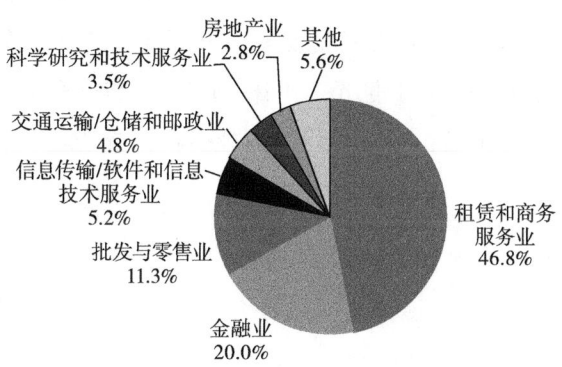

图1-5　2018年服务业对外直接投资占比

资料来源：商务部。

9. 不断推动服务贸易政策创新，试点示范带动作用突出

我国不断完善服务贸易政策促进体系，营造有利于服务贸易创新发展的制度环境。一是优化政策框架。2019 年完成了《服务出口重点领域指导目录》①《鼓励进口服务目录》②《服务外包产业重点发展领域指导目录》③ 等文件修订工作。二是不断完善知识产权保护体系。积极推进专利法、商标法修改，大幅提高违法成本④。同时，推动与世界知识产权组织、WTO 等国际组织及"一带一路"沿线国家和地区的知识产权合作。三是推动自然人流动便利化。2019 年 8 月 1 日颁布实施《外国人永久居留证件便利化改革方案》，大幅降低外国人居留门槛。四是放宽金融领域外资市场准入限制。2018 年 4 月取消银行和金融资产管理公司外资股比限制，放宽证券公司、基金管理公司、期货公司、人身险公司外资股比上限至 51%，放宽外资保险经纪公司经营范围。2019 年 5 月，银保监会推出 12 条开放措施，取消外国金融机构来华设立或参股相关金融机构的总资产、经营年限等要求，放宽外资金融机构业务经营范围等。五是加大减税降费力度，降低企业成本。目前，已经对 12 种服务出口实行零税率政策。试点示范区是推动服务贸易创新发展的主要载体，我国通过设立 18 个自贸试验区、17 个服务贸易创新试点、31 个服务外包示范城市、105 个跨境电商综合试验区、13 个国家文化出口基地及北京服务业扩大开放综合试点等，扎实推进服务贸易发展。2018 年，17 个服务贸易创新发展试点地区服务贸易额 39870.1 亿元，占比 76.7%，高于全国增速 5.1 个百分点；31 个服务外包示范城市承接离岸服务外包执行额 748.7 亿美元，占全国比重的 87.7%。

---

① 发文机关:中华人民共和国商务部;发布文号:2016 年第 58 号。
② 发文机关:商务部、国家发展改革委、财政部、生态环境部、知识产权局;发文字号:公告 2019 年第 14 号。
③ 发文机关:商务部、财政部、海关总署;发文字号:公告 2018 年第 105 号。
④ 2019 年 4 月 23 日全国人大常委会审议通过了《中华人民共和国商标法修正案(草案)》,将恶意侵犯商标专用权的赔偿由 1 倍以上 3 倍以下提高到 1 倍以上 5 倍以下,并将法定赔偿额的上限从 300 万元提高到 500 万元。

(二) 存在的主要问题

1. 服务贸易整体竞争力不足，发展不平衡问题突出

一是服务贸易与货物贸易发展不平衡，货物贸易比重明显高于服务贸易。我国服务贸易在对外贸易中占比一直低于世界平均水平。2018年，我国服务贸易占外贸总额比重为14.6%，低于22.3%的世界平均水平；而货物贸易占外贸总额比重为85.4%，高于77.7%的世界平均水平。二是服务进出口不平衡，出口竞争力弱。2018年，我国服务贸易逆差额曾达2582亿美元，居世界首位，占全球服务贸易逆差的41%。三是区域发展不平衡，中西部地区发展严重不足。2018年，东部地区占全国服务贸易总额的比重为86.6%，中西部地区仅占13.4%。全国服务贸易排名前十的省份中，东部沿海有8个，服务进出口合计6690.7亿美元，占全国的比重为84.5%。四是国际市场结构不平衡，集中度较高。2018年，我国服务出口和进口前5位的国家和地区分别占比53.1%和54%。

2. 知识密集型服务贸易占比较低，传统服务贸易竞争力较弱

从全球服务贸易结构看，知识产权使用费、信息技术服务、文化娱乐、养老、保险、金融、技术服务、其他商务服务等知识密集型服务出口占比50%以上，美国、英国达60%以上，远远高于我国34.7%的水平。2019年，我国支付知识产权使用费为343.8亿美元，反映出在高技术和关键领域对国外依赖性较强。旅行、交通运输两大传统领域长期呈现大规模逆差，其中旅行是我国服务贸易第一大领域，2019年逆差额为2165.9亿美元，占同期服务贸易逆差额的99.4%。

3. 服务贸易与数字技术、货物贸易、对外投资的协同性不够，影响了服务贸易扩大规模和转型升级

一是数字技术对服务贸易的支撑力和融合性不够。我国可数字化服务贸易占比仅为32.3%①。根据联合国贸发会议数据，2018年我国数字交付的服

---

① 按照中国商务部口径，这部分包括保险、金融、电信计算机和信息服务、知识产权使用费、个人文化娱乐服务、其他商业服务等。

务出口额占比49.3%,低于世界50.2%的平均水平,更低于德、印、日、美等国58%、64.6%、55.2%、56.3%的水平。二是货物贸易对服务贸易的带动性不够。据专家测算①,我国货物进出口达4万多亿美元,仅与货物贸易相配套的物流、金融、保险三项服务每年就可产生2000亿美元的服务贸易额,但上述三项服务出口总额目前仅为500多亿美元。三是服务业对制造业境外投资的支持作用不够,也影响了服务业"走出去"。例如,许多制造企业在境外投资中缺乏技术、法律、金融、物流、营销等生产性服务的跟进,尤其是在"一带一路"产能合作中,境外企业由于缺乏国内金融服务而造成融资困难。

4. 多数服务贸易企业创新能力薄弱,数字化转型任务艰巨

我国服务贸易的技术、品牌等核心竞争力有待提升。由于多数企业面临人力成本持续上涨、整体盈利能力下降等压力,研发经费投入不足,影响了技术创新、业态创新和服务模式创新。数字化能力建设是服务贸易企业面临的主要挑战。2018年,埃森哲发布的《中国企业数字转型指数》报告显示,我国企业在数字化转型进程中仅有7%突破业务转型困境。

二、我国服务贸易与欧盟、美国、印度的比较

一国服务贸易发展程度与其经济、产业发展水平密切相关。美国是世界第一大经济体,人均GDP超过6万美元,服务业占GDP比重达80%,服务贸易发展条件得天独厚。欧盟各国虽与美国存在一定差距,但作为一个整体,是全球最大的服务贸易集团。印度作为发展中国家的代表,服务业占比与我国基本持平,服务贸易具有一定国际竞争优势。与他国的比较便于我们找出差距,找准定位,提出思路。

(一) 服务贸易总体规模比较

从服务贸易总体规模来看,欧盟和美国具有明显优势,印度服务贸易基础薄弱但增速迅猛。2018年,欧盟服务进出口额达47227亿美元,同比增长

---

① 黄奇帆.中国服务贸易依然存在五种结构性问题[Z].中商智库,2019-11-16.

8.6%，占世界服务进出口总额的 41.3%，占其外贸总额比重为 26.7%。其中，服务出口额 25448.3 亿美元，增长 8.4%，占世界服务出口总额的 43.5%；服务进口额 21778.7 亿美元，增长 8.9%，占世界服务进口总额的 38.9%。从具体国别来看，德、英、法是欧盟最发达的国家，2018 年三国服务贸易总额分别为 7083.7 亿美元、6182.5 亿美元和 5430.4 亿美元。若按单个国别计算，美国是全球服务贸易第一大国。2018 年，美国服务进出口额为 13876.4 亿美元，同比增长 3.5%，占世界服务进出口总额的 12.1%，占其外贸总额比重为 23.9%。其中，服务出口额为 8284.3 亿美元，增长 3.9%，占世界服务出口总额的 14.2%；服务进口额为 5592.1 亿美元，增长 3.1%，占世界服务进口总额的 10%。印度是全球第九大服务进出口国。2018 年，印度服务进出口总额为 3816.9 亿美元，同比增长 12.3%，占世界服务进出口总额的 3.3%，占其外贸总额比重达 31.3%。其中，服务出口额为 2051.1 亿美元，增长 10.7%，占世界服务出口总额的 3.5%；服务进口额为 1765.8 亿美元，增长 14.2%，占世界服务进口总额的 3.2%（见图 1-6）。

总体上看，欧盟、美国服务贸易规模分别是中国的 6 倍和 1.8 倍，印度仅为中国的 48%。从服务贸易占外贸总额比重来看，2018 年中国低于欧盟、美国和印度的水平。从贸易顺差来看，欧盟、美国、印度均呈顺差状态，而中国逆差高居世界榜首。

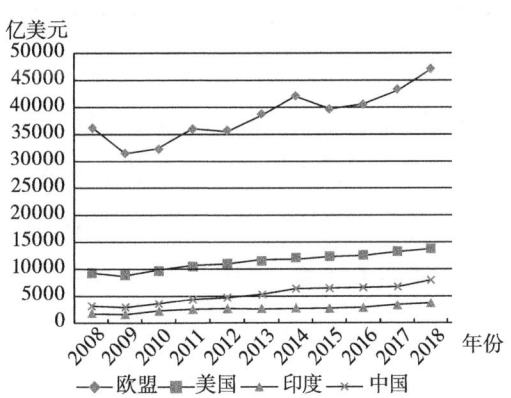

图 1-6　2008—2018 年欧盟、美国、印度和中国服务贸易趋势
资料来源：WTO 数据库。

（二）服务贸易结构比较

从服务贸易结构来看，欧盟、美国、印度均以知识密集型服务贸易为主体，特别是在其他商业服务、金融服务、知识产权使用费、电信计算机和信息服务等领域优势明显。2018年，欧盟知识密集型服务贸易占服务贸易总额比重达57.4%。其中，其他商业服务、电信计算机和信息服务、金融服务、知识产权使用费占比分别为26.4%、10.6%、8.3%、8.2%。电信计算机和信息服务、金融服务两大领域是欧盟最大的顺差来源，2018年顺差分别达1554.8亿美元和918.7亿美元。同时，旅行和运输等传统领域发展依然较快，2018年同比增长分别为8.5%和9.4%，占比分别达18.9%和17.5%，是欧盟服务贸易的主要领域。2018年，美国知识密集型服务贸易占服务贸易总额比重达53.1%。其中，其他商业服务、知识产权使用费、金融服务占比分别达19.2%、13.3%、10.4%。同时，旅行和运输等传统领域地位依然突出，2018年占比分别达25.8%和14.5%。旅行是美国服务贸易顺差的主要来源项目，2018年顺差额达703.1亿美元，仅次于金融服务822.5亿美元和知识产权使用费767亿美元的顺差额。2018年，印度知识密集型服务贸易占比达52.5%。其中，其他商业服务占比为27.1%，是第一大领域，运输服务、电信计算机和信息服务、旅行占比分别为22.5%、17.1%、13.1%。特别是电信计算机和信息服务出口竞争力较强，是印度服务贸易第一大顺差来源，2018年顺差额达511.6亿美元。

总体上看，欧盟和美国在服务贸易结构上综合优势突出，既保持知识密集型服务贸易充分发展，也注重传统服务贸易的优化提升；印度能够充分发挥自身产业优势，使服务贸易保持较好结构。中国的知识密集型服务贸易低于上述三国的水平，在传统服务贸易方面的竞争力与美国、欧盟也存在较大差距（见图1-7）。

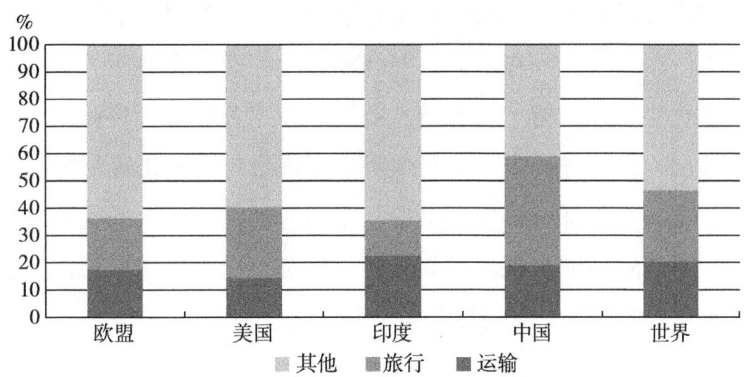

图 1-7 欧盟、美国、印度、中国和世界服务贸易结构对比

资料来源：WTO 数据库。

（三）服务贸易政策规则比较

从服务贸易政策规则来看，欧盟和美国在服务贸易促进和规则制定方面均走在世界前列。德国实施服务标准化战略推动服务出口，并通过设立多个机构大力推进服务标准化进程。如成立服务业标准委员会，在负责基础工作的同时与德国联邦经济与技术部配合处理标准化相关事务；同时还成立服务业协调机构专业委员会。英国则针对金融服务等优势领域制定优先发展战略，确定关键发展领域，寻找潜在贸易投资机会，提高海外市场占有率，巩固全球金融中心地位。美国采取核心管理型体制模式，充分发挥宏观协调机制推动服务贸易发展，在《国家出口战略》中制定了"服务先行"方针；另外，在国内各州设立上百个出口协助中心和促进机构，组建出口促进网络，为跨国公司服务贸易提供有效而及时的信息和管理咨询支持；并在传统市场不断推广电子信息技术、软件编程和数据信息服务等优势服务业；在新兴市场，主要采用商务交流和贸易促进措施开拓新的商机。印度实行软件外包先行策略，明确在通信和计算机服务业的强大优势，为相关企业提供服务出口优惠和便利的政策支持。如实施所得税减免，极大降低了服务外包成本；借助独具特色的 IT 产业集群、专业培训和技术人才优势，与美国、欧盟等发达国家和地区合作，实现优势产业升级；大力发展研发服务，形成研发与软件外包相互促进的局面。

综合分析可以看到，在服务贸易竞争力方面，美国和欧盟遥遥领先，印度后来居上。中国与美国和欧盟在综合实力上存在较大差距；与印度相比虽在总量上占优势，但结构上仍有较大差距。在服务贸易促进政策方面，三方战略各不相同，但服务优先、突出优势、促进出口、强化规则标准是共同的主要特色。这些经验都值得中国借鉴。中国应通过实施服务优先战略、不断完善服务贸易管理体制和促进政策、强化优势产业、促进服务出口、加强国际规则标准建设等措施，提升服务贸易国际竞争力。

三、"十四五"时期我国服务贸易发展的国际国内环境

"十四五"时期，我国服务贸易发展既蕴含机遇又充满挑战。从国际环境来看，服务全球化、创新全球化将继续引领经济全球化深入发展，互联网数字技术将大大提升服务可贸易性，推动服务业态和模式创新，新兴经济体和发展中国家不断崛起将继续扩大全球服务市场需求。但世界经济增长继续乏力，金融危机风险上升，逆全球化思潮导致保护主义不断增强，高标准的国际经贸规则正在形成，服务贸易和数字贸易壁垒可能增多。从国内环境来看，我国经济有望保持中高速增长，以服务经济为主导的产业结构继续得到稳固，完整的制造业体系将继续扩大生产性服务业市场，人才优势明显，消费市场日益强大，企业自主创新能力和国际化水平提升，这些都为提高服务贸易竞争力创造了有利条件。同时，传统优势继续减弱，迫切要求我们转变外贸发展方式，通过技术创新和制度型开放，形成新的增长动能。

（一）国际环境面临的主要机遇与挑战

1. 主要机遇

第一，服务全球化深入发展，服务贸易成为国际贸易中最具活力的组成部分，服务业继续在全球跨国投资中占主导地位。2018年，全球跨境并购8157.3亿美元，其中第三产业4694.3亿美元，占比57.5%；绿地投资

9806.7亿美元,其中第三产业4734.6亿美元,占比48.3%①。2018年,全球服务出口额为57700万亿美元,同比增长7.7%,在外贸中占比较2010年提高2个百分点以上。WTO发布的《2019年世界贸易报告》指出,由于数字技术带来的远程交易量增加及相关贸易成本降低,服务在全球贸易中所占份额未来20年里将继续快速增长,尤其是发展中国家潜力巨大。2005—2017年发展中国家在世界服务贸易中的份额增长超过10个百分点,分别占世界服务出口额和进口额的25.0%和34.4%。如果发展中国家普遍采用数字技术,到2040年这些国家在世界服务贸易中的份额将增加约15%。

第二,新一轮科技革命和产业变革将重塑全球产业生态,为全球服务贸易发展奠定产业基础。以信息技术、生物技术、新能源技术为主导的第四次工业革命成为促进全球产业、投资、贸易和经济增长的三大动力源,正在引发以绿色、智能、共享为特征的群体性技术革命和产业创新,重塑国际生产方式、消费方式和分工格局。数字技术带动服务业生产效率和全球化水平明显提高,规模经济和范围经济极为显著②,为带动新兴产业发展和传统产业升级注入新动力。制造服务化、服务数字化成为产业发展的新特征,产业发展融合化、生产方式智能化、组织方式平台化、技术创新开放化成为重要趋势。

第三,网络数字技术为贸易发展增添新动力,推动服务贸易和数字贸易空前发展。信息技术正在推动国际贸易方式创新、优势转化和效率提高,服务贸易范围不断拓展、交付模式不断创新,特别是信息技术催生了数字贸易新形态。2018年,全球新兴服务贸易占服务贸易比重达53.8%,其中信息技术、物流服务、商务服务、专业服务、知识产权等领域成为增长的重要动力,说明国际贸易正从劳动力主导的传统比较优势向创新主导的技术比较优势转换。目前,全球50%以上的服务贸易已经实现数字化,超过12%的跨境货物贸易通过数字化平台实现。据埃森哲测算,2016—2020年全球跨境电商B2C将保持27%的年均增速③。到2030年,电子商务可能刺激1.3万亿~2.1万

---

① 《世界投资报告2019》。
② 江小涓.高度联通社会中的资源重组与服务业增长[J].经济研究,2017(3).
③ 埃森哲咨询公司和阿里研究院联合发布的《2020年全球跨境电商B2C市场展望报告》。

亿美元的增量贸易，使制成品贸易增加6%~10%①。

第四，新兴经济体和发展中国家成为全球经济增长动力和主要消费市场，将进一步扩大服务业需求。目前，新兴经济体和发展中国家对世界经济增长的贡献率达80%，经济总量占比近40%②。根据IMF的数据计算，2018年E11的GDP增长率约为5.1%。预计到2030年发展中国家将占全球消费总量的50%以上③，成为未来全球商品、服务、金融、人员、数据等流动的重要参与者。④ 这一趋势为扩大世界服务消费市场提供了新空间。

第五，数字贸易发展将重构国际贸易竞争格局和规则，为我国赢得新一轮国际规则制定的话语权提供机遇。贸易竞争的实质是规则标准的竞争。数字贸易已经成为当前自贸协定谈判和WTO改革的主要内容。各国数字经济发展不平衡导致规则差异较大，尤其在跨境数据流动、数据本地化、市场准入、隐私保护、消费者权益维护、知识产权保护、法律责任、内容检查等方面各有诉求，国家间监管互认困难，因此迫切需要建立统一的规则体系。美欧等发达国家试图把握全球数字贸易规则制定的主导权。2019年1月，美国、欧盟国家、日本、澳大利亚、新加坡等国宣布将共同制定数字贸易相关规则。中国作为世界数字经济和数字贸易大国，有条件在构建数字贸易规则标准方面具有引导力并发挥引导作用。

2. 主要挑战

第一，世界经济持续长周期低速增长，贸易投资增速继续减缓。IMF将2019年全球经济增长预期由3.7%下调到3.2%，经济学人智库（2015）预测，2020—2030年全球经济平均增速为2.5%。截至2019年6月，制造业和服务业的全球活动指数已降至2009年以来的最低水平⑤。受全球经济增速减缓、需求持续减弱、贸易摩擦升级、金融市场波动等因素影响，尤其是美国

---

① 麦肯锡.转型中的全球化：贸易和价值链的未来[Z].2019-01-22.
② 习近平.顺应时代潮流　实现共同发展：在金砖国家工商论坛上的讲话[Z].约翰内斯堡，2018-07-25.
③ 根据麦肯锡的预测数据计算得出。据麦肯锡预测，预计到2030年发展中国家将占全球消费总量的50%以上，中国以外的发展中国家将占全球消费量的35%。
④ STATISTICA,2018年网站资料整理。
⑤ 摩根大通。

奉行单边主义和贸易保护主义给全球贸易增长带来挑战,2019年10月WTO将2019年全球贸易增长预期下调至1.2%,同时将2020年全球贸易增长预期由3%下调至2.7%。据2020年1月联合国发布的《全球经济形势和2020年展望》估计,2019年全球贸易增长率为0.3%,创2008年国际金融危机以来的新低。贸易壁垒的增加,将扰乱全球供应链,影响新技术传播的速度,可能导致全球生产率下降和福利减少。据联合国贸发会议数据,2019年全球外国直接投资(FDI)总额1.39万亿美元,较2018年继续下降1%,全球FDI已连续4年下降[①]。

第二,服务贸易市场竞争加剧,国际经贸规则加速变革。从发达经济体层面来看,美国、欧盟、日本等发达国家和地区为保持新兴服务业的先发优势,加速在全球范围内构建行业技术标准和贸易规则以确立其垄断地位。同时,为了扩大就业、支持新技术发展,在服务业岗位向外转移及服务进口等方面也出台了更严格的限制措施。从发展中国家层面来看,印度经过持续积累,在信息技术外包等方面已经具备规模、技术和人才等显著优势;菲律宾、越南、南非、墨西哥等国家凭借成本优势不断吸引离岸服务外包。以"三零"[②]为基本框架主导的高标准自由贸易协定正在推动新一轮国际经贸规则变革。其总体趋势是,大幅消除关税壁垒、减少各种非关税壁垒和政府补贴,规则措施由"边境"向"边境内"转移,涉及市场准入、技术标准、环境保护、竞争中立、知识产权保护、争端解决机制、监管一致性等方面的规则标准成为各类自贸协定的主要议题。2018年以来,签署的USMCA、CPTPP、日欧EPA等自贸协定都体现了这些特点。

第三,保护主义导致贸易投资摩擦加剧,针对我国的限制性措施增多。首先,美国采取单边主义,通过不断加征关税、非关税壁垒、投资限制等措施使贸易投资摩擦频发,严重扰乱了全球价值链体系。2018年1—7月美国出台的保护主义措施占全球比重达33%。截至2019年上半年,已有近40个国家和地区受到美国的贸易威胁。其次,美欧发达国家在贸易、投资、创新、

---

① 联合国贸发会议2020年1月20日发布的《全球投资趋势监测报告》。报告还显示,全球外国直接投资(FDI)2018年比2017年下降6%,2017年比2016年下降21.9%,2016年比2015年下降5.4%。

② 即零关税、零壁垒、零补贴。

产业等方面不断制定新的规则标准。其中,许多限制措施都是针对我国的。以国家安全审查为由限制准入的领域不断扩大,对外资进入国防、航空、海运、电信、金融、能源、资源开发、原子能开发及制造业等领域均设有禁止或限制措施①。欧盟委员会也于 2019 年 3 月批准外国投资监管新法规,对涉及敏感技术、基础设施及公共秩序和安全领域的投资加强审查。

第四,中美博弈具有长期性、复杂性和艰巨性,美国对中国全面遏制的势头已经显现。美国对华战略由"竞争伙伴"向"竞争对手"转变,在挑起贸易摩擦的同时,开始在投资、金融、科技、安全、人文等多领域全方位进行围堵,其实质体现了中美两种制度博弈的长期性。除贸易摩擦外,还可能出现金融摩擦、技术封锁等。此次中美贸易摩擦,对人民币汇率稳定、国内资本市场、投资者信心等都将产生一定影响,尤其是对于中国产业链布局、供应链稳定和价值链发展将带来一定冲击。

(二) 国内的主要优势与制约因素

1. 主要优势

第一,产业综合优势明显,为服务贸易发展奠定了产业基础。从产业结构来看,我国已经进入服务经济时代,2019 年第一、第二、第三产业增加值占 GDP 的比重分别为 7.1%、39.0% 和 53.9%,其中第三产业对经济增长的贡献率达到 59.6%。同时,我国具有完整的制造业体系,为各类生产性服务业发展提供了广阔市场。从价值链升级来看,越来越多的中间品生产、研发设计在国内进行,知识密集型行业竞争优势上升。从新经济成长来看,2018 年我国数字经济规模达 31 万亿元,居世界第二位,互联网经济占 GDP 比重达 6.9%,超过世界平均水平②。2019 年,新一代信息技术产业增速为 9.5%。我国在数字技术与传统产业融合方面有得天独厚的优势,为参与数字经济时代全球价值链重构提供了"弯道超车"机遇。

第二,知识型人才规模大、结构丰富多元,为服务贸易向高端发展提供

---

① 2018 年 8 月特朗普签署了《外资安全审查现代化法案》,扩大了 CFIUS 审查范围。
② 2016 年《G20 国家互联网发展研究报告》。

了保障。目前，我国科研人员总数达419万人，居世界第一位。2019年，毕业大学生834万人，高等教育在学总规模3833万人，其中在学博士38.95万人、在学硕士234.17万人，居世界第一位。截至2018年，海外留学生回国约365万人，这些群体是国际化人才的重要来源。

第三，网络基础设施居世界先进水平，为服务贸易发展提供了强大技术支撑。我国互联网、物联网、无线宽带、移动终端、超级计算等技术和设施水平已居世界前列，5G等重要技术领域和互联网商业模式世界领先。我国已经建成全球规模最大的信息通信网络，4G基站数量占全球50%以上，已经开通5G基站11.3万个。截至2019年6月，互联网普及率达61.2%，光纤入户达90%以上，手机网民规模达8.47亿人，网络视频用户规模达7.59亿人，搜索引擎用户规模达6.95亿人①。目前，我国国际光缆已通达70多个国家和地区，基本建成面向新欧亚大陆桥、中亚、俄蒙、东南亚和南亚等全球重点国家及区域的信息高速通道。

第四，自主创新能力和企业国际竞争力迈上新台阶，为提升服务贸易价值链水平奠定了基础。我国已经跻身世界创新大国行列，在世界知识产权组织公布的2019年全球创新指数排名中列第14位。我国发明专利申请量多年居世界第一位。2019年，我国发明专利授权45.3万件，实用新型专利授权158.2万件，外观设计专利授权55.7万件。2018年，研究与试验发展（R&D）经费支出19657亿元，占GDP的2.18%，居世界第二位，全球占比13.5%。2019年，R&D经费支出21737亿元，增长10.5%，占GDP的2.19%。我国企业经过长期国际化经营实践，已经涌现出一批世界级企业，将在构建全球价值链中发挥龙头作用。2019年，《财富》公布的500强企业我国共129家，数量列世界第一位，其中服务企业30家②。由世界品牌实验室（World Brand Lab）发布的2019年世界品牌500强中我国有40家，数量列

---

① 中国互联网络信息中心（CNNIC）第44次《中国互联网络发展状况统计报告》。
② 包括银行11家(工行、建行、农行、中行、国开行、交行、招行、兴业银行、浦发银行、民生银行、光大集团)，保险企业10家(平安保险、中国人寿、中国人保、太平洋保险、友邦保险、华夏保险、太平保险、国泰人寿、泰康保险、富邦金融)，互联网企业4家(京东、阿里巴巴、腾讯、小米)，信息通信企业4家(中国移动、中国邮政、中国电信、中国联合网络通信股份有限公司)，零售企业1家(苏宁易购)。

全球第五位①，其中服务企业17家②。

第五，庞大的中产阶级群体和消费结构升级，为吸引服务业跨国投资提供了巨大市场。我国正在成为全球最大的消费市场，中等收入群体超过3亿人，居世界第一位。2019年，我国社会消费品零售总额41.20万亿元，预计2020年将超过美国③。尤其是消费结构升级对于文化、娱乐、医疗、教育、健康、养老等服务消费大量增加，对全球优质服务进口产生了巨大需求。

2. 主要制约因素

第一，高端服务业开放不足，严重制约了知识密集型服务贸易发展。2016年，OECD公布了62个主要经济体的外资准入限制性指数，我国服务业高居第二位。目前，金融、文化、体育、娱乐、教育、医疗健康、研发等服务业吸收外资水平较低，主要原因是市场准入限制。据世界银行测算，我国服务贸易的政策友好度总体得分为63.4，低于发达经济体和发展中经济体的平均水平，其中跨境提供、商业存在、自然人流动的指数分别为60.78、62.73、25.00，不仅低于发达经济体的平均水平（79.6、79.7、40.7），而且低于发展中经济体的平均水平（67.0、70.1、38.8）。目前，外资金融资产仅占我国金融总资产的1.8%。在医疗和教育方面，许多外资医疗、教育机构由于受到独资限制难以落地，导致国外优质的医疗、教育资源难以进入我国，大量国内消费者转向海外就医、留学。在研发服务方面，由于受数据跨境流动的限制，外资研发机构无法查阅国外网站及数据库等，影响其进入我国发展的意愿。在文化领域，外商投资影视制作、电影院、表演团体、经纪人公司等也受到限制。此外，资质不能互认也是影响研发、设计、咨询等服务贸易发展的重要因素。

第二，综合实力与发达国家仍有较大差距，将制约服务贸易国际竞争力。我国与美国的差距体现在效率、创新、科技、教育、贸易、金融、营商环境等诸多方面。我国制造业、服务业的劳动生产率分别为美国的9.2%和

---

① 美国企业208家、英国44家、法国43家、日本42家。
② 包括腾讯、中国工商银行、中央电视台、阿里巴巴、中国移动、中国人寿、中国平安、中国银行、中国建设银行、百度、中国联通、中信集团、中国电信、人民日报、中国农业银行、新华社和中国光大集团。
③ 据美国国家统计局发布数据，2018年美国社会消费品零售总额为6.04万亿美元，同比增长5%。

8.0%。美国人均教育经费、全球百强大学数量均为我国的8倍。美国营商环境全球排名高于我国23位。中国R&D投入强度分别比美国、日本、德国低0.5个、1.6个、0.7个百分点。尤其是核心关键技术受制于人,严重影响了我国服务贸易的核心竞争优势及谈判话语权。如我国制造业90%的芯片依赖进口,2018年进口芯片3120.58亿美元,增长了19.8%。

第三,综合成本大幅上升及高端专业人才缺口较大,对承接国际服务外包和价值链高端业务造成不利影响。过去十年,我国劳动力成本年均提高约12%,土地使用成本、融资成本分别是美国的9倍和2.4倍,电价是美国的3倍,税收成本高出美国35%,从而加速了服务外包业务转移到更低成本的其他国家和地区。目前,在信息技术、金融、研发、设计、养老、专业服务、文化创意等新兴服务领域普遍存在人才短缺问题。服务外包企业科技研发人才不足,影响了承接整体解决方案、系统集成等高端业务。2018年,《中国ICT人才生态白皮书》显示①,预计2020年新一代信息技术人才缺口达760多万人,其中大数据260万人、云计算210万人、物联网200万人、人工智能220万人。

第四,跨部门的协调机制仍是难点,事中事后监管亟待创新。服务贸易涉及诸多行业,政策协调难度较大,在服务业开放、监管等方面都受到不同程度制约。目前的监管水平还不能适应对外开放和数字经济发展的要求。全链条、全流程、全覆盖的监管体系尚不完善,尤其在优化审批流程、监管信息共享等方面政策创新不足,多头管理比较突出。随着跨境电商、保税物流、保税维修等新兴服务贸易发展,监管的相关法律法规亟待完善。

四、"十四五"时期我国服务贸易的总体目标、重点任务、重点领域和重点工程

"十四五"时期,应把服务贸易摆在推进外贸高质量发展的优先位置,把深化服务业开放作为构建更高水平开放型经济新体制的关键环节,牢固树

---

① 由信息技术工科产学研联盟、中国软件行业协会、华为共同发布。

立新发展理念,以创新为引领,以制度型开放为动力,以提升服务贸易发展质量和国际竞争力为目标,以"促增长、调结构、减逆差"为导向,继续夯实发展基础,推进体制机制创新,不断完善政策促进体系,大力培育服务贸易企业的技术、标准、品牌、质量、市场网络等核心竞争优势,进一步扩大服务业开放领域,优化服务贸易发展区域布局,拓展服务贸易国际市场空间,促进其全面、平衡、协调发展,使服务贸易成为引领外贸转型升级和创新发展的主要动力,成为推动经济高质量发展和国际分工迈向全球价值链中高端的重要引擎。按照这一总体思路,确定我国服务贸易的发展目标、重点任务、重点领域和重点工程。

(一)总体目标

服务贸易竞争力明显增强,数字化水平显著提升。本时期,力争我国服务贸易增速继续保持世界前列,服务贸易占外贸比重持续上升。预计"十四五"时期服务贸易的平均增速为6.5%左右,到2025年我国服务贸易总额达到1.2万亿美元,占外贸比重超过16.0%(详见附件1)。力争服务出口能力明显增强,逆差有所下降。促进数字技术与服务贸易融合发展,提升服务贸易的网络化、数字化、智能化水平。

服务贸易结构继续优化,知识密集型服务贸易比重明显提高。积极扩大信息技术、其他商业服务、金融、保险、研发设计、技术、文化、知识产权等知识密集型服务出口规模。优化服务进口结构,扩大金融、研发、技术、教育、医疗、文化、育幼养老等外资商业存在,满足国内技术创新、产业结构升级和消费结构升级的需求。通过提升服务质量、数字化水平、行业标准等,增强旅行、交通运输、建筑等传统服务的出口能力。

服务贸易创新能力继续增强,规则、标准、品牌竞争力明显提升。以技术创新为引领,全方位推进业态创新、服务模式创新、管理创新,提高服务附加值含量和增值水平。着力培育一批拥有自主知识产权、自主品牌的服务贸易企业,提升服务企业境外投资效益和市场开拓能力,推动技术进口方式和来源地多元化。积极参与数字贸易相关国际规则标准的制定,把握主动权和话语权。

服务贸易区域发展更加协调，中西部服务贸易比重逐步提升。根据区位优势、资源禀赋和产业特色，构建东中西部分工合作、优势互补、协同发展的产业链、供应链和价值链体系，形成以区域中心城市为核心、以城市圈和城市群为单元的空间发展格局。科学引导要素资源向中西部集聚。

服务贸易发展环境持续优化，法治化、市场化、国际化的营商环境不断完善。围绕促进贸易投资自由化和便利化，深化服务贸易管理体制改革，推动以竞争政策为基础的规则体系建设，促进资金、技术、人员、信息、数据等要素跨境自由流动，为吸引全球优质服务资源要素创造有利条件。不断完善服务体系建设，营造"亲""清"政商环境，形成市场公平竞争、政策公开透明、政务清正廉洁、市场运行高效的发展环境。

有机统筹服务业开放与安全，不断完善风险防控体系。树立总体安全观，坚持底线思维，在扩大服务业开放的同时，切实维护我国政治安全、经济安全、金融安全、网络安全、信息安全、数据安全等。健全服务业开放的安全保障体系、风险防控体系、评估体系和预警机制。健全国家安全审查、反垄断审查、国家技术安全清单管理、不可靠实体清单等制度。增强贸易摩擦风险应对能力。

（二）重点任务

1. 强化创新驱动战略，培育国际竞争新优势

第一，提升服务贸易企业的技术创新、业态创新和模式创新能力。加大税收减免、政府采购、财政补贴等政策力度，支持企业提高原始创新能力和关键核心技术掌控能力，支持有条件的企业参与国内外重大科技项目招标，引导产业基金、社会资本进入新经济领域。加强园区的创新平台、创客空间、孵化器等项目建设。推动服务贸易企业数字化转型，形成以数据为核心、平台为支撑、商产融合为主线的数字化、网络化、智能化发展新模式。对于企业在数字技术领域的研发、人才培训、专利申请等给予政策支持，继续发挥技术引进对创新的促进作用。

第二，推动国际服务外包创新发展。促进互联网、物联网、大数据、人工智能、区块链与服务外包有机融合，推动服务外包交易模式、交付模式和

服务模式创新，提高承接高附加值服务外包和提供系统解决方案的能力。大力发展云外包、众包等新模式，提高信息技术外包的综合服务能力，支持利用网络数字技术提供软件开发、系统集成、运营维护、技术支持、远程监测诊断等新的服务模式；提升金融、供应链管理、人力资源等业务流程外包的数字化和平台化水平；扩大知识流程外包规模，重点发展研发、设计、技术、咨询、检验检测等领域的外包，促进价值链向高端攀升。

第三，加快发展数字贸易新业态和新模式。完善数字技术与产业的融合渗透机制。扩大软件、社交媒体、通信、云计算、大数据、人工智能、区块链、卫星定位、搜索引擎、物联网等信息技术服务出口，增强数字教育、数字医疗、数字金融、数字娱乐、数字学习、数字传媒、数字出版等数字内容服务的出口能力。加快发展跨境电商，增强对货物贸易的拉动作用，完善数字贸易治理体系和监管机制。

2. 壮大服务贸易企业，提升"中国服务"品牌影响力

第一，强化服务贸易企业核心能力建设。鼓励企业通过兼并重组等方式做大做强，形成一批具有技术、品牌、标准、渠道等综合优势及现代供应链运营能力的龙头企业，提升组织运营的国际化水平和对全球供应链掌控的能力。提高大企业的综合服务水平，培育一批具有提供整体解决方案能力和全球交付能力的大型服务供应商，鼓励服务外包企业通过投资或并购等方式在海外建设服务交付中心。引导大企业带动中小企业融入全球产业链、供应链和价值链。提升中小企业服务专业化和规范化水平，鼓励走"专精特新"的国际化道路，针对垂直行业、细分领域做强、做精、做优，提升参与全球价值链分工的能力。

第二，强化标准化体系建设。对接欧美日等发达国家和区域的先进标准，同时在电商、移动支付、5G、智慧城市、电子竞技等优势领域制定国际领先的标准，提高主导权和话语权。探索并建立数字服务领域的相关标准，推动设计、检验检测、咨询、维修等生产性服务领域的标准建设。充分利用中国市场优势，在推动面向全球服务采购的同时，形成中国企业主导的服务采购和评价标准。

第三，提升品牌建设能力。强化企业品牌的研究、设计和管理，利用中国国际服务贸易交易会、中国国际进口博览会打造中国服务贸易整体品牌。鼓励企业利用数字化营销等手段在国际市场推广品牌，认定一批交付质量好、服务水平高、技术能力强的服务提供商形成"中国服务"标志，提升"中国服务"品牌的丰富度、美誉度和影响力。鼓励企业开展商标和专利境外注册，加强商标、专利等知识产权保护和打击假冒伪劣工作。

3. 增强协同发展能力，提高服务贸易综合效益

通过促进服务贸易与产业、货物贸易、利用外资、对外投资的协同发展，不断扩大服务贸易规模、质量和效益。

第一，促进服务贸易与产业协同发展。服务业和制造业为服务贸易提供了产业基础和市场空间。通过夯实服务业发展基础提升服务贸易国际竞争力，依托国内强大的消费市场提升旅行、教育、文化、养老、医疗健康等服务贸易的质量。发挥制造大国优势，立足提升制造业创新能力、服务型制造水平和全球价值链分工层次，扩大与制造业相关的金融、物流、信息技术、维护维修、研发设计、技术服务、品牌营销等生产性服务贸易，增强对制造业创新、价值链升级的支撑作用，提升产业综合竞争力。

第二，促进服务贸易与货物贸易协同发展。发挥我国货物贸易规模优势对服务贸易的拉动作用，带动与货物贸易相关的金融、保险、结算、跨境物流、电子商务、供应链管理等服务贸易发展，提升国际贸易价值链整体增值水平。发挥大数据、云计算、人工智能、区块链等数字技术对货物贸易的支撑作用，提升货物贸易效率，扩大数字贸易规模。

第三，促进服务贸易与利用外资协同发展。利用我国的人才、产业、环境等综合优势提高吸引知识密集型服务业外资水平，促进跨国公司区域总部、研发中心、结算中心、数据中心、物流分拨中心等服务机构规模和效益的大幅增长。通过引进全球优质服务资源要素，利用外资搭载的新技术、新业态、新模式及领军人才、先进经营管理理念、国际市场网络等推动开放合作创新。

第四，促进服务贸易与对外投资协同发展。通过制造业对外投资，带动金融保险、商贸物流、研发设计、信息技术、跨境电商、广告营销、专业服务等生产性服务"走出去"从而扩大商业存在规模，为制造业境外生产提供系统服务和支撑能力，输出我国技术、标准和品牌。引导有条件的制造企业在海外投资研发中心、物流中心、共享中心、交付中心等服务机构。

4. 完善区域发展布局，促进区域服务贸易均衡协调发展

第一，以京津冀、长三角、珠三角为核心引领全国服务贸易发展。依托京津冀协同发展、长三角一体化、粤港澳大湾区三大战略，提升东部地区服务贸易发展质量。发挥北京扩大服务业开放综合试点的优势，打造全国服务贸易的重要增长极。发挥上海、南京、杭州、苏州、无锡的组合优势，打造具有世界影响力的服务贸易城市群。支持上海自贸试验区发展离岸贸易、转口贸易、数字贸易、保税维修等新兴业态。继续深化CEPA合作，加强广州、深圳、香港、澳门四地在文化创意、工业设计、商贸物流、教育、医疗、商务服务等领域的合作。

第二，把服务贸易发展作为提升中西部地区开放型经济水平的重要引擎。中西部中心城市发展服务贸易较货物贸易更有潜力，应适度增加服务贸易创新发展试点、服务外包示范城市等的数量，加大发展力度。提高"一带一路"建设对中西部地区的带动作用，通过中欧班列、陆海新通道等建设国际物流枢纽，支持边境城市发展文化、旅游、物流等服务贸易。发挥成都、重庆、西安、武汉、郑州等区域中心城市的辐射作用，形成若干服务外包和数字贸易增长极。

第三，建立东中西部地区协同发展机制。发挥我国城市间的成本差异和产业互补优势，构建协同发展的服务外包产业链。鼓励总部在一线城市的企业在中西部地区设立服务交付基地，打破市场分割，遏制不良竞争，形成东中西部地区、大中小城市之间分工有序、各有侧重、布局合理的服务外包集聚区。支持内地企业与港澳台企业携手开拓"一带一路"服务贸易市场。

5. 拓展国际市场新空间，推动传统市场和新兴市场共同发展

第一，继续稳固欧盟、美国、日本等发达国家和区域市场。发挥中国与发达国家产业和市场的互补优势，促进深度合作、互利共赢。继续扩大承接欧美日服务外包，推动在金融、保险、信息技术、研发、工业设计、专业服务、节能环保、环境服务等生产性服务领域的双向投资，推动技术贸易、文化贸易和数字贸易合作，扩大技术引进空间。扩大教育、医疗健康、中医药、大数据等社会服务和公共服务领域合作，巩固旅行、运输、建筑等传统服务贸易市场。加强职业资质互认、规则标准互认等体系建设，共同探讨数字贸易规则标准的制定。通过推进与欧盟投资协定、自贸区谈判及中英自贸协定谈判进程，深化中欧服务业发展战略对接与务实合作，共同打造和平、增长、改革、创新、文明的伙伴关系。通过扩大双边服务业开放，继续扩大中美服务贸易市场空间，加强在金融、保险、技术贸易、信息技术、研发、旅行等领域的合作。加强与日本在工业设计、技术服务、节能环保、运输、文化、数字贸易等领域的合作。推进中日韩自由贸易协定谈判，提升中韩自由贸易区的服务贸易发展空间，加强双边在文化贸易、工业设计、研发等领域的合作。

第二，以"一带一路"为重点拓展新兴市场。以国际产能合作为依托，带动建筑工程承包、信息技术、研发设计、金融、物流、节能环保等服务业"走出去"。鼓励企业在沿线重点国家建立仓储物流基地和分拨中心。金融机构加快布局，为境外企业贸易结算和投融资提供便利。建设"数字丝绸之路"，推动信息技术企业赴沿线国家投资和进行服务外包合作，支持通信、互联网、物联网等技术标准的推广应用，构建代表发展中国家话语权的数字贸易规则。实现由接包国向接发包并举转变，带动沿线国家培训教育等商业模式发展。发展"丝路电商"，鼓励阿里巴巴等大企业利用世界电子贸易平台（EWTP）为跨境电商搭建数字基础设施、提供技术应用和解决方案。继续扩大与沿线国家和地区的医疗健康、教育培训、文化创意、旅行等服务贸易，打造"健康丝路""文化丝路"。扩大与"一带一路"沿线重点国家和地区签订服务贸易合作协议。依托沿线自贸区、区域全面经济伙伴关系协定（RCEP）等平台深化服务贸易合作。加强面向东盟、中亚、西亚、中东欧及非洲、拉美等地区的服务业投资。深化与印度、俄罗斯、以色列等国家在跨境电商、技术贸易等领域的务实合作。

（三）重点发展领域

1. 优先发展的领域

电信、计算机和信息服务。提升信息技术服务业的技术创新能力，在芯片、操作系统等关键技术方面有所突破。促进信息技术与制造业、服务业融合发展，推动信息技术服务外包向平台化、数字化、智能化发展。促进软件、集成电路、运营维护、解决方案等服务出口。加强与国际组织在信息技术应用解决方案、商业模式创新的评比和认证方面的合作。加强软件出口基地建设，提高集聚能力。推动向"一带一路"沿线国家发包，带动境外培训业务。

其他商业服务。大力发展研发、设计、咨询、检验检测、供应链管理、人力资源、培训等生产性服务贸易，通过积极承接国际服务外包扩大出口规模。继续扩大研发设计服务进口，提高制造业创新能力和增值水平。增强会计、法律、展览等商务服务对品牌塑造、境外投资等方面的服务能力，提高会计服务国际知名度和认可度，培育一批具有较强国际竞争力的涉外会计、法律等服务机构；培育品牌展会，打造具有国际竞争力的龙头会展企业。

金融保险服务。完善金融机构海外布局，为企业"走出去"提供多元化、综合化服务，帮助企业参与海外并购和重大项目建设。鼓励金融机构和企业协同开展绿地投资、并购投资、股权投资等多种方式的境外投资。扩大微信、支付宝等数字金融在跨境支付中的应用。提高离岸金融、贸易结算等业务规模。同时，提升金融业外资开放水平，增加外资银行机构经营范围。鼓励具有较强经营管理能力的保险公司"走出去"，扩大我国保险业商业存在规模，增强对境外投资和贸易出口的保障能力。

2. 优化提升的领域

运输服务。构建高效跨境物流综合运输体系，提升物流运输服务的网络化、数字化、智能化水平，加快智能化多式联运、智慧港口等建设，提升港口分工协作水平。推动海运企业规模化、专业化经营，拓展现代化海运系统服务网络。完善国际航线网络布局，优化配置我国航线、空域、机场等资源，增加航空枢纽港的辐射能力，鼓励有条件的航空公司加快全球布局。鼓励电商、快递、物流龙头企业建设境外仓储物流配送中心。推动与相关国家的运输便利化安排和大通关协作。

旅行、教育和医疗保健等服务。提升国内旅游服务品质，优化旅游产品结构、完善配套服务，建立服务质量标准化体系，培育国际旅游服务品牌，提升对境外游客的吸引力，简化签证手续，提高便利化水平。规范中外合作办学管理、提升质量，支持国内教育机构开发具有国际竞争优势的项目，鼓励国内教育机构境外办学，提升中华文化影响力。推动国际医疗、康养、旅游一体化发展，建设一批康养旅游示范基地，打造一批医疗服务知名品牌，推进中医药服务标准的国际化。积极发展远程医疗、远程教育。

建筑服务。实施工程建设标准化战略，推动建筑工程承包转型升级，提升全球服务水平，增强国际市场竞争力。鼓励建筑规划设计、工程设计、施工建设、运营维护等建营一体化服务输出，提高建筑工程承包质量效益。

维护和维修服务。大力发展保税维修业务，扩大业务经营范围，增强航空、船舶、大型机械等高附加值产品维护和维修的竞争力。促进服务创新，加强专业人才培养。加大保税维修政策支持力度，完善海关、税收等配套措施。培育具有国际竞争力的大型维修企业，鼓励其"走出去"积极开拓海外市场。

3. 积极培育的领域

文化服务。支持文化企业面向国际市场，创作开发体现中华优秀文化、展示当代中国形象的文化产品和服务。鼓励各类文化企业通过新设、收购、合作等多种方式开展境外投资合作，推动文化艺术、广播影视、新闻出版、教育等承载中华文化核心价值的服务出口。培育中华特色文化贸易优势，提升中华文化的国际影响力。

技术贸易。扩大技术出口规模，鼓励企业将先进和成熟的技术推向"一带一路"市场。健全技术进口促进体系，支持企业二次创新，发挥企业和市场机制作用，广泛开展与欧盟、美国、日本、以色列、俄罗斯等国家和地区的技术交流与合作，拓宽世界先进技术的进口渠道。

知识产权服务。发挥我国创新大国优势，积极推动知识产权出口，实施海外专利布局。支持知识产权服务机构赴境外开设分支机构，为境内外企业提供高品质、全方位、专业化的服务。

五大重点工程

"出口倍增"工程。 大力发展新兴服务业，促进制造业与服务业融合，培育知识密集型服务出口竞争优势。提高传统服务业质量和信息化水平，扩大出口规模。强化试点示范区引领，突出东部地区带动作用，深挖中西部地区的潜力。

"数字赋能"工程。 扩大互联网、移动互联网、工业互联网、大数据、云计算、人工智能、区块链、5G等信息技术的广泛应用，增强网络数字技术支撑能力，扩大服务可贸易范围，提升服务贸易数字化水平和交付模式的创新能力。

"人才支撑"工程。 以培养国际化、专业化、复合型人才为导向，完善高等教育、职业教育、企业培训、社会培训共同发展的人才培养体系。注重对国际标准、规则和国际化管理等高端技术和管理人才的培养。完善吸引海外科技领军人才与团队的移民政策、所得税政策及医疗教育等保障措施。完善海外留学回国人员创新创业机制。

"服务外包转型升级"工程。 完善创新合作机制，推动数字化转型，增强承接高附加值服务外包能力。鼓励有条件的服务外包企业"走出去"，拓展境外接单和设立交付中心等新模式。加大对服务外包企业开拓国际市场、境外并购等支持力度。促进由接包向接发包并重发展。

"数字丝路"工程。 拓展"一带一路"数字贸易市场，推广我国信息技术的品牌、标准和服务。提高我国与沿线国家数字技术基础设施联通水平，与东盟、非盟、欧盟、欧亚经济联盟等地区进行战略对接，为数字企业拓展沿线国家市场创造有利条件。

五、"十四五"时期推动服务贸易创新发展的保障措施

围绕"十四五"时期我国服务贸易发展的总体目标和重点任务，确立"服务优先"战略，完善促进政策和顶层设计，继续推动服务业在更大范围、

更宽领域、更深层次开放,深化服务业体制改革和机制创新,强化试点示范地区对全国服务贸易创新发展的引领作用,进一步提升服务业"引进来"与"走出去"的质量效益,完善服务贸易国际合作机制,增强参与国际规则制定方面的引导力和话语权。

(一)以制度型开放为引领深化服务业体制机制创新

一是强化竞争政策基础性地位,形成统一开放的市场环境。切实发挥市场在服务业资源配置中的决定性作用,全面实行准入前国民待遇加负面清单管理制度,推动国企混合所有制改革,切实保障民企、外资等各类主体公平参与市场竞争,提高服务业发展活力,大力营造新兴服务业发展的市场环境。二是继续扩大服务业对外开放,打破影响服务贸易发展的壁垒。提高服务业开放水平有利于增强与美国、欧盟国家、日本等发达国家的合作,提高吸收全球服务业先进要素的水平,减少贸易摩擦。尤其要继续放宽医疗、文化、教育、增值电信、金融、研发设计等知识密集型服务业的准入和其他限制性措施,促进服务贸易价值链升级。三是促进自然人流动便利化。推动与发达国家在相关领域的标准互认和职业资质互认,扩大与相关国家在旅游、留学、医疗、商务、科技、文化交流等领域互免签证。四是继续深化"放管服"改革。建设政策稳定、透明、可预期,服务高效便捷的营商环境。降低服务企业税费、融资和用能等经营成本,加大出口退税力度,加强服务业引导资金、产业基金的带动作用,引导社会资本更多地投向新经济领域。

(二)发挥服务贸易创新试点等平台的引领带动作用

设立试点示范平台是我国发展服务贸易的重要经验,要不断扩大示范带动效应。一要发挥服务贸易创新发展试点和全国服务外包示范城市的带动作用,推进制度创新、政策创新、管理体制创新和监管模式创新。注重发挥比较优势、明确发展定位,加强标准化体系和公共服务平台建设。在推动服务贸易集聚创新发展方面,不断向全国复制推广成功经验和做法。进一步完善全国服务贸易创新试点和全国服务外包示范城市的评估机制和方法,并根据发展需要增加数量。强化东部与中西部试点示范地区的合作机制。二要发挥自由贸易试验区的制度创新优势，重点探索服务贸易发展的新模式、新规则和新标准，为参与 FTA 谈判和 WTO 改革提出"中国方案"。促进资金、服务、人员、信息、数据等要素自由流动，打造全球优质服务资源集聚高地，支持发展离岸金融、离岸贸易、离岸数据中心等新业态。在金融、教育、医疗、文化、数据中心等领域扩大外商独资范围。在数字贸易国际规则方面积极探索。三要发挥海南自由贸易港最高水平开放特殊经济功能平台的优势，打造服务贸易发展的最佳营商环境，为发展离岸金融、国际结算、离岸贸易、数字贸易等提供制度环境保障。

（三）提升服务业对外投资质量和综合效益

支持企业构建全球服务网络，引导企业在境外开展设计咨询、系统集成、运营维护、检测维修等增值服务，建立境外分销、售后服务基地和全球维修体系。加强境外经贸合作区的服务配套能力建设，完善研发、设计、物流、金融、教育、培训、商贸网点等各类生产性和生活性服务配套建设。健全服务企业境外投资的服务保障、投资促进、风险预警防范等机制。鼓励银行、保险机构为服务企业境外投资提供相应的融资方式和保险产品，发展海外投资保险、再保险、中长期保险等业务，支持发展对外投资合作保险业务。健全政府、行业协会、驻外使领馆等共同支撑的信息服务平台，系统收集相关国家的政治动向、经济政策、法律法规等信息。完善投资争端解决的法律援助机制。完善中小服务企业对外投资的融资和信用担保体系。完善技术服务人员境外工作期间的社会保障、国外收入避免重复缴税等政策。

（四）切实发挥服务业利用外资在经济高质量发展中的作用

鼓励外资参与数字强国、网络强国、智慧社会、智慧城市等建设，引导外资"普遍服务"[①]，在中西部、农村等服务资源稀缺地区及公共服务、社会服务等领域增加投资。引导更多跨国公司加工贸易企业在我国设立区域总部、研发设计中心、供应链管理中心、结算中心、数据中心、物流分拨中心等服

---

① 江小涓. 新中国对外开放 70 年[M]. 北京：人民出版社，2019：248.

务机构。切实发挥外资在技术创新、业态创新、模式创新方面的带动作用。鼓励外资扩大技术进口，采用合资、参股、并购等方式与国内企业、科研机构等共建研发中心，共同制定和应用推广国际标准，针对关键共性技术、前沿技术、颠覆性技术等加强合作。要认真落实《中华人民共和国外商投资法》，营造内外资企业一视同仁的法制环境，完善知识产权保护的执法环境。同时，完善国家安全审查制度和事中事后监管体系。严格对外资的市场监管、质量监管和安全监管，加强外资信用体系建设。建立涵盖服务全过程监管、统计监测分析、信用综合评价等的事中事后综合监管体系。建立大数据监管服务平台。

（五）完善服务贸易促进政策体系

健全各部门的统筹协调机制，打破部门分割和条块利益，构建系统性、全覆盖、机制化的服务贸易促进政策框架，重点在税收、财政、便利化、金融、国际市场开拓和统计监测等六个方面取得突破。推动服务出口增值税零税率制度并扩大零税率范围，针对不同行业实行免税或免抵退税制度。加大对服务外包、技术、文化、中医药等服务出口的财政支持力度，发挥服务贸易创新发展引导基金的作用，帮助企业参加国际展会、海外媒体宣传等。完善与服务贸易相适应的口岸通关模式和海关监管模式，推动特定区域和产品的全过程保税，建设服务贸易"电子口岸"。拓宽服务贸易企业的融资渠道，扩大人民币计价和结算。鼓励保险公司针对服务贸易企业的风险特点有针对性地开发保险产品，提高服务贸易企业出口信用保险覆盖面。设立服务贸易境外市场开拓资金支持企业海外并购，在购汇、法律、税务等方面给予协助。健全服务贸易统计体系，完善统计标准的科学性、统计制度的法律保障，确保"应统尽统"，全面实现服务贸易统计直报工作。

（六）加强服务贸易国际合作

以"一带一路"为重点不断深化多双边合作，增进与重点国别、地区和国际组织的合作，建立全方位、多层次的服务贸易开放合作体系。一是充分利用京交会、进博会、上交会等平台，举办论坛和推介活动，推动行业组织和企业间务实合作,在信息数据交换、企业对接洽谈等方面充实合作内容。二是以主要服务贸易伙伴为基础,结合重要外交活动,加强服务贸易交流合作,推动形成服务贸易国际合作新布局。三是以提升合作水平为重点,完善与我国前十大服务贸易伙伴的合作机制,持续推动我国与金砖国家、上合组织、中东欧"17+1"等的合作。四是根据国家战略需要选择具有独特合作优势的国家,在我国进口需求大的服务领域建立新的服务贸易合作机制。

(七) 在数字贸易国际规则制定中把握主导权和话语权

我国是数字经济和数字贸易大国,为参与数字贸易国际规则制定创造了有利条件。要顺应全球数字经济发展大势,在推动跨境数据流动、减少数据本地化限制、提升互联网资讯开放水平、完善数字知识产权保护和个人隐私保护、建立争端解决机制、加强网络数据安全保护、积极应对数字贸易壁垒等方面加强探索,在国际规则标准制定方面发挥引导力。同时,利用跨境电商的先发优势,率先建立跨境电商规则标准体系。在跨境电子认证、跨境支付、网上消费者权益保护、跨境电商征税、规范跨境电商经营,以及在线通关、商检、服务、监管等方面提出"中国方案"。

主要参考文献

[1]江小涓.新中国对外开放70年[M].北京:人民出版社,2019.

[2]江小涓.高度联通社会中的资源重组与服务业增长[J].经济研究,2017(3).

[3]江小涓,罗立彬.网络时代的服务全球化:新引擎、加速度和大国竞争力[J].中国社会科学,2019(2).

[4]王晓红,朱福林,柯建飞.服务外包:推动中国服务业开放新引擎[M].广州:广东经济出版社,2019.

[5]王晓红,谢兰兰.我国数字贸易与软件出口的发展及展望[J].开放导报,2019(5).

[6]商务部.全球服务外包发展报告[R].2018.

附件1：关于"十四五"贸易预测的说明[①]

一、预测使用的原始数据

表1-5 对外贸易原始数据　　　　　　　　单位：亿美元

年份	对外贸易总额	货物贸易总额	服务贸易总额
1982	463	416	47
1983	484	436	48
1984	595	536	59
1985	752	696	56
1986	799	738	61
1987	893	827	66
1988	1115	1028	87
1989	1217	1116	101
1990	1278	1154	124
1991	1493	1356	137
1992	1875	1655	220
1993	2223	1957	266
1994	2731	2366	365
1995	3305	2809	496
1996	3405	2899	506
1997	3874	3252	622
1998	3759	3240	519
1999	4216	3606	610
2000	5455	4743	712

[①] 本预测由中国国际经济交流中心梅冠群副研究员完成。

续表

年份	对外贸易总额	货物贸易总额	服务贸易总额
2001	5881	5097	784
2002	7136	6208	928
2003	9576	8510	1066
2004	12998	11546	1452
2005	15902	14219	1683
2006	19642	17604	2038
2007	24416	21762	2654
2008	28856	25633	3223
2009	25100	22075	3025
2010	33457	29740	3717
2011	40908	36419	4489
2012	43500	38671	4829
2013	46966	41590	5376
2014	49535	43015	6520
2015	46072	39530	6542
2016	43472	36856	6616
2017	48029	41072	6957
2018	54149	46230	7919

资料来源：商务部。

二、对贸易总额、贸易结构和贸易增速的预测

对综合线性回归、指数回归、对数回归、幂回归、多项式回归等各种预测方法进行综合比较，选取最优方法。以下对货物贸易和服务贸易分别进行预测。

（一）货物贸易预测

首先对1982年以来我国货物贸易实际值变化情况进行分析，如图1-8所示。从图形变化斜率看，我国货物贸易变化明显呈现两阶段特点，即2001

年以前斜率较低，我国在加入 WTO 之前货物贸易增速较慢，加入 WTO 后货物贸易增速大幅攀升。因此，对货物贸易总额的预测宜采取 2001 年之后的数据。

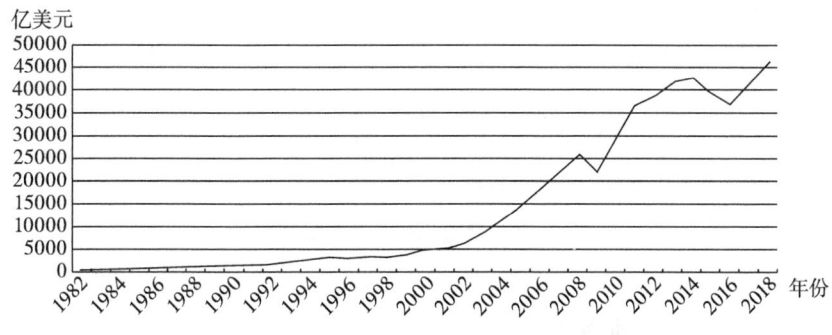

图 1-8　货物贸易总额实际值变化情况

2002—2018 年我国货物贸易数据大致呈现线性变化特点，综合考虑各种预测模型，选取线性预测方法。形成预测方程：$y = 2266.9x + 8547$，其中 y 为货物贸易当年预测值，x 为时间（以 2002 年为基期）。该模型拟合优度 R^2 达到 0.9085，表明预测模型能够实现较好的拟合效果，如图 1-9 所示。货物贸易预测模型基本能够反映货物贸易实际变化情况。

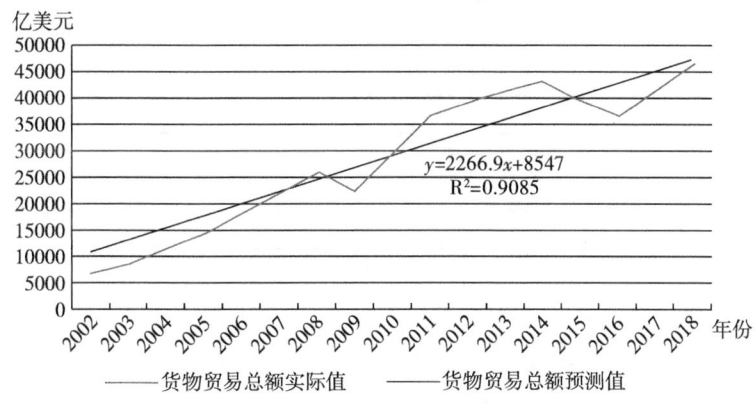

图 1-9　对货物贸易预测模型的验证

利用该预测模型对 2019—2035 年数据进行预测，如图 1-10 所示，从趋势上看，该模型能够较好地延续 2004—2018 年货物贸易总额的变化趋势。

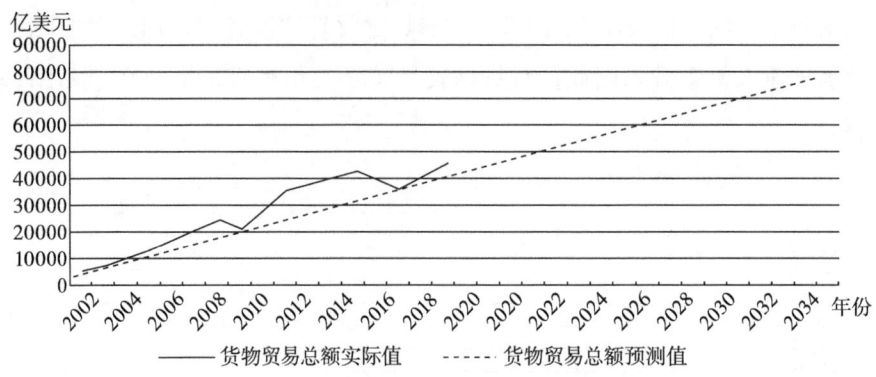

图 1 – 10　对货物贸易总额的预测

（二）服务贸易预测

利用 1982—2018 年服务贸易数据，采取多项式回归的时间序列预测方法，形成预测方程：$y = 10.236t^2 - 187.29t + 721.17$，其中 y 为服务贸易当年预测值，t 为时间（以 1982 年为基期），该模型拟合优度 R^2 高达 0.9836，表明预测模型能够实现较好的拟合效果。利用预测模型对 1982—2018 年服务贸易情况进行模拟，并与实际值进行比较，如图 1 – 11 所示，模型能够较好地反映实际数据变化趋势。

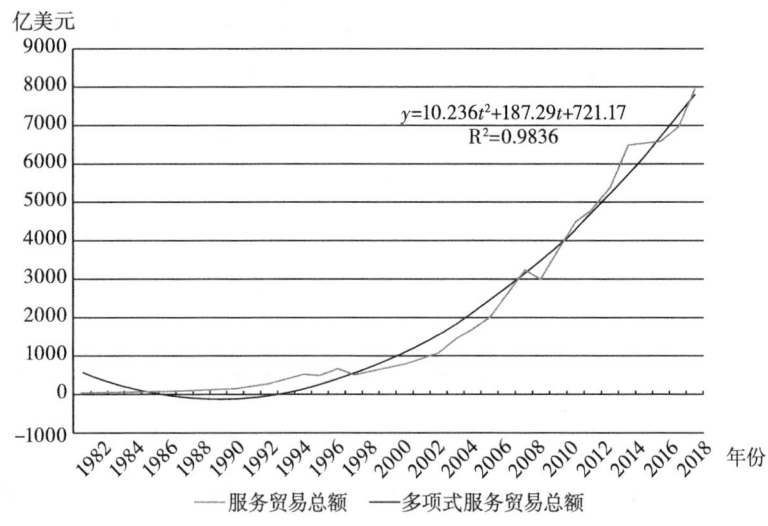

图 1 – 11　对服务贸易预测模型的验证

利用该预测模型对 2019—2035 年数据进行预测,如图 1-12 所示,从趋势上看,该模型能够较好地延续服务贸易总额的变化趋势。

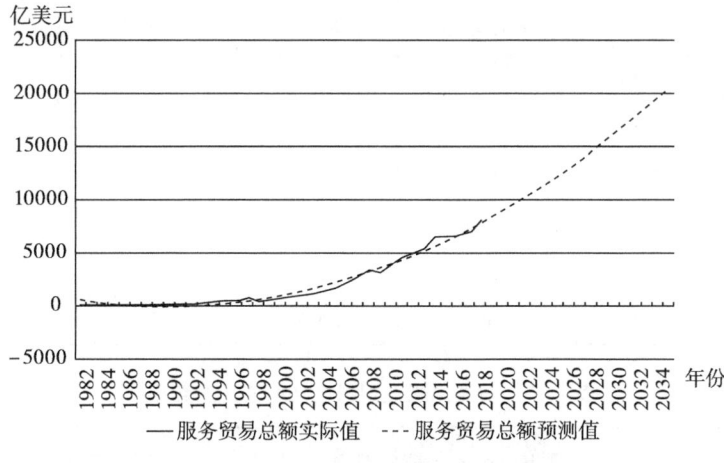

图 1-12 对服务贸易总额的预测

(三)对贸易总额、贸易结构和贸易增速的预测结果

表 1-6 贸易总额及贸易结构预测数据

年份	进出口贸易总额预测值(亿美元)	货物贸易总额预测值(亿美元)	货物贸易占进出口贸易比重(%)	服务贸易总额预测值(亿美元)	服务贸易占进出口贸易比重(%)
2019	57736	49249	85.3	8487	14.7
2020	60604	51618	85.2	8986	14.8
2021	63492	53885	84.9	9607	15.1
2022	66401	56152	84.6	10249	15.4
2023	69330	58419	84.3	10911	15.7
2024	72280	60686	84.0	11594	16.0
2025	75250	62953	83.7	12297	16.3
2026	78241	65220	83.4	13021	16.6
2027	81252	67486	83.1	13765	16.9
2028	84283	69753	82.8	14530	17.2
2029	87335	72020	82.5	15315	17.5

续表

年份	进出口贸易总额预测值（亿美元）	货物贸易总额预测值（亿美元）	货物贸易占进出口贸易比重（%）	服务贸易总额预测值（亿美元）	服务贸易占进出口贸易比重（%）
2030	90408	74287	82.2	16121	17.8
2031	93501	76554	81.9	16947	18.1
2032	96614	78821	81.6	17793	18.4
2033	99748	81088	81.3	18660	18.7
2034	102902	83355	81.0	19548	19.0
2035	106077	85622	80.7	20456	19.3

表1-7 贸易总额及贸易名义增速预测数据

年份	进出口贸易总额预测值（亿美元）	进出口贸易额名义增速（%）	货物贸易总额预测值（亿美元）	货物贸易总额名义增速（%）	服务贸易总额预测值（亿美元）	服务贸易总额名义增速（%）
2019	57736	4.8	49249	4.6	8487	5.7
2020	60604	5.0	51618	4.8	8986	5.9
2021	63492	4.8	53885	4.4	9607	6.9
2022	66401	4.6	56152	4.2	10249	6.7
2023	69330	4.4	58419	4.0	10911	6.5
2024	72280	4.3	60686	3.9	11594	6.3
2025	75250	4.1	62953	3.7	12297	6.1
2026	78241	4.0	65220	3.6	13021	5.9
2027	81252	3.8	67486	3.5	13765	5.7
2028	84283	3.7	69753	3.4	14530	5.6
2029	87335	3.6	72020	3.2	15315	5.4
2030	90408	3.5	74287	3.1	16121	5.3
2031	93501	3.4	76554	3.1	16947	5.1
2032	96614	3.3	78821	3.0	17793	5.0
2033	99748	3.2	81088	2.9	18660	4.9

续表

年份	进出口贸易总额预测值（亿美元）	进出口贸易额名义增速（%）	货物贸易总额预测值（亿美元）	货物贸易总额名义增速（%）	服务贸易总额预测值（亿美元）	服务贸易总额名义增速（%）
2034	102902	3.2	83355	2.8	19548	4.8
2035	106077	3.1	85622	2.7	20456	4.6

注：因较难估计GDP平减指数，表中贸易增速均为名义增速。

综上，"十四五"期间，我国进出口贸易总额、货物贸易总额、服务贸易总额的平均增速（几何平均数）分别为4.4%、4.1%、6.5%。

II 专题篇

专题一　推动服务外包转型升级的主要思路

王晓红[①]

服务外包产业以互联网及数字技术为支撑，具有知识密集、国际化程度高、吸纳就业能力强等特点，对于优化服务贸易结构、带动货物贸易转型升级具有重要意义，对于提升我国信息技术企业的自主创新能力、推动生产性服务业的国际化水平、加速国内服务企业嵌入全球价值链等都具有重要作用。

近年来，我国服务外包快速发展，已成为生产性服务出口的主要实现途径，是推动我国外贸转型升级的重要引擎。具体来看，"十三五"以来，我国通过不断完善服务外包政策促进体系，增强网络数字技术支撑能力，推动服务业与制造业融合发展，促进服务外包企业技术创新、业态创新和服务模式创新，发挥服务外包示范城市引领作用，为服务外包发展提供了有利的政策环境和产业环境。在此背景下，服务外包产业实现了量质齐增，对稳外贸、稳就业、稳外资发挥了重要作用。与此同时，企业创新能力和服务能力不断提升，服务外包不断向价值链高端攀升，研发设计、数据分析和挖掘、整体解决方案、系统设计服务等高附加值业务规模不断扩大。

随着新一代信息技术的广泛应用，服务外包产业呈现出数字化、智能化、高端化、融合化的发展新趋势。尤其是 2020 年以来，我国经济遭遇突如其来的新冠肺炎疫情冲击，服务外包产业表现出较好的抗冲击能力，为稳定服务出口发挥了重要作用。面向未来，需充分发挥服务外包产业在创新驱动发展和培育贸易新业态新模式中的重要促进作用，加快服务外包向高技术、高附加值、高品质、高效益转型升级，全面提升"中国服务"和"中国制造"品牌

---

① 王晓红，中国国际经济交流中心信息部副部长。

影响力和国际竞争力。

第一，强化数字化引领，培育国际竞争新优势。数字化转型已经成为当前世界各国进行战略布局的重点，我国亦需在这方面持续发力。一是推动服务外包企业数字化转型。要进一步完善数字技术与产业的融合渗透机制，重点培育一批信息技术外包和制造业融合发展的示范企业，探索形成以数据为核心、平台为支撑、商产融合为主线的数字化、网络化、智能化发展新模式，特别是要对企业在数字技术领域的研发、人才培训等给予更大的支持。二是依托数字技术创新服务外包交付模式和服务模式。促进服务外包与互联网、物联网、大数据、人工智能、区块链等信息技术有机融合。依托5G技术大力发展众包、云外包、平台分包等新模式新业态，推动工业互联网创新与融合应用，培育一批数字化制造外包平台，发展服务型制造等新业态。三是加快发展数字贸易新业态和新模式。当前，数字贸易已经成为全球贸易增长的新引擎，需在数字贸易新业态和新模式方面积极探索、寻求突破。要积极扩大信息技术服务出口，增强数字教育、数字医疗、数字金融等数字内容服务的出口能力。同时，更好发展远程医疗、远程教育、远程维修等新业态。四是促进服务外包与制造业融合发展。要立足提升制造业创新能力、服务型制造水平和全球价值链分工层次，大力发展研发、工业设计、咨询、检验检测、维护维修、技术服务、商务服务、供应链管理、人力资源、培训、品牌营销等生产性服务外包，增强对制造业自主创新、品牌塑造、价值链升级和境外投资等的支撑，提升产业综合竞争力。此外，还需促进离岸与在岸服务外包融合发展。发挥离岸服务外包的技术外溢效应，不断引进新技术、新模式和新管理方式，拓展国际渠道；发挥国内服务外包市场的优势，发展在岸服务外包业务，推动企业扩大规模、增强实力。

第二，增强服务外包企业实力，提升"中国服务"的品牌影响力。在这方面，重点是强化服务外包企业核心能力建设。一方面，鼓励企业通过兼并重组等方式形成技术、品牌、标准、渠道等的综合优势，提升组织运营的国际化水平和对价值链、供应链、服务链的掌控能力。另一方面，着力提高大企业承接高附加值服务、提供系统解决方案和全球交付的能力，鼓励大企业向中小企业分包业务，带动中小企业进入全球价值链分工网络；提升中小企业服务专业化和规范化水平，鼓励其走"专精特新"道路，增强其参与全球价值链分工的能力。与此同时，需进一步强化标准化体系建设。在积极对接国际先进标准的同时，探索形成我国以大数据、人工智能、5G等数字技术提供外包服务的交付标准，以及数字化服务的贸易规则、标准和人才培养培训标准，并推动设计、检验检测、咨询、维修等生产性服务领域的外包标准建设。还要看到，加强服务外包企业的品牌建设能力也十分重要。需不断强化品牌研究、设计和管理，积极打造中国服务外包品牌；认定一批交付质量好、服务水平高、技术能力强的服务提供商形成"中国服务"标志，提升"中国服务"品牌的丰富度和美誉度；鼓励服务外包企业开展商标和专利境外注册。

第三，完善区域发展布局，扩大服务外包发展空间。一是以京津冀、长三角、珠三角等重点区域引领全国服务外包创新发展。依托京津冀协同发展、长三角一体化发展、粤港澳大湾区建设等，打造具有世界影响力的服务外包城市群，为区域制造业转型升级提供动力，加强区域间在文化创意、工业设计、教育、商务服务等服务外包领域的合作。二是把服务外包产业作为中西部开放型经济发展的重要引擎。服务外包产业依托互联网和数字技术提供服务，能有效弥补中西部内陆地区开放基础设施不足、物流成本较高等发展货物贸易的短板。还要看到，中西部区域中心城市网络数字基础设施发达，人力资源性价比较高，发展服务贸易较货物贸易更有潜力，应充分发挥这些优势，加大发展服务外包产业的力度。三是强化东部与中西部的协同发展与合作机制。着眼于我国城市间的产业互补优势，构建协同发展的服务外包产业链。鼓励总部在一线城市的企业在中西部地区设立服务交付基地，鼓励区域中心城市和周边城市形成分工协作关系，形成东中西部、大中小城市之间分工有序、各有侧重、布局合理的服务外包集聚区。

第四，完善服务外包产业支撑体系，夯实制度保障。要完善人才支撑体系。各类专业化人才是服务外包产业实现高质量发展的核心要素。商务部等8部门发布《关于推动服务外包加快转型升级的指导意见》，从大力培养引进中高端人才、鼓励大学生就业创业、深化产教融合等层面加大了"政策组合拳"的力度。对此，各地需采取有力措施，提供更有吸引力的薪酬待遇、科研体制和知识产权保护环境，加大吸引行业领军人才和高端技术管理人才的力度；

加强高校与服务外包企业深度对接，鼓励大学生创新创业创造，开展研发合作创新活动。

要完善有利于服务外包企业创新的环境。立足提升服务外包企业的技术创新、业态创新和模式创新能力，加大税收减免、政府采购、财政补贴等力度，支持企业提高原始创新能力和关键核心技术掌控能力，支持有条件的服务外包企业参与国内外重大科技项目招标，引导产业基金、社会资本进入服务外包领域，并进一步加强知识产权保护。要完善公共服务平台建设。可利用外经贸发展专项资金等布局建设一批辐射全国的服务外包公共服务平台，加强服务外包园区的创新平台、创客空间、孵化器等建设，对服务外包统计平台的建设也需持续发力。

专题二　全球数字贸易发展及对服务外包的影响

马卫红　杨林[①]

一、数字贸易的内涵与特征

20世纪90年代,互联网技术的快速发展加快了传统部门数字化进程,也不断颠覆着原有的商业模式,创造出新的商业模式,并推动贸易方式发生了很大变化。根据 Richard Baldwin 的理论,继第一阶段的传统贸易和第二阶段的全球价值链贸易之后,出现了第三阶段的数字贸易。

(一) 数字贸易内涵的演进

国际上关于数字贸易的概念最早见于 Weber (2010) 的论述。他认为,数字贸易是指通过互联网等电子化手段输出有价值的产品或服务的商业活动,其核心内容是数字产品或服务。在数字贸易理论研究方面,美国和欧盟属于先行者。关于数字贸易的定义,曾经历了一个不断探索和演进的过程。

2017年,美国贸易代表办公室(USTR)在其发布的报告——《数字贸易的主要障碍》中认为数字贸易应当是一个广泛的概念,不仅包括个人消费品在互联网上的销售和在线服务的提供,还包括实现全球价值链的数据流、实现智能制造的服务以及各种其他平台和应用[②]。

2017年,在法国巴黎举行的国际货币基金组织国际收支统计委员会第

[①] 马卫红,山东大学商学院副教授。杨林,山东大学商学院教授,博士生导师,副院长。
[②] THE OFFICE OF THE U. S. TRADE REPRESENTATIVE. Key barriers to digital trade [R]. 2017 – 03 – 31.

十三次会议上，OECD 发布的报告对数字贸易进行了较为全面深刻的分析。该报告参照服务贸易的四种提供模式，确定了数字贸易的测量框架。该报告认为，交易性质、交易产品和交易参与者是数字贸易的三个重要维度。换句话说，数字贸易就是"谁"通过"什么方式"获得了"什么产品"的过程。其中，交易性质包括数字订购、应用平台与数字交付；交易产品包括商品、服务、信息与数据；交易参与者包括企业、家庭、政府、居民与服务组织。可以看出，OECD 的分析既包括通过数字技术完成的商品贸易与服务贸易，也包括数据和信息的跨国流动，是当前国际上较为认可的对数字贸易的定义。

在国内，随着跨境电子商务的蓬勃发展，业界对数字贸易形成了更具中国实践特色的见解。浙江大学马述忠教授认为，数字贸易是以数字化平台为载体，通过人工智能、大数据和云计算等数字技术的有效使用，实现实体货物、数字产品与服务、数字化知识与信息的精准交换，进而推动消费互联网向产业互联网转型并最终实现制造业智能化的新型贸易活动，是传统贸易在数字经济时代的拓展、延伸和迭代。作为有机组成部分，跨境电子商务会助推数字贸易阶段的全面到来；作为新型贸易活动，全球数字贸易是跨境电子商务发展的高级形态①。

中国信息通信研究院 2019 年发布的《数字贸易发展与影响白皮书》认为，数字贸易是指信息通信技术发挥重要作用的贸易形式，不仅包括基于信息通信技术开展的线上宣传、交易、结算等促成的实物商品贸易，还包括通过信息通信网络（语音和数据网络等）传输的数字服务贸易，如数据、数字产品、数字化服务等贸易②。

（二）数字贸易的典型特征

1. 虚拟性

数字贸易使用数字化的知识与信息，在互联网上通过电子交易方式进行

---

① 马述忠:再论"数字贸易"的内涵与外延[EB/OL].（2020-03-30）[2020-04-02].https://cloud.tencent.com/edu/learning/live-3099.
② 中国信息通信研究院:数字贸易发展与影响白皮书(2019年)[M/OL].（2019-12-26）[2020-03-15].http://www.caict.ac.cn/kxyj/qwfb/bps/201912/P020191226585408287738.pdf.

数字产品与服务的传输。因此,生产过程中使用的要素、交易过程和传输过程都具有虚拟性。根据国家统计局公布的数据,2019年全年,全国网上零售额高达10.63万亿元,其中实物商品网上零售额为8.52万亿元,占社会消费品零售总额的比重达20.7%,同比增长19.5%,增速比社会消费品零售总额快11.5个百分点。最近几年,交易虚拟性快速增长。如2019年,包括超市、专卖店、专业店等在内的限额以上单位通过互联网实现的商品零售额占限额以上单位消费品零售额的12.9%,比上年提高2.7个百分点,对消费的拉动作用不断增强。

2. 集约性

依托数字技术,数字贸易能够实现劳动力、资本、技术、管理等生产要素的集约化投入,促进研发、设计、材料采购、产品生产、市场营销、物流运输等产业链各环节的集约化管理(马述忠,2018)。

2020年新冠肺炎疫情防控期间,富士康、拓野机器人等制造业企业,依托强大的数字化、柔性化生产能力迅速加入口罩等紧缺物资的生产中,在极短的时间内形成了口罩产能。人工智能、3D打印等数字技术与制造业的深度融合发展,使无人生产、远程运维、数字交付等方式得以实现,为数字时代无人化货物运输和提高物流效率提供了条件。数字贸易从数字内容等"网生"行业向以制造业为代表的传统线下产业拓展,从服务贸易领域向货物贸易领域拓展,彻底改变了传统产业价值链的路径和实现方式[①]。

3. 智能性

数字技术使原有的信息传输方式发生重大变革,数据成为关键性的生产资料,生产组织网络加速重构,传统产业正经历数字化、智能化的升级。

2020年的新冠肺炎疫情使产业界越发重视数字化、智能化、无人化生产方式的重要性和价值。作为中国钢铁行业领军企业的宝钢股份,通过"智能制造"的技术手段,运用"黑灯工厂""不碰面生产""智慧物流"等智能手段,在防控阻击疫情的同时,打好了稳产、高产的"守卫战"。12个智能

---

① 国家工业信息安全发展研究中心:疫后数字贸易发展趋势展望[EB/OL].(2020-09-24)[2020-9-26]. https://www.sohu.com/a/420563397_120269246.

"机器人"包办了所有的危、脏、难工作。工作人员只需要通过智能远程操控系统，就可以实现对宝钢股份上海宝山基地的有序操控。操作人员和工程师即使在同一个车间，也可以实现"不碰面生产"，既保证了疫情防控期间的病毒防控，也保证了高效的生产运转①。

4. 平台性

互联网平台是数字贸易中的基本经济组织，各种经济资源和数据信息在平台上进行配置和协调，从而实现价值的创造。平台化运营成为互联网企业的主要商业模式。平台经济成为一种越来越重要的产业组织形式。基于互联网、云计算等现代信息技术，以多元化需求为核心，平台经济可以全面整合产业链、融合价值链、提高市场配置资源的效率。淘宝、天猫、京东等电子商务平台已成为人们日常消费的优先选择；支付宝、微信等第三方支付平台为各种交易的顺利进行提供了更多便捷；新浪微博等社交网络平台已成为人际交往的重要渠道。

5. 融合性

数字贸易是互联网技术与现代贸易的深度融合。数字贸易深化了数字技术与传统产业的融合发展，促进了现代服务业与制造业的深度融合，催生了新型的供应链管理模式，实现了采购、仓储、包装、销售、传输和信息服务的一体化。由此，进一步促进跨境电子商务更开放、更高度融合，并且催生和培育了国际贸易的新业态和新模式。

同时，数字贸易不断推进产业和贸易方式的创新融合，积极为传统产业赋能。青岛酷特智能股份有限公司依托互联网和大数据，在十几年的时间里实现了"工业大数据驱动的智能制造"，推动生产流程从工厂到用户转变为从用户到工厂，并且帮助更多企业按需生产、提质增效，提升供应链效率，升级产业链。

---

① "黑灯工厂""不碰面生产""智慧物流"宝钢股份以"智能制造"实现稳产高产[EB/OL]. (2020－02－13) [2002－03－25]. http://www.xinhuanet.com/2020－02/12/c_1125562478.htm.

二、全球数字贸易的发展现状与趋势

(一) 全球数字贸易迅猛发展为服务经济增加新动能

随着大数据、人工智能和机器人的广泛应用,数字贸易与跨境电商的发展非常迅猛。目前全球50%以上的服务贸易已经实现数字化,已有超过12%的跨境贸易通过数字化平台实现。WTO预测,2040年服务贸易在世界贸易中的比重将上升至1/3,相比现在,将增长约50%。

在数字服务贸易中,ICT服务的交换是其中最基础的部分,如图2-1所示。2005—2018年,世界ICT服务出口规模从1750.0亿美元增长到5682.5亿美元,14年增长了225%,在世界服务出口总额中所占比重也从2005年的6.58%增加到2018年的9.72%,年均增长率高达9.50%。

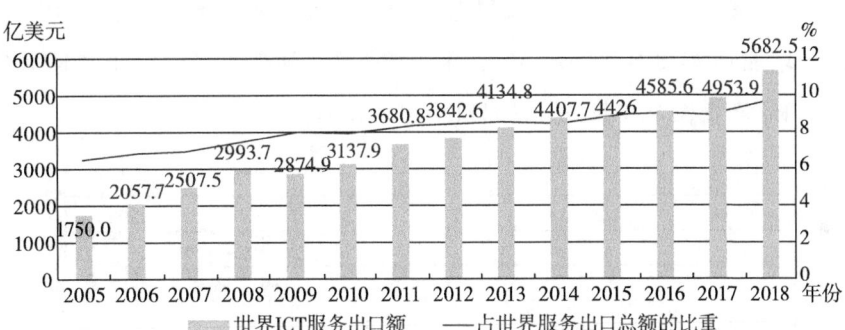

图2-1 2005—2018年世界ICT服务出口规模及所占比重

资料来源:UNCTAD。

从国别构成上来看,ICT服务出口中,占主导地位的主要是发达经济体。如表2-1所示,2018年,欧盟ICT服务出口规模达到3068.7亿美元,占世界ICT出口市场的半壁江山。两个最大的发展中经济体——中国和印度,ICT服务出口在本国服务贸易中所占比重分别为17.6%和28.2%,占世界ICT服务出口的份额为8.3%和10.2%,发展潜力较大。

表2-1 2018年世界主要经济体ICT服务出口规模及份额

项目	美国	欧盟	日本	澳大利亚	中国	印度	俄罗斯	巴西
ICT服务出口规模（亿美元）	342.9	3068.7	43.0	28.5	470.6	579.3	51.3	24.4
在该国服务贸易中所占比重（%）	4.1	12.1	2.2	4.1	17.6	28.2	7.9	7.2
在世界ICT服务出口中所占份额（%）	6.0	54	0.7	0.5	8.3	10.2	0.9	0.4

资料来源：根据UNCTAD相关数据计算所得。

数字服务贸易不仅仅指ICT服务，信息、计算机、金融、保险、知识产权、管理咨询、文化娱乐等，都是数字传输程度比较高的产业。如图2-2所示，2005—2018年，世界服务出口总额从11794.3亿美元增加到29314.0亿美元，14年增长了149%，在世界服务出口总额中所占比重也从2005年的44.37%增加到2018年的50.15%，年均增长率高达7.30%，高于同时期货物贸易出口年均增长率和服务贸易出口年均增长率。

图2-2 2005—2018年世界数字服务出口规模及所占比重
资料来源：UNCTAD。

从国别构成上来看，数字服务出口中，占主导地位的主要还是发达经济体。如表2-2所示，2018年，美国、欧盟、日本等发达经济体服务贸易数字化比率都超过50%，中国也接近50%，印度更是高达64.7%（这与印度发达的信息技术产业有很大关联）。但是，从各国数字服务出口在世界数字服务出口中所占比重来看，差别很大。2018 年，欧盟占了整个世界数字服务出口市场的半壁江山，加上美国，在世界数字服务出口中占比超过 65%，而几个"金砖国家"加起来才占了 1/10。

表 2-2　2018 年世界主要经济体数字服务出口规模及份额

项目	美国	欧盟	日本	澳大利亚	中国	印度	俄罗斯	巴西
数字服务出口规模（亿美元）	4667.2	14490.6	1059.4	160.0	1314.5	1326.0	210.4	208.1
在该国服务贸易中所占比重（%）	56.3	57.0	55.2	23.1	49.3	64.7	32.4	61.2
在世界数字服务出口中所占比重（%）	15.9	49.4	3.61	0.55	4.48	4.52	0.72	0.71

资料来源：根据 UNCTAD 相关数据计算所得。

（二）全球跨境电商持续高增长为数字贸易奠定坚实基础

1. 全球跨境电商 B2C 持续增长，消费者网购意愿强烈

根据艾媒咨询 2019 年发布的报告，2015—2018 年，全球跨境电商 B2C 规模呈直线上升趋势，预计未来两年还会持续上升。2018 年，全球跨境电商 B2C 市场规模达到 6760 亿美元，预计 2020 年将达到 9940 亿美元，年均增速接近 30%，远远超过传统货物贸易和服务贸易的增长速度，如图 2-3 所示。

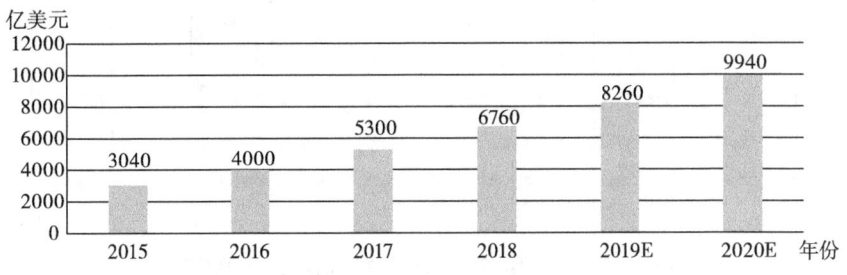

图 2-3　2015—2020 年全球跨境电商 B2C 交易额及预测

资料来源：Statista，iiMedia Research。

从地区分布来看，全球跨境网购普及率达到51.2%，其中中东地区使用跨境电商进行网购的消费者占中东地区网购者的比例最高，达到70%；欧洲和南美地区跨境电商消费者在50%~60%，西欧是欧洲最大的电子商务市场，在欧洲各国中马其顿地区和葡萄牙跨境电商普及率最高，达到85%；亚太和北美地区跨境电商消费者接近50%；2018年的进博会及相关政策的出台促进了中国跨境电商的发展，中国跨境电商交易规模达到9.1万亿元，用户规模超过1亿人。如图2-4、图2-5所示。

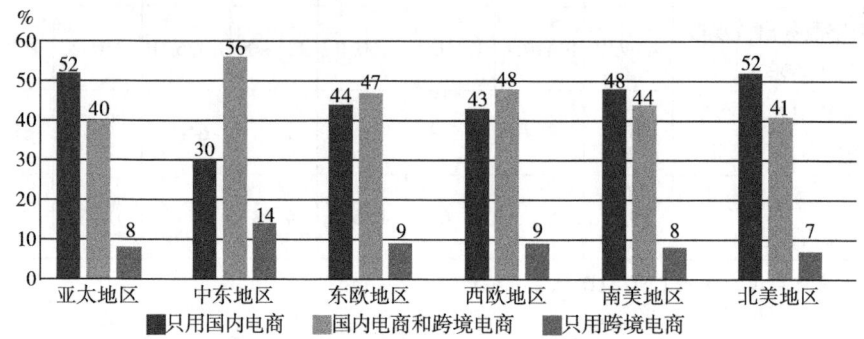

图 2-4　2018 年全球消费者在最近一年使用电商平台的类型

资料来源：2018 年 PayPal 跨境消费者报告，iiMedia Research。

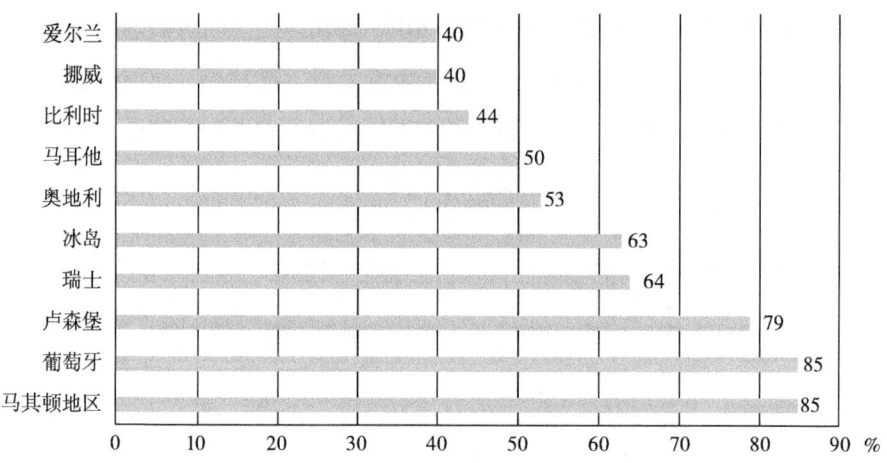

图 2-5　2018 年欧洲各国跨境电商普及率 TOP10

资料来源：欧洲电子商务协会，iiMedia Research。

2. 中国跨境电商发展潜力巨大

（1）跨境电商规模持续增长

根据艾媒咨询2019年的数据，2018年中国海淘用户规模超1亿人。海淘用户海淘月均花费千元以上的占比为48%。

随着跨境电商对传统贸易市场的替代，中国跨境电商渗透率逐渐提升。2017年，中国进出口贸易总额达27.8万亿元，同比增长14%，6年来首次实现双位数增长，跨境电商交易额达到7.6万亿元，同比增长20.6%。到2018年，中国跨境电商交易额达9.1万亿元，同比增长19.7%，预计到2020年中国跨境电商交易额将超过12万亿元，三年复合增长率为11.75%（见图2-6）。

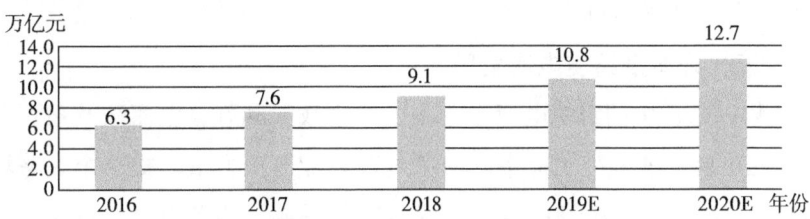

图2-6 2016—2020年中国跨境电商交易规模及预测

资料来源：iiMedia Research。

中国跨境电商主要集中在网易考拉、天猫国际、海囤全球、唯品国际、小红书等交易平台上。2018年，网易考拉、天猫国际、海囤全球、唯品国际和小红书的市场份额分别为27.10%、24.00%、13.20%、12.30%和7.30%（见图2-7）。

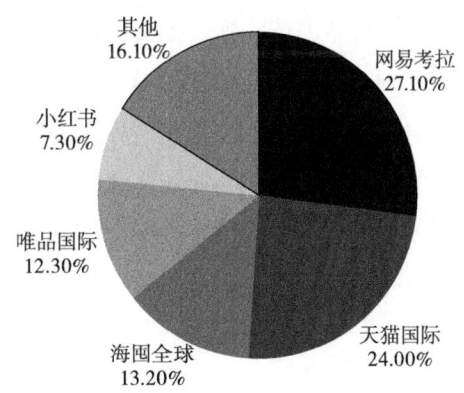

图2-7 2018年中国跨境电商平台市场份额分布

资料来源：iiMedia Research。

(2) 新零售融入跨境电商发展模式

根据艾媒咨询的报告，随着中国跨境电商交易规模增长迅速，越来越多的商户和平台关注跨境电商领域，跨境电商从全产业链在线化走向拥抱新零售。双线融合、直播带货和社交化传播成为跨境电商发展的三大趋势。

中国跨境电商内需庞大。随着收入水平的提高，消费者消费结构不断升级，高品质、个性化的需求不断增加。网易考拉、天猫国际等跨境电商平台纷纷开设线下体验店，将渠道从线上发展到线下，开启"线上+线下"全渠道模式。通过线上、线下双渠道互相引流，拉近了与用户之间的距离，在提升品牌知名度的同时，提高了成交率。目前，各大主流跨境电商平台纷纷加入开设线下体验店的行列①。

3. 政策利好助推跨境电商发展

2018年以来，中国跨境电商行业不断迎来政策利好，电商法及系列跨境电商新政的出台将进一步规范中国跨境电商行业健康发展。提高个人跨境电商消费限额、新增跨境电商综合试验区等政策措施，为跨境电商行业营造出更好的政策环境。

2018年7月，国家新增22个跨境电商综试区城市，政策覆盖面进一步扩大；11月，第一届进口博览会成功举办，习近平主席在会上宣布"中国将进一步降低关税，提升通关便利化水平，削减进口环节制度性成本，加快跨境电商等新业态模式发展"，这是我国主动向世界开放市场的重大举措，有利于促进全球贸易和世界经济增长；同时，跨境电商零售进口监管政策"一锤定音"，明确按个人自用进境物品进行监管，提高限额，扩充正面清单，这些都表明了我国实施进出口双向均衡发展和加快建设贸易强国的决心。在2019年"两会"的政府工作报告中，李克强总理提出"改革完善跨境电商等新业态扶持政策"，进一步培育国际经济合作和竞争新优势。这一系列强有力的政策将中国开放大门越开越大，跨境电商也将进入健康、快速发展的新时期。

---

① 艾媒咨询报告中心。

(三) 新兴技术快速发展应用为数字贸易积极赋能

1. 移动互联网的不断革新推动各种电商平台进一步实现普惠化

移动互联网可以使用户在移动状态下接入和使用互联网服务,移动终端可以随身携带、随时使用。用户可以"随时、随地、随心"地享受互联网带来的便捷,享受网络带来的个性化、多样化、高质量的服务。

随着全球信息技术和信息化的不断发展和普及,全球移动互联网普及率呈现显著提升态势。根据智研咨询发布的报告,预计到2025年,世界移动互联网用户将达到50亿人,移动互联网普及率达到60%以上,世界互联网用户复合增长率达到5.3%。智能手机用户数将从2017年的24.5亿人增长到2022年的33.2亿人,复合增长率达到6.27%(见图2-8)。

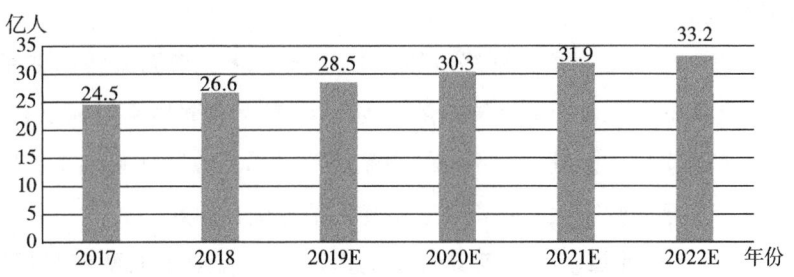

图2-8　2017—2022年全球智能手机用户数及预测

资料来源:智研咨询。

移动互联网技术方面,中国在5G网络技术研发、测试和验证方面取得重要突破,正在推动形成全球统一的5G标准。预计2020年,安卓阵营将继续推出多款5G手机,成为5G终端的起点,而苹果则将在2020年推出5G版本的iPhone,VR/AR、智能汽车等新型终端有望放量,带动5G终端渗透率大幅提升[①]。这意味着全球大部分地区基本被卷入互联网的生态当中。根据IHS Markit估计,2035年5G在全球创造的潜在销售活动将达到12.3万亿美元,约占2035年全球实际总产出的4.6%,并将跨越多个产业部门。

---

① 未来智库:5G创新深度研究报告:硬件、应用、流量[EB/OL]. (2019-01-14)[2020-03-17]. https://finance.sina.com.cn/stock/stockzmt/2020-01-14/doc-iihnzahk4123026.shtml.

2. 大范围覆盖的物联网帮助企业及时完成产品的信息交换与通信，促进数字贸易的发展

物联网的实质是利用射频自动识别（RFID）技术，通过互联网实现商品的自动识别和信息的互联与共享，实现人与物、物与物的信息交互和无缝对接，达到对物理世界实时控制、精确管理和科学决策。

目前，中国电信建成全球首个覆盖最广的商用NB-IoT网络，华为公司提出的NB-IoT技术方案获得3GPP批准，成为国际标准。根据沃达丰发布的《突破物联网界限》白皮书，全球NB-IoT连接数量已突破1亿。作为物联网的主战场，作为面向5G持续演进的LPWA技术，NB-IoT在2020年进入增长加速期。

根据市场研究机构Counterpoint Research的最新研究数据，到2025年，全球物联网蜂窝连接预计将突破50亿元大关，中国将继续以占有连接数的近2/3在全球保持领先。

物联网通过标签、阅读、网络等数字化手段实现了物流流转的数字化，完全取代了传统的人工和纸媒模式。在物联网模式下，货物流转和权利流转均通过数字方式实现。而且，在不同的物流环节可以用数字代替人工和纸媒，完全实现流转信息的数字化，重塑数字贸易的信息交互模式。

3. 大数据、云计算、人工智能技术的广泛应用有助于消费者和厂商决策的最优化实现，推动数字贸易快速发展

随着移动互联网、云计算技术的爆发，积累了历史上超乎想象的数据量，为人工智能的后续发展提供了足够的素材和动力。IBM公司指出，"人工智能和云计算的融合，有望成为创新的源泉和加速变革的手段"。

随着人工智能技术的进一步成熟以及投入的日益增长，人工智能应用的云端化将不断加速，全球人工智能产业规模在未来10年将进入高速增长期。2018年出版的麦肯锡研究报告预测，到2030年，约70%的公司将采用至少一种形式的人工智能，人工智能新增经济规模将达到13万亿美元。

德勤全球预测，2020年全球最大的100家软件公司中，有95家将把人工智能技术集成到其产品中。到2025年，人工智能市场价值将达到1000亿美元；超过70%的AI应用程序将会与人工互相配合，以提高附加值和竞争地位。全球领先的人工智能模型提供商布尔数据认为，通过人机协同能够更高效地解决复杂问题,对商业和社会将产生深远的影响①。

据中国信息通信研究院的数据,世界人工智能市场在2020年将达到6800亿元,复合增长率达26.2%。而中国人工智能市场也将在2020年达到710亿元,复合增长率达44.5%②。阿里飞天平台、百度大脑、微信开放技术平台等云计算平台国际领先,数字技术领先优势的不断扩大为中国数字贸易实现更快发展提供了坚实的技术保障。

三、数字贸易时代服务外包的新发展

(一) 数字贸易激活服务外包新模式

1. 服务外包合作模式和内容将更趋多样化

数字经济社会中的企业顺应互联网大势而为,用互联网思维进行企业产品和服务的创新。企业的互联网转型将使发包企业在能力和合作模式方面对接包商有不同于以往的新要求。数字贸易的发展丰富了服务外包的合作模式和内容,服务外包形式将更趋多样化。

以驱动互联网和数字经济发展为目标的数字贸易规则,比如,TPP协定第14章,对电子认证和电子签名、电子商务网络的接入和使用原则、通过电子方式跨境传输信息、互联网互通费用分摊、计算设施的位置、源代码等诸多方面都有详细约定。数字贸易的这些规则将有力激发新型服务外包业务内容和合作模式的产生,并为其发展壮大提供机制保障。

2. 新技术助推服务外包数字化转型

商务部发布的《中国外包品牌发展报告2019》指出,"据估计,到2019年全球数字化转型领域的支出预计将达1.7万亿美元,到2020年将有25%的全球2000强企业完成数字化培训和协作项目的开发;到2021年,全球服务

---

① 德勤:2019全球人工智能发展白皮书[M/OL]. (2019 – 09 – 20)[2020 – 03 – 17]. https://www.sohu.com/a/342304882_407401.

② 中国科学院大数据挖掘与知识管理重点实验室:2019年人工智能发展白皮书[M/OL]. (2019 – 01 – 23)[2020 – 03 – 17]. http://www.199it.com/archives/1001624.html.

经济规模将达 45 万亿美元，占全球经济的 50%"。

该报告称，中国数字经济增速已连续 3 年排名世界第一，稳居全球数字经济的第二大市场。预计到 2020 年，传统行业的数字化改造将为中国带来超过 40 万亿元的总市场规模。中国的数据量预计在未来 7 年每年将平均增长 30%。到 2025 年，中国将成为数据量最大的区域。随着数字技术向各个行业不断渗透，将深化跨界融合，实现创新倍增的效应。数字化转型可以大幅度提升服务的可贸易性，为服务供应商提供数字化转型的重大机遇。可以预见，中国数字经济的快速发展将为国内外的服务供应商创造巨大的发展空间。

2020 年 1 月，为贯彻落实党中央、国务院关于推进贸易高质量发展的部署要求，推动服务外包加快转型升级，商务部等 8 部门发布《关于推动服务外包加快转型升级的指导意见》。该意见指出，到 2025 年，高技术含量、高附加值的数字化业务占比不断提高，服务外包成为我国引进先进技术、提升产业价值链层级的重要渠道，信息技术外包企业和知识流程外包企业加快向数字服务提供商转型，业务流程外包企业专业能力显著增强。到 2035 年，服务外包成为以数字技术为支撑，以高端服务为先导的"服务 +"新业态、新模式的重要方式，成为推进贸易高质量发展、建设数字中国的重要力量，成为打造"中国服务"和"中国制造"品牌的核心竞争优势。

（二）产业数字化加速释放服务外包新动能

数字化浪潮是一个不可逆的过程，数字经济在全球发展中正扮演着越来越重要的角色。华为 & 牛津经济研究院《数字溢出，衡量数字经济的真正影响力》表明，过去 30 年中，数字技术投资每增加 1 美元，便可撬动 GDP 增加 20 美元；而 1 美元的非技术投资仅能推动 GDP 增加 3 美元。数字技术投资的平均回报是非数字技术投资的 6.7 倍。

2009 年，全球市值前 10 的公司中，互联网公司仅微软一家。而 2019 年，全球市值前 10 的公司中有 7 家都是互联网公司。与此同时，微软已进入了"万亿美元俱乐部"。2018 年，全球市值前 50 的公司中，科技类公司位列第一，达到 15 家。在 2019 年全球市值排名前 10 的互联网公司中，中国互联网公司占两席，阿里巴巴与腾讯分别位列第六与第七（见表 2-3）。

表2-3　2009年、2019年全球市值TOP10公司名单变化

排名	2009年	2019年
1	埃克森美孚	苹果
2	中国石油	微软
3	沃尔玛	谷歌
4	中国工商银行	亚马逊
5	中国移动	Facebook
6	微软	阿里巴巴
7	AT&T	腾讯
8	强生	摩根大通
9	壳牌	强生
10	保洁	沃尔玛

资料来源：中国信息通信研究院，中信建投研究发展部。

中国信息通信研究院的数据显示，全球数字经济总值2018年达到26万亿美元（约合172.1万亿元人民币），占总体经济的30%。中国保持全球第二大数字经济体地位，规模达到4.73万亿美元（约合31.3万亿元人民币）（见图2-9）。2003—2018年，中国数字经济增速显著高于同期GDP增速，按照可比口径，2018年中国数字经济名义增长20.9%，高于同期GDP名义增速约11.2个百分点，成为带动中国国民经济发展的核心力量。伴随着数字技术创新，并加速向传统产业融合渗透，数字经济对经济增长的拉动作用越发凸显。

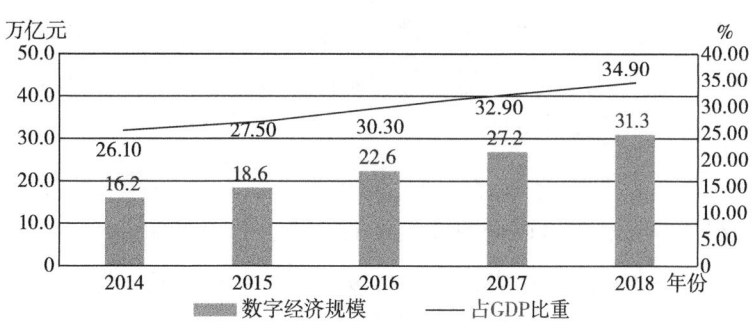

图2-9　2014—2018年中国数字经济规模及占GDP比重

资料来源：中国信息通信研究院，中信建投研究发展部。

产业数字化是数字经济的核心，是拉动经济增长的关键动力。根据中国信息通信研究院发布的数据，2018年，各国产业数字化占GDP比重差异较大，德国、英国、美国产业数字化占GDP比重最高，分别为54.0%、54.0%和52.8%，其余大部分国家介于10%~40%。2018年，中国产业数字化规模为24.9万亿元，同比增长23.1%，产业数字化部分占数字经济比重由2005年的49%提升至2018年的79.5%，占GDP比重由2005年的7%提升至2018年的27.6%，产业数字化部分对数字经济增长的贡献度高达86.4%，但仍然低于美国、英国、德国等第一梯队国家。

产业数字化，即传统产业由于应用数字技术所带来的生产数量和生产效率提升，其新增产出构成数字经济的重要组成部分。产业数字化首先会通过新技术全方位、全链条赋能传统制造业，释放数字对经济发展的放大、叠加、倍增作用。其次不断催生新产业、新业态、新模式，壮大经济发展的"新动能"。服务外包企业与传统产业进行跨境融合，深化合作，发展数据分析、电子商务平台、互联网营销推广和供应链管理等服务新业态、新模式。最后服务外包企业支持制造企业改造、研发、生产、销售全流程，发挥各自的长板优势，通过数据共享、标准统一和平台建设，打破"数据孤岛"，真正实现产业数字化，可以加速传统产业的转型升级步伐，助力经济高质量发展。

（三）服务外包数字化助推制造业提质增效

随着制造业服务化，服务外包化趋势不断加快，中国在全球产业分工中不断向"微笑曲线"两端的研发、设计、咨询、供应链管理等高附加值服务环节延伸。根据《中国制造业服务外包发展报告2019》，中国已成为全球最大的制造业服务外包发包国。

根据商务部发布的数据，2013—2018年，中国离岸服务外包年均增长14.3%，高于同期服务出口增速9.1个百分点，也高于同期货物出口增速，对服务出口增长的贡献达到70.8%。2019年，中国企业承接服务外包合同额15699.1亿元，执行额10695.7亿元，同比分别增长18.6%和11.5%，执行额首次突破万亿元，创历史新高。其中，承接离岸服务外包合同额1389.1亿美元，比2018年增长15.4%；离岸服务外包执行额968.9亿美元，比2018

年增长了9.3%。离岸服务外包执行金额的快速增长使中国成为全球第二大服务外包接包国（见图2-10、图2-11）。

图2-10　2015—2019年中国承接服务外包合同额及执行额
资料来源：根据商务部数据整理。

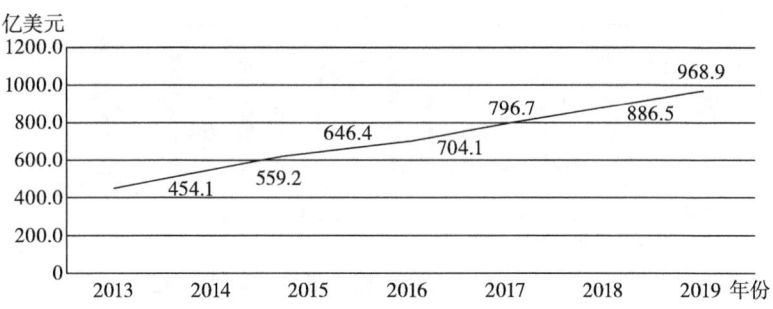

图2-11　2013—2019年中国离岸服务外包执行额
资料来源：根据商务部数据整理。

在制造业服务外包方面，根据《中国制造业服务外包发展报告2019》，2018年，中国企业签订制造业离岸服务外包合同金额达314.6亿美元，执行金额达到244.3亿美元。其中，中国承接单笔离岸合同金额超过500万美元的制造业服务外包合同共528份，签约合同金额达114.4亿美元。华为、海康威视、中车长客等成为制造业服务外包业务领军企业。2018年，中国服务外包企业承接来自美国、欧盟、日本等国家和地区的制造业外包合同，总计达182.8亿元，韩国、德国、新加坡等国也是中国制造业服务外包业务的主要来源地。根据《中国外包品牌发展报告2019》的测算，2018年，中国服务外包产业规模相当于服务业总规模的7.5%，增长速度相当于服务业增速的1.7倍，服务外包产业总规模占中国数字经济规模的比重达到11.4%。

从业务类型来看，服务外包主要包括信息技术外包、业务流程外包和知识流程外包。2019年，中国离岸信息技术外包执行额为2894.3亿元，同比增长9%，占比44.1%；业务流程外包执行额为1183.9亿元，同比增长30.4%，占比18.1%；知识流程外包执行额为2477.6亿元，同比增长7.6%，占比37.8%。

自2013年以来，知识流程外包在中国离岸服务外包业务中所占比重不断提升，2019年已经达到37.8%（见图2-12）。与此同时，以研发服务、工程技术、检验检测等为代表的高端生产性服务外包业务快速发展。2018年，上述三个领域服务外包业务同比分别增长15.5%、27.1%和74.5%。

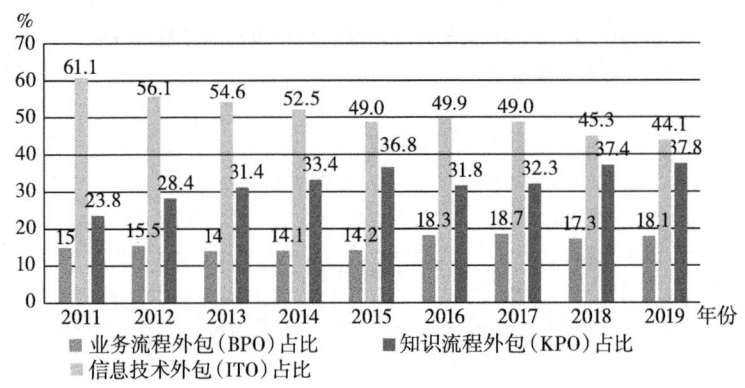

图2-12　2011—2019年中国离岸服务外包各类型占比
资料来源：根据商务部数据整理。

云计算、大数据、物联网、人工智能、5G等新一代信息技术的发展和应用，为信息技术外包提供了更加广阔的空间。为了提升制造业的国际竞争力，美国、德国等国家纷纷聚焦人工智能、先进制造、5G、量子信息、大数据分析等先进技术，发布未来工业发展计划。中国服务外包企业依托信息技术优势，支持制造企业改造研发、生产、销售和售后服务流程，逐步由生产型制造向服务型制造转型。"互联网+服务外包"不断推进，服务外包企业稳步向高技术、高附加值业务转型。一批领军IT企业提供云外包服务达到200亿元，成为实现中国制造向中国智造迈进的关键基础[①]。服务外包的数字化进程不断加快，全新的数字化服务业务不断涌现，众包、云外包、平台分包等新模式

---

① 商务部国际贸易经济合作研究院. 迈向贸易强国之路[M]. 北京：中国商务出版社，2018.

层出不穷,与工业互联网结合的服务型制造等新业态也在不断成熟,与传统产业跨界融合,形成经济发展新动能。

2019年,服务外包企业与制造业企业的合作更加紧密,智能工业软件系统、大数据监测分析等技术在中国制造业高端升级和"弯道超车"中发挥了更大作用。

(四)服务外包新型就业形态成为吸纳就业的推进器

作为新兴服务贸易的重要组成部分,服务外包是知识密集型产业,在促进就业方面发挥着非常重要的作用,为"稳就业"做出了很大贡献。

随着中国产业结构的不断升级,制造业服务化、服务业数字化需要大量高级人力资本要素的投入,如研发、设计、会计、法律等服务为中高端知识型、专业型人才提供了广阔的就业市场。服务外包产业充当了中高端人才就业的"蓄水池"与"吸纳器"。

人才是服务外包产业最大的资产,也是服务外包企业的核心竞争力。服务外包产业吸纳大学生就业的能力较强,在稳定大学生就业中发挥了重要作用,扩大了新兴产业领域人才队伍。据报道,大学毕业生在服务外包企业工作2~3年后有40%转向互联网、大数据和人工智能等领域,为中国加快步入数字经济强国行列提供了人才支撑[①]。

在服务外包高质量发展阶段,将形成更大规模的数字化人才队伍。2008—2019年,服务外包吸纳就业人数从52.7万人增长到1172.0万人,年均增长率达到22%(见图2-13)。根据商务部的数据,2019年,中国服务外包产业新增从业人员103.0万人,其中大学(含大专)以上学历60.6万人。截至2019年底,服务外包从业人员共1172.0万人,其中大学(含大专)以上学历750.1万人,占从业人员总数的64%,为稳定大学生就业发挥了重要作用。

经过十多年来的发展,中国服务外包产业集聚了数量众多的人才,有一种说法,服务外包产业是"电脑+人脑"。随着数字化的深入发展和人工智能

---

① 商务部:中国服务进口报告(2018)[R/OL].(2018-11-13)[2019-03-17]. www.gov.cn/xinwen/2018-11/13/5339803/files/a3496f84939545fba8f0dbb4843045df.pdf.

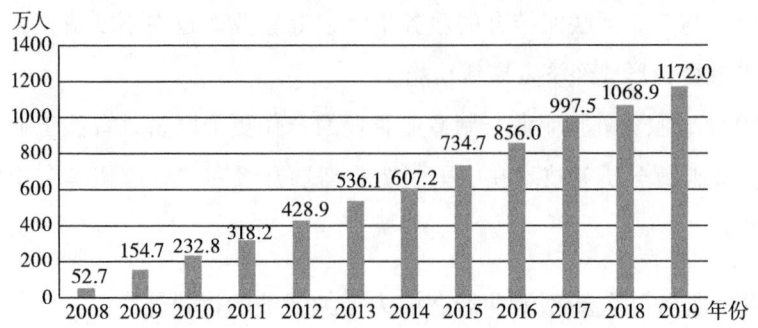

图 2-13　2008—2019 年我国服务外包从业人员

资料来源：商务部。

等信息技术的广泛应用，服务外包领域的就业形态也发生了很大变化。众包、平台分包等新业态、新模式催生了"零工经济"和弹性就业，这些新兴的就业形态，扩展了就业空间，促进大学生就业的作用非常明显。

主要参考文献

[1] 王拓.数字服务贸易及相关政策比较研究[J].国际贸易,2019(9):80-89.

[2] 蓝庆新,窦凯.基于"钻石模型"的中国数字贸易国际竞争力实证研究[J].社会科学,2019(3):44-54.

[3] 智研咨询:2019—2025 年中国移动应用设备行业市场评估研究报告[EB/OL].http://ishare.iask.sina.com.cn/f/19cnbiTO1V3.html.

[4] 涂舒:数字化、高端化、多元化驱动 2019 年中国服务外包"逆风"前行[EB/OL].https://www.sohu.com/a/304727881_640189.

[5] 朱福林.中国服务贸易发展 70 年历程、贡献与经验[J].首都经济贸易大学学报,2020(1):48-59.

[6] 商务部国际贸易经济合作研究院.迈向贸易强国之路[M].北京:中国商务出版社,2018.

[7] 陈萌,孙晓磊,等.产业数字化:数字经济新原点[EB/OL].http://www.databanker.cn/research/272750.html.

[8] WEBER R H. Digital trade in WTO-law - taking stock and looking ahead[J]. Asian Journal of WTO and International Health Law and Policy, 2010(51):10.

专题三　大数据、云计算、人工智能发展与中国服务外包的发展机遇

柯建飞[①]

大数据、云计算、人工智能等技术正加速推动着企业创新和新一轮技术变革，信息技术的创新发展也促进了服务外包方式的改变。大数据技术将IT外包服务供应商转化为企业信息采集者和翻译者，而不仅仅是软件的维护者。云计算和软件服务的兴起，使传统的应用软件开发和维护外包服务发生动摇。人工智能正在以前所未有的速度和深度渗透传统经济的各行各业，其中当然也包括正处于转型升级中的服务外包行业。服务外包行业迎来了新的发展机遇，行业重心已发生改变。

一、大数据、云计算、人工智能发展

（一）大数据时代的到来

一般认为，"大数据"这一概念最早公开出现在1998年。美国科学家约翰·马西（John Mashey）在一个国际会议报告中指出：随着数据量的快速增长，必将出现数据难理解、难获取、难处理和难组织等四个难题。他用Big Data（大数据）来描述这一挑战，在计算领域引发思考。2012年，牛津大学教授维克托·迈尔—舍恩伯格（Viktor Mayer‐Schönberger）的著作《大数据时代》（*Big Data: A Revolution That Will Transform How We Live, Work, and*

---

① 柯建飞，福建工程学院互联网经贸学院副研究员。

Think）引发商业应用领域对大数据方法的广泛思考与探讨。此后，大数据相关技术、产品、应用和标准不断发展，逐渐形成了包括数据资源与API、开源平台与工具、数据基础设施、数据分析、数据应用等板块构成的大数据生态系统，其发展热点呈现了从技术向应用再向治理的逐渐迁移。经过近十年的发展和沉淀，人们对大数据已经形成基本共识：大数据现象源于互联网及其延伸所带来的无处不在的信息技术应用以及信息技术的不断低成本化。大数据为人类提供了全新的思维方式和探知客观规律、改造自然与社会的新手段，这也是大数据引发经济社会变革的最根本性的原因。

大数据产业链应用层级不断落地。大数据应用方向主要包含旅游、医疗、城市、教育、社交媒体、移动互联网等，具有广阔的前景。许多互联网企业对大数据进行实质性的应用探索。在未来，企业如何使用和挖掘大数据是赢得市场竞争的关键。大数据分析领域也在快速发展。随着应用层级的发展，其隐藏的价值不断被发现和探索，企业更加密切关注如何发现数据中的价值，大数据分析也将迎来更加快速的发展。未来，对大数据的挖掘技术和方法也将成为被重视和关注的领域，数据分析共享将成为主流。大数据也是国家在未来提高竞争力的关键因素。据国际信息技术咨询企业国际数据公司（IDC）的报告，2020年全球数据存储量将达到44ZB（1021），到2030年将达到2500ZB。大数据的价值主要体现在商业、增强社会管理水平和提高安全保障能力等方面。在大数据时代，国家层面的竞争力将部分体现为一国拥有大数据的规模、活性以及对数据的解释、运用能力。

大数据也面临一些挑战。第一，数据隐私、数据安全与数据共享三者之间存在矛盾。一方面，个人数据的不正当使用导致隐私安全问题时有发生，数据的无序流通可能导致隐私保护和数据安全方面的风险，需要加以规范和限制。另一方面，数据共享开放的需求十分迫切。单个组织的数据往往是片面的、局部的信息，只有通过共享开放和数据跨领域流通才能从不同角度观察、认知事物的全方位视图。目前，有效的数据治理体系建设仍处在初步阶段。第二，大数据理论与技术远未成熟，未来信息技术体系需要颠覆式的创新和变革。大数据获取、存储、管理、处理、分析等相关技术近年来有了显著发展，但大数据基础理论和技术还未成熟。理论上，数据驱动与规则驱动的对立统一、"全数据"的时空相对性、分析模型的可解释性与鲁棒性等还存在争议。技术上，针对特定数据集和特定问题域的解决方案，上升为"通用"或"领域通用"的统一技术体系，仍需时日。

（二）云计算

根据美国国家标准技术研究所（NIST）的定义，云计算是一种按使用量付费的模式。这种模式提供可用的、便捷的、按需的网络访问，进入可配置的计算资源共享池（资源包括网络、服务器、存储、应用软件、服务等）。这些资源能够被快速提供，只需投入很少的管理工作，或与服务供应商进行很少的交互。云计算是继互联网、计算机后在信息时代一种新的革新，其核心是将计算机资源协调在一起，使用户通过网络就可以获取无限的资源，同时获取的资源不受时间和空间的限制。云计算的运用催生了新的产业链，同时也有效推动了产业结构转型升级，推动 IT 产业运营模式的转变。这条新产业链由七大主体组成，即硬件供应商、基础软件供应商、云提供商、云服务提供商、应用提供商、企业机构用户和个人用户等。根据服务模式的不同，云计算还可以分为 IaaS（基础设施即服务）、PaaS（平台即服务）与 SaaS（软件即服务）。其中，IaaS 是以虚拟化、自动化和服务化为特征的云平台，通过互联网为用户提供基础资源服务和业务快速部署能力；PaaS 是构建在基础设施上的软件研发平台，以 SaaS 的模式将软件研发平台作为一种服务提交给用户；SaaS 是一种通过互联网提供软件的模式，用户无须购买软件，而是向提供商租用基于网络的软件。

Gartner 发布的云计算市场数据显示，2019 年，全球云计算市场持续快速增长，IaaS 市场同比增长 37.3%，总体市场规模达 445 亿美元。2019 年，全球云计算市场亚马逊、微软、阿里云、谷歌排名前四，全球市场 3A 格局稳固，亚马逊仍然处在第一位，但市场份额被微软和阿里云挤压，从 2018 年的 48.0% 下降到 45.0%；微软占据 17.9% 的市场份额；阿里云进一步拉开对谷歌的优势，其全球市场份额从 2018 年的 7.7% 上涨至 9.1%；谷歌全球市场份额从 2018 年的 4.1% 上升至 5.3%。相比全球市场，2019 年亚太市场增长更快，云计算市场规模同比增长达 50.0%。在亚太市场，阿里云排名第一，市场份额进一步上升，从 2018 年的 26.0% 上升至 2019 年的 28.2%，接近亚马逊和微软总和；而亚马逊份额从 2018 年的 18.2% 下降至 2019 年的 17.5%。见图 2-14。

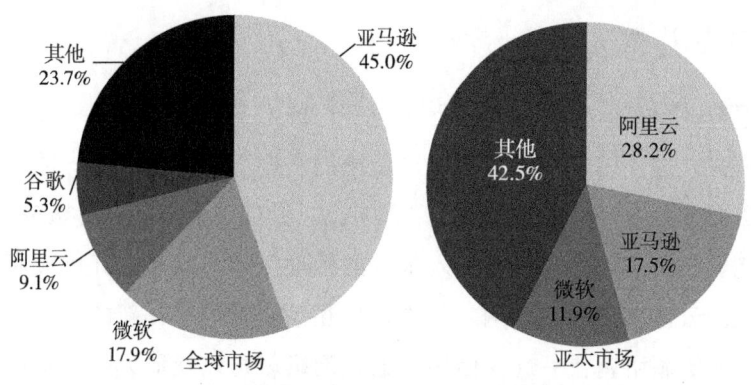

图 2-14 2019 年全球及亚太地区云计算市场份额

阿里云近年来在中国市场份额持续稳固，2019 年第四季度中国市场占比达 46.0%。新冠肺炎疫情刺激了市场对远程工作背后的云基础设施与技术的需求。疫情之后，企业和机构将大幅加快"云脚步"。阿里云宣布未来 3 年投入 2000 亿元，用于云操作系统、服务器、芯片、网络等重大核心技术研发攻坚和面向未来的数据中心建设，冲刺全球最大的云基础设施。Gartner 报告显示，腾讯云全球市场份额从 2017 年的全球第 18 位、2018 年的全球第六位上升至 2019 年的全球第五位，增速为 111.0%；2019 年腾讯云亚太地区市场份额排名第四，增速为 107.3%。根据腾讯财报，2019 年，腾讯云全年营收超 170 亿元，增速持续高于市场，付费客户数突破 100 万人。报告期内，腾讯云成功扩大市场份额，并在互联网服务、旅游、民生服务及工业等垂直领域持续拓展业务，并发挥连接消费者的优势，助力企业进行数字化升级。Gartner 报告显示，华为云 2019 年全球 IaaS 市场排名上升至第六，增速高达 222.2%，全球增速最快，中国市场排名前三。

云计算已经从行业颠覆者发展成为当今企业 IT 的基础，随着云计算供应商将注意力转向跨行业的定制解决方案，云计算技术正变得越来越专业。未来云计算发展主要有以下趋势：第一，企业需求转向混合多云的策略。随着对云应用的新期望，许多企业正在优先考虑混合和多云选项，并利用来自多个供应商的私有和公共云解决方案。调研机构 Rightscale 公司发现,几乎每个企业平均运行 4.9 个私有云和公共云。第二,高性能计算(HPC)在公有云中的使用越来越普及。HPC 能够在非常短的时间内执行大量计算,因为其需要大量的资源、强大的基础设施,公有云中的 HPC 一直很难实现。随着越来越多的云提供商在他们的服务中加入了 HPC,允许用户购买高性能计算能力,并且只在需要的时候使用它,公有云中的高性能计算将持续快速增长。第三,云原生对技术的变革。云原生技术有利于各组织在公有云、私有云和混合云等新型动态环境中,构建和运行可弹性扩展的应用。云原生时代的应用开发过程中,"微服务"、"服务网格"(Service Mesh)、"无服务器架构"(Serverless)等新名词、新概念不断涌现,并逐渐变成现实。

(三) 人工智能

人工智能(Artificial Intelligence,AI)是利用数字计算机或者数字计算机控制的机器模拟、延伸和扩展人的智能,感知环境、获取知识并使用知识获得最佳结果的理论、方法、技术及应用系统[①]。人工智能始于 20 世纪 50 年代,发展至今大致分为三个阶段:第一阶段为 20 世纪 50—80 年代,这一阶段人工智能刚诞生,基于抽象数学推理的可编程数字计算机已经出现,符号主义(Symbolism)快速发展;第二阶段为 80—90 年代末,在这一阶段,专家系统得到快速发展,数学模型有重大突破;第三阶段为 21 世纪初至今,随着大数据的积聚、理论算法的革新、计算能力的提升,人工智能在很多应用领域取得了突破性进展,迎来了它的繁荣时期,见图 2-15。

人工智能在最近十年的发展十分迅速。计算机视觉在智能家居、语音视觉交互、增强现实技术、虚拟现实技术、电商搜图购物、标签分类检索、美颜特效、智能安防、直播监管、视频平台营销等方面都拥有长足的进步。语音识别通过信号处理和识别技术,让机器自动识别和理解人类的语言,并转换成文本和命令。其应用场景涉及智能电视、智能车载、电话呼叫中心、语音助手、智能移动终端、智能家电等。自主无人系统落地在望,无人车、无

---

① 中国电子技术标准化研究院. 人工智能标准化白皮书(2018 版)[R]. 2018.

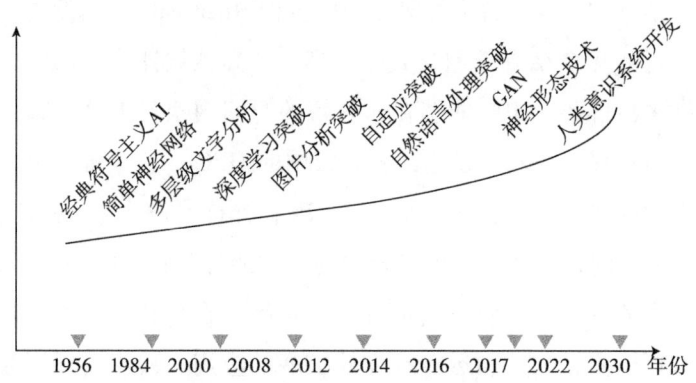

图 2-15 人工智能技术发展历史

资料来源：《德勤中国 2019 全球人工智能发展白皮书》。

人机以及医疗机器人等技术都得到了显著发展，根本原因是自主无人系统算法的支撑。人工智能自适应学习（Intelligent Adaptive Learning）技术日趋成熟。该技术赋予了学习系统个性化教学的能力，带给了学生个性化学习体验，提高了学习效率。

人工智能开放平台建设近年来也稳步推进。随着人工智能技术商用步伐的加快，科技巨头和新兴人工智能创业公司均形成了自己的技术优势。为更大程度地利用技术优势扩大自身的商业优势，以及扶持人工智能行业的发展，技术领先的人工智能企业纷纷开始构建自己的人工智能开放平台。人工智能平台是提供构建人工智能应用的工具。这些工具结合了智能、决策类算法和数据，使开发者可通过平台创建自己的商业解决方案。人工智能开放平台的搭建旨在打造从源头技术创新到产业技术创新的人工智能产业链。开放的平台连接产业链的两端，一方面可以连接开发者和一些研究机构；另一方面可以连接许多下游的企业，如一个以图像识别为主的人工智能开放平台，可以将相关技术能力开放给希望在图像识别领域开辟业务的创业团队。

与 AI 技术相伴而来的是行业重塑与新业态兴起。在许多行业，人工智能正在推翻以往秩序，在摸索中构建新的体系，寻找新的平衡。人工智能对提升个人学习效率、变革企业经营管理方式、促进产业革新乃至塑造城市基础设施创新系统等，都产生了巨大的作用，从而引发经济结构的重大变革，实现社会生产力的整体跃升。

中国人工智能产业持续高速成长。中国政府通过多种形式支持人工智能的发展，形成了科学技术部、国家发展改革委、中央网信办、工信部、中国工程院等多个部门参与的人工智能联合推进机制。从 2015 年开始，先后发布多项支持人工智能发展的政策，为人工智能技术发展和落地提供大量的项目发展基金，并且为人工智能人才的引入和企业创新提供支持。2017 年底，工信部发布《促进新一代人工智能产业发展三年行动计划（2018—2020 年）》，强调重点推动人工智能和实体经济深度融合，推进人工智能技术产业化、集成应用；重点应用包括智能网联汽车、服务机器人、AI 医疗影像等八大类人工智能产品；重点突破包括 AI 芯片在内的三大核心人工智能技术；同时完善 5G、算法训练数据库等人工智能配套体系，为 2020 年中国人工智能行业发展制定了详尽的宏伟蓝图。我国人工智能核心产业规模目前已超过 1000 亿元，预计到 2020 年将增长至 1600 亿元，带动相关产业规模 1 万亿元。其中，北京、上海、浙江、江苏、广东的人工智能相关产业规模位居全国前列，预计2020 年，分别可达到 1400 亿元、1300 亿元、2700 亿元、1000 亿元和 2800 亿元[①]。京津冀、长三角、珠三角 AI 企业云集，人工智能技术进入商业应用阶段后，已经逐步在众多行业得到应用，其发展前景受到政府、企业等社会各方的普遍认可，已经成为助推经济发展的重要力量。

二、大数据、云计算、人工智能的融合与趋势

（一）大数据、云计算、人工智能有着密不可分的联系

随着移动互联网迅猛发展，数据量呈现指数级增长。数据量的膨胀带来了数据处理性能的压力，也对数据处理手段提出了新的要求。在早期，企业对非结构化数据处理以存储检索为主，对结构化数据处理提供各类 API 和少量 SQL 支持，使海量以 SQL 实现为主的业务难以迁移到大数据平台，大数据技术的推广受到阻碍。为了更好地处理结构化数据并将数据迁移到分布式架

---

① 《德勤中国 2019 全球人工智能发展白皮书》。

构中，大数据平台厂商在研发和竞争过程中不断提高 SQL 标准的兼容程度。基于业务的需求，越来越多的企业大数据平台构建数据仓库，利用强大的分布式计算能力，分析处理海量数据，并应用于各种业务场景中。当企业不满足于对数据的分析和挖掘，便促使传统的机器学习算法开始实现分布化。随着深度学习技术和分布式技术的发展，演化出了新一代的计算框架。结合大量训练数据，使机器学习人工智能技术在数据领域产生巨大威力，如人脸识别、语音识别、无人驾驶等新的技术与业态。

随着企业数据处理与服务需求的不断发展，从大数据的汇聚、分布式技术释放计算能力开始，技术不断延伸发展，大数据、人工智能与云计算的边界越来越模糊，三者技术的发展不断互相影响与融合，这是技术发展与现实需求产生的自然趋势。在"后大数据时代"，基础大数据与人工智能云平台的形成与落地会越来越多，真正实现科技赋能业务，为企业提升效率与发展植入更强的"心脏"。同时，未来企业可能会将其基于基础能力平台的应用体系也上架到平台的应用市场中，进而充分利用云平台的优势能力，共享资源，统一管理。

（二）大数据、云计算、人工智能融合的趋势

大数据、人工智能与云计算技术趋向深度融合。大数据、云计算、人工智能等技术与产业深度融合才刚刚开始，更多落地的大数据解决方案将以云计算平台的形式实施。因此，平台化能力成为大数据企业竞相角逐的新焦点。通过将数据、算法和解决方案集成到统一的平台上，企业可以提供"准标准化"的产品，快速占领市场，提升变现能力。

多层次、复合型人才是关键。技术的融合，需要复合型的人才。在人才培养上，政府方面设立专项基金，支持高校及企业开展相关方面的研究，鼓励"产学研用"相结合。高校方面，强化学科体系建设，完善课程设计与社会实践，培养大量应用型和复合型人才。同时，加强理论攻关，创建海量数据场景下快速有效的计算和优化算法。企业方面，自建培训学院，以项目驱动人才培养。同时，加强与高校的合作，开展技术攻关。

数据安全将成为核心问题。技术层面，围绕大数据整个产业链，沿用最

新的信息安全技术，开发大数据安全产品和服务。产业生态层面，威胁情报、网络安全漏洞以及攻击等数据的即时共享成为行业协作的示范领域，未来将会逐渐向大数据安全领域扩展。

三、服务外包行业发展的机遇

（一）新一代信息技术的发展，为服务外包提供了新一轮发展的支撑和动力

以大数据、云计算、人工智能为代表的新一代信息技术蓬勃发展，推动了传统产业转型升级，为服务外包企业依托技术优势支持制造企业转型升级提供了便利。服务外包技术支持已从传统的互联网与信息技术转向以大数据、云计算、人工智能为核心的新一代信息技术。我国的服务外包业，逐步摆脱了依靠要素成本优势实现规模扩张的发展模式，转向以创新驱动提升质量效益，高新技术服务外包占比持续上升，高中低端业务结构不断优化。云计算使服务外包从传统购买模式向租用模式转变，极大地节约了运营成本。新一代信息技术的融合，催生了新的业态和新的服务，我国服务外包产业正向高端化、数字化、融合化方向创新与发展。服务外包向价值链高端升级进步加快，成为数字经济时代提升我国全球价值链层级的战略选择。商务部主导编制的《服务外包产业重点发展领域指导目录（2018年版）》指出，大数据服务、云计算服务、人工智能服务是服务外包的重点发展领域。

（二）新技术推动下的服务外包行业加快模式创新

新一代信息技术的发展使跨界融合成为可能，服务外包生态链正在形成，跨界融合集成式供给迅速增加。服务外包与互联网、IT和电子商务等关联产业的融合，以及与制造业、金融、电信等垂直行业的融合，使传统服务外包产业边界逐步模糊。服务外包向解决方案服务转型。服务外包企业整合多个业务环节或流程服务能力，并向咨询设计端延伸，已具备整体解决方案服务能力，开发垂直行业解决方案服务产品。服务外包向智能化服务转型。人工

智能正在推动服务外包现有业务流程、商业模式的根本性改造,以人工智能技术服务为代表的服务外包新领域增长迅速,人工智能与自动驾驶、智慧金融、智慧生活、智慧医疗等紧密关联且具有广泛的商业应用前景。

从业务类型方面看,得益于大数据、云计算、人工智能等新一代信息技术的发展,"互联网+服务外包"模式迅速发展,服务外包企业的业务类型也正在稳步向高技术业务转型。2019年,以软件研发、芯片设计检测、信息系统运维为代表的信息技术外包执行额为2894.3亿元,同比增长9%,占比为44.1%,占有主导地位;以内部管理服务、运营服务、供应链管理服务为主的业务流程外包执行额为1183.9亿元,同比增长30.4%,占比18.1%;以商务服务、工业设计、工程技术、医药研发、动漫等研发服务为主的知识流程外包执行额为2477.6亿元,同比增长7.6%,占比37.8%[①]。

(三)我国知识型人才规模大,结构丰富多元,为服务外包发展提供了人才保障

在科技浪潮下,服务外包的发展方向是走高端化路线。在大数据、云计算、人工智能应用成为风口的今天,员工持续、深度学习是服务外包企业关注的焦点。服务交付模式不再是软件产品或某种服务的单纯交付,而是基于客户体验,提供服务的人必须通过与客户交流,理解客户的体验,理解客户的战略、策略,从而帮助客户改善和优化方案。因此,服务交付模式将是人与机器共同完成的,改变的只是工作人员的类型。廉价劳动力已经不能满足服务外包发展趋势的需要,复合型人才成为必需。而随着全球价值链的不断发展,国际交流与合作不断深化,具有国际视野的国际型人才也是人才需求的新考量。

目前,我国科研人员总数达419.00万人,居世界第一位。2019年,我国毕业大学生834.00万人,高等教育在学总规模3833.00万人,其中在学博士38.95万人,在学硕士234.17万人,居世界第一位。截至2018年,海外留学生回国约365.00万人,这些群体构成国际化人才的重要来源,也为服务外包

---

① 中国商务部。

发展提供了人才保障。

(四) 全球数字贸易迅猛发展，服务外包与数字贸易将融合发展

在数字技术重构全球经济新版图的背景下，在全球数字贸易迅猛发展的大趋势下，数字服务成为提升全球价值链地位的重要途径。世界各国正在积极推动数字贸易规则协议，将催生跨国企业在全球发包的意愿，促进我国服务外包的发展。中国数字经济规模近年来快速壮大，数字基础设施不断完善，数字技术领域创新能力日益增强。我国数字服务贸易也得到了良好发展，规模快速增长，贸易领域逐渐向全球范围扩大，主要体现在软件进出口规模的增加上。2019 年，我国软件出口中，信息技术研发服务合同执行金额达343.6 亿美元，占全部信息技术外包合同执行金额的 80.5%。新一代信息技术开发应用服务虽然增速较快，但是目前体量较小，2019 年新一代信息技术服务执行金额占比仅为 2.7%，增长空间巨大。

(五) "一带一路"倡议拓展了我国服务外包发展空间

现阶段，我国国际服务外包产业面临着转型升级压力，欧美发达国家服务外包市场受贸易保护主义影响出现一些不确定性，导致国际服务外包市场竞争激烈，开拓难度不断加大，迫切需要寻找新的市场发展机遇。"一带一路"已成为我国对外开放的重要组成部分，沿线国家和地区在服务外包领域蕴含着巨大市场潜力，为我国服务外包产业国际化发展开辟了新途径。承接"一带一路"沿线国家和地区的服务外包，将有力地促进我国服务业开放新格局的形成。自"一带一路"倡议提出以来，我国承接"一带一路"沿线国家和地区服务外包业务规模快速增长。2013 年，中国承接"一带一路"沿线国家服务外包合同执行额为 72.2 亿美元，占中国国际服务外包业务的 15.9%；2019 年，承接"一带一路"沿线国家服务外包合同执行额达到 1249.5 亿元人民币（约合 184.7 亿美元），占比 19.1%，见图 2 - 16。"一带一路"市场的重要性不断提高。

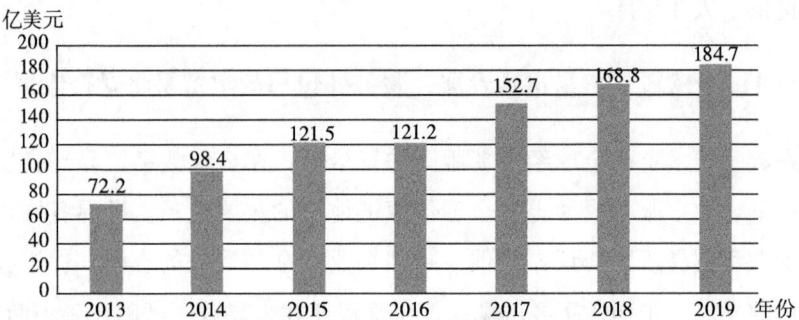

图 2-16 我国承接"一带一路"沿线国家离岸服务外包合同执行金额
资料来源：中国商务部。

专题四　服务外包企业实现数字化转型的路径

齐海涛[①]

全球产业正在进入数字经济时代,产业的本质在发生根本性的变化。数字化转型是 21 世纪以来我国服务外包产业升级转型过程中面临的全新转折点,数字化转型或将成为服务外包升级转型的全新引擎和加速器。

一、数字经济时代的来临

什么是数字经济? G20 杭州峰会发布的《20 国集团数字经济发展与合作倡议》给出数字经济的明确定义:"数字经济是指以使用数字化的知识和信息作为关键生产要素、以现代信息网络作为重要载体、以信息通信技术的有效使用作为效率提升和经济结构化的重要推动力的一系列经济活动。"

从产业内涵及外延角度解析,数字经济包含以下两大方面的内容(见图 2 - 17):

一是数字产业化:也称为数字经济基础部分,即信息产业,具体业态包括电子信息制造业、信息通信业和软件服务业等。

二是产业数字化:使用部门因此而带来的产出增加和效率提升,也称为数字经济融合部分,包括传统产业由于应用数字技术所带来的生产数量和生产效率提升,其新增产出构成数字经济的重要组成部分。

依据数字化程度的不同,数字经济的发展可以分为三个阶段:信息数字化(Digitization)、业务数字化(Digitization)和数字转型(Digital Transforma-

---

① 齐海涛,鼎韬产业研究院院长,鼎韬集团总裁。

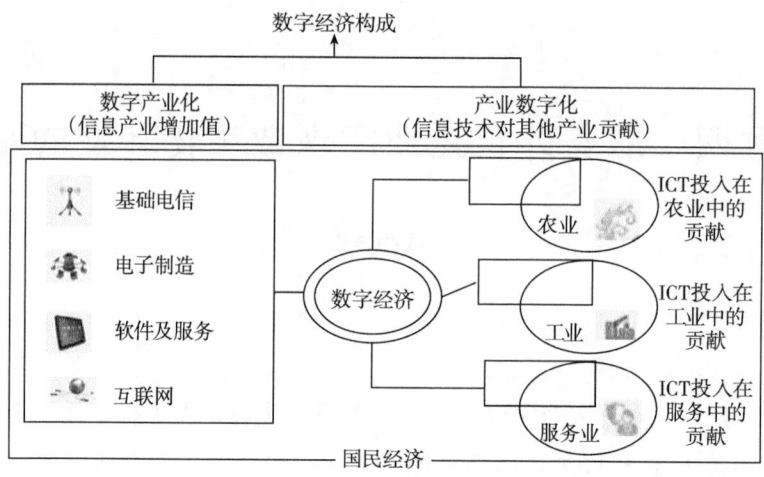

图 2-17 数字经济的构成

tion）。当前，在应对全球及我国数字经济发展浪潮过程中，城市及区域如何构建和完善数字经济发展体系呢？可以从生产要素、产业转型与创新和保障体系建设等维度入手，打造区域"一基四柱三保障"的数字经济发展体系框架（见图 2-18）。

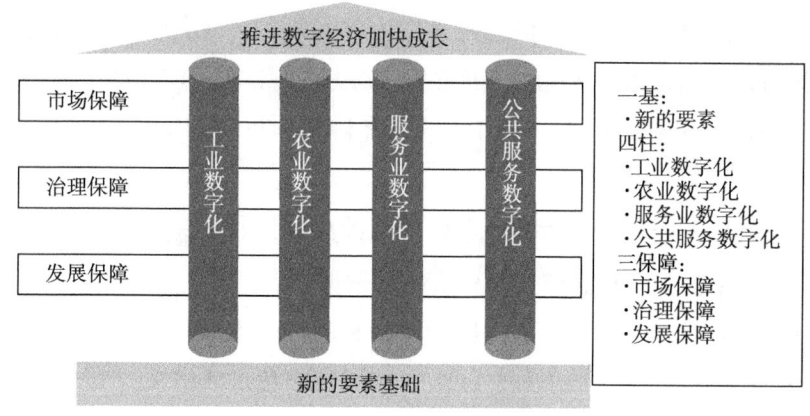

图 2-18 一基四柱三保障

· 一基：主要包括数字技术创新能力，数据、数字人才等生产要素，以及网络基础设施的演进升级等。

· 四柱：主要包括工业、农业、服务业和公共服务的数字化转型，即工业智能化转型、农业精准化生产、服务业数字化创新、公共服务数字化。①工业数字化包括工业数字化转型基础、工业企业数字化转型能力、工业企业数字化转型服务支撑等。②农业数字化包括农业生产方式、经营方式、管理方式的网络化、智能化，以及农业精准化、集约化发展等。③服务业数字化包括生产性服务业数字化和生活性服务业数字化创新等。④公共服务数字化包括数字公共服务供给模式创新、数字公共服务均等化等。

·三保障：主要包括市场保障、治理保障、发展保障。①市场保障包括数字经济市场主体关系、市场交易体系、市场竞争秩序、数字经济发展的国内市场体系及全球市场空间。②治理保障包括政策法规动态调整，政府监管、政策引导、法律框架等。③发展保障包括政策法律保障、风险防范、网络安全水平等。

二、数字经济对服务外包行业的影响

数字经济是对现存世界的彻底重置。数字经济与实体经济融合发展的速度，随着5G提前进入商用阶段而加速推进。如今，数字驱动、软件定义、平台支撑、服务增值、智能主导等典型特征，正全方位出现在制造业和服务业的重塑过程中，生产主体、生产对象、生产工具和生产方式都得到彻底颠覆。同时，随着以"数据+软件"为核心的新世界的构建，经济社会的发展动力也出现了巨大变革，数据流不断优化资源的配置效率，全面提升全要素生产率，培育出基于数据驱动的新动能。伴随着认知范式向"数据+算法+算力"的迁移，消费驱动着生产方式从社会化大生产向C2M转型升级，同时全球各国加快布局数字经济，全球产业迎来的数字化发展浪潮更是推动了泛服务化的增长范式转移。

2016—2020年是我国经济发展第十三个五年规划期。作为国民经济的重要组成部分，我国服务外包产业取得了快速发展。从商务部公布的2019年我国服务外包产业发展情况来看，整体服务外包产业继续保持平稳增长、高质量发展。我国全年承接服务外包合同额为15699.1亿元，执行额为10695.7亿元，同比增长18.6%和11.5%，执行额首次突破万亿元大关，再创历史新高。服务外包产业科技含量高、就业带动性强，具备极强的经济效益和社会效益。服务外包的快速发展，在推动我国数字经济发展方面也发挥了重要作用。商务部相关统计数据显示，我国大学毕业生在服务外包企业工作 2~3 年后有 40% 转向了互联网、大数据和人工智能领域，为产业发展提供了重要的人才支撑。"数字化"，或者说数字经济俨然成为服务外包产业下一个阶段的重点转型方向。

如今，国务院常务会议部署加快服务外包转型升级，推动服务业优结构上水平。商务部等八部门联合发布了《关于推动服务外包加快转型升级的指导意见》，明确提出要充分发挥服务外包在实施创新驱动和培育贸易新业态、新模式中的重要促进作用，加快服务外包向高技术、高附加值、高品质、高效益转型升级，全面提升"中国服务"和"中国制造"品牌影响力和国际竞争力，全面加快数字化转型进程。

一是支持信息技术外包发展。将企业开展云计算、基础软件、集成电路设计、区块链等信息技术研发和应用纳入国家科技计划（专项、基金等）支持范围。培育一批信息技术外包和制造业融合发展的示范企业。

二是培育新模式、新业态。依托 5G 技术，大力发展众包、云外包、平台分包等新模式。积极推动工业互联网创新与融合应用，培育一批数字化制造外包平台，发展服务型制造等新业态。

三是打造数字服务出口集聚区。依托服务贸易创新发展试点地区和国家服务外包示范城市，建设一批数字服务出口基地。

四是完善统计界定范围。将运用大数据、人工智能、云计算、物联网等新一代信息技术进行发包的新业态、新模式纳入服务外包业务统计范畴。

到 2025 年，我国外包行业发展成为具有全球影响力和竞争力的服务外包接发包中心。到 2035 年，服务外包成为以数字技术为支撑、以高端服务为先导的"服务+新业态、新模式"的重要方式，成为推进贸易高质量发展、建设数字中国的重要力量，成为打造"中国服务"和"中国制造"品牌的核心竞争优势。

不难看出"数字经济"将会是"十四五"时期产业发展的关键推动力，无论是生产要素、基础设施还是产业价值链，都会发生前所未有的变化。

(一) 数据成为创新驱动的主要生产要素

创新是服务外包"十三五"时期的重点发展任务，无论是技术模式、交易模式、营商环境还是政策体系都在"十三五"时期有了明显提升和发展。但创新并不是一个阶段性的目标，它是通过不同阶段的变化来实现长效、可持续的产业发展。在数字经济的大背景下，数据日益成为重要的战略资产。美国把大数据看作"未来的新石油"，是"海陆空之外的另一种国家核心资产"。近年来，随着大数据技术与传统行业的不断融合，虚拟货币、在线支付等多样的生活生产模式不断涌现，数据如同农业时代的土地、劳动力，工业时代的技术和资本一样，成为数字经济时代最重要且最核心的生产要素，驱动创新的生产方式向各个领域扩展。

(二) 数字基础设施成为新基础设施

基础设施是指为社会生产和居民生活提供公共服务的物质工程设施，是用于保证国家或地区社会经济活动正常进行的公共服务系统。它是社会赖以生存发展的一般物质条件。而进入数字经济时代，在所有生产生活方式都"数字化"后，数字基础设施的概念也逐渐被人们所熟知。简单来说，数字基础设施是指至少有一个部分包含信息技术的基础设施，一般包括混合型和专用型。

混合型是指增加了数字化组件的传统实体基础设施。在工业经济时代，经济活动架构都实现在以"铁公机"（铁路、公路、机场）为代表的物理基础设施上。但随着数字技术的不断发展，以及我国"数据强国"口号的提出，将传统的实体基础设施与数字化技术相结合，更符合"智能制造2025"国策。如安装传感器的自来水总管、数字化交通系统，以及能够节省传统制造业工作成本、提升工作效率的设备组件等，都成为新经济时代的混合型数字化基础设施。

专用型数字基础设施是指本质上就是数字化的基础设施，更具备无形感。如即将商用的5G网络、逐渐普及的宽带网络等，不断迭代的技术标准以及技术水平，也加速了专用型数字技术设施的创新和发展。

以上两种基础设施共同为各领域数字经济发展提供了必要的基础设施条件。

（三）数字产品已经或正在改变全球价值链

随着数字技术与各领域之间的融合度加深，任何产品和服务在数字技术的包装下，都可以成为数字产品，但能否产生数字经济以及能否获得数字红利，却仍然有许多制约因素。同时，不同的数字产品类型所产生的规模经济和范围经济是不同的，但它们却在不同的领域、用不同的方式改变着全球价值链的运动轨迹。无论是代替传统货物产品或服务产品，还是嵌入传统服务和生产价值链部分环节，都在一定程度上促使全球价值链向更高端的方向延伸和发展。有三种具体表现形式：一是从内容制作到销售的电子传输产品全球价值链；二是传统制造业和服务业不断嵌入中间数字产品，使其产品或服务不断符合消费者的需求，并不断降低生产成本，提高效率；三是以3D打印和工业互联网为主导的新型数字产品正在颠覆全球价值链的全球分布体系和全球贸易利益分配。

（四）数字素养成为数字经济时代对人才的新要求

国际服务外包产业"十三五"发展规划指出，强化复合型人才培养是"十三五"时期我国服务外包产业发展的重点工作任务，而对于服务外包产业来说，复合型人才比例的提升更能壮大善于创新、特色明显的中小型企业队伍，帮助服务外包领军企业提升国际竞争力和影响力。"十四五"时期，数字经济对人才提出了新的要求，即数字素养。数字经济时代与传统的工农业经济时代有着明显的区别，因为数字经济时代对劳动者的素养要求更高。随着数字技术与各领域的融合度加深，劳动者除了要具备针对所在职位、岗位的专业技能外，数字技能也成为衡量他们工作能力的一种标准。不过，由于数字经济目前仍是新兴概念，各国普遍存在数字技术人才不足的现象，如今40%的公司表示难以找到他们需要的数字分析人才，所以谁先掌握较高的数字素养，谁就能在就业市场中脱颖而出。

数字经济作为"十四五"期间我国各产业发展规划的大背景和大前提，

随着数字技术的发展和迭代,以及与各领域的交叉融合加深,必将成为推动服务外包产业转型升级的关键驱动力。

三、服务外包的数字化趋势

数字业务的持续加速发展,直接反映在基于云的 IaaS 和 SaaS 解决方案的快速增长上,数字化转型已经成为全球范围战略布局的重心。据测算,到 2020 年将有 25% 的全球 2000 强企业完成数字化培训和协作项目的开发;到 2021 年,全球数字经济规模将达到 45 万亿美元,占全球经济的 50%;到 2022 年,全球数字化转型支出将达近 2 万亿美元。

数字经济和数字化技术对于全球市场的猛烈冲击,加速了全球服务外包的数字化转型步伐。从目前显示的发展趋势来看,全球服务外包发展的数字化转型可概括为以下五方面:

(一)数字化技术将成为服务外包的新内核

数字技术被誉为"第四次工业革命",而作为影响生产关系的关键生产力要求,数字技术已经成为各产业发展的底层基础,服务外包也不例外。世界银行发布的《2019 年世界发展报告》指出,企业的运营边界不断扩展,企业不再是自己生产一切,而是将更多的任务外包给国外市场,建立全球交易网络。从单一的 IT 技术到如今数字技术的加码,服务外包早已不是单纯的 IT 技术外包服务,而是通过数据的流通、产业链数字化含量的提升、企业的数字化转型,提供综合型数字化的解决方案。

云计算、大数据、人工智能、区块链以及最近商用的 5G 等新技术,加快了服务外包从"成本节约"向"价值创造"的转型和提升速度,服务外包也成为数字经济时代全球经济增长的重要动力。

(二)数字化转型将成为服务外包的新市场

根据 ISG 大额合同统计,2018 年全球综合市场 ACV 增长了 18%,达到创纪录的 478 亿美元,即服务增长了 43%,达到 218 亿美元,为历史新高;传统服务增长2%，达到260亿美元。其中，亚太地区综合市场增长了30%，达到67亿美元。对云服务的需求激增，即将服务市场规模推升至创纪录的42亿美元，增长了55%。基于企业对数字化转型不断增长的需求，全球范围内的企业都处于数字化转型的历史风口期，也将对全球服务外包市场规模的持续扩大产生积极影响。

在全球数字化转型浪潮的推动下，越来越多的国内企业加快了数字化转型的布局，传统制造企业依靠区块链、人工智能、云计算等数字技术不断提升产业链各环节的数字含量，逐渐向流程自动化和跨产业协作发展，向产业链高端价值方向延伸。随着5G商用落地及运营商的布局加快，移动支付已经成为日常生活中不可或缺的组成部分，金融、保险、理财、生活缴费、消费出行，一部手机都可以处理，更高的带宽、更低的延时让生活更加智能化。这给越来越多的中小企业提供了更多发展机遇，利用大数据、人工智能等技术搭建的大体量数字化平台，也为其他企业和机构的数字化转型提供了技术和资金支持。可以预见，2020年，由数字化转型驱动的服务外包业务规模增长将会给市场带来更多的惊喜。

（三）数字化渗透将不断丰富服务外包的内涵和外延

数字化技术不仅赋予了服务外包新的内核，在不断渗透和融合到各产业的过程中，也不断丰富着服务外包的内涵和外延。跨界融合和倍增创新不再是新鲜事，数字化技术作为所有产业的共同底层基础，支撑着制造业服务化、服务业工业化、服务数字化、数字可贸易化交替发生，服务供应商也迎来了数字化转型的重大机遇，全球服务市场的新一轮竞争与合作将持续推进。

数字变革也给经贸领域结构性调整注入了新的活力。阿里研究院发布的《2018年全球数字经济发展指数》报告显示，我国已成为继美国之后的全球第二大数字经济国家。我国数字规模的快速增长，将影响未来全球经贸领域的重心分布，也对全球范围内贸易行业标准、规范以及规则治理提出了新的要求。各国纷纷积极布局数字经济，制定战略规划、创新政策举措，新一轮全球贸易规则体系有望在本轮变革期形成。

(四)数字化发展将为服务外包提供广阔的市场空间

根据信通院测算数据,2018年我国数字经济总量达到31.3万亿元,占GDP比重超过1/3,达到34.8%,占比同比提升1.9个百分点。数字经济蓬勃发展,推动传统产业改造升级,为经济发展增添新动能。2018年,数字经济发展对GDP增长的贡献率达到67.9%,贡献率同比提升12.9个百分点,超越部分发达国家水平,成为带动我国国民经济发展的核心力量。据预测,到2019年,我国数字经济总体规模将在35万亿元左右。我国数字经济增速已经连续3年排名世界第一,并成为继美国之后的全球第二大数字经济国家。

随着5G商用的提前落地,2019年下半年至2020年上半年将会是我国数字经济规模再次扩增的绝对机遇期。展望未来,传统行业的数字化改造将为中国带来超过40万亿元的总市场规模。预计到2025年,中国将成为数字经济规模数量最大的区域。中国数字经济的快速发展不仅给中国创造了在"第四次工业革命"中重构全球价值链的机遇,也为国内外服务供应商创造了巨大的发展空间。

(五)数字化竞争将重塑全球市场格局

毫无疑问,从2008年国际金融危机开始,世界经济处于一个低迷的发展阶段,逆全球化、单边贸易主义的逐渐冒头和扩散,成为全球经济进一步全球化的阻碍和现实困难。但同时,秉持机遇和挑战并存的原则,我们看到数字技术的异军突起将全球市场卷入了数字经济的浪潮,新的经济形态对全球价值链提出了重构的需求。

从服务需求来看,传统发达国家继续占据发包市场的主导地位,但新兴经济体发包潜力也正在加速释放。《新兴经济体发展2018年度报告》显示,得益于外需的大幅增长和总体稳定的国内消费,2017年新兴11国经济复苏势头良好,经济增量连续上升,远高于七国集团和欧盟。作为最大的新兴经济体,中国经济继续保持6.9%的中高速增长,对全球经济增长的贡献约为1/3。俄罗斯、巴西经济走出衰退,经济增速由负转正。

从服务供给来看,越来越多的新兴经济体加入全球服务外包市场的竞争,麦肯锡发布的《变革中的全球化：贸易与价值链的未来图景》报告显示，中国和其他新兴经济体已经从过去几十年扮演的全球价值链的生产者角色，转变为拉动全球需求增长的新引擎。从市场主体来看，行业领军企业正加大研发投入，力争巩固优势地位，但新兴领域的后起之秀也将逐渐打破现有的组织格局，竞争合作的形势将更加复杂。

1. **转型驱动**：数字化转型已成为行业用户的核心战略

2017 年，全球 67% 的 1000 强大企业将数字化转型作为公司的战略核心。2019 年，京东集团对外发布 2019 年企业业务战略，集团副总裁、企业业务负责人宋春正表示，2019 年京东企业业务将重点围绕"入口建设、运营升维、开放协同、数字化工业品及全量企业覆盖"五大核心战略，通过智能采购综合解决方案，助力企业将成本中心变为运营中心，同时打造企业、平台及三方服务商数字化生态。

2. **技术引领**：影响服务外包内涵的新技术不断涌现

Gartner CIO 发布调研报告指出，颠覆性的新兴技术将在重塑亚太地区商业模式的过程中发挥重要作用。同时，鼎韬研究院发现，技术的组合应用是市场发展的关键，AI 也将渗透所有领域。

3. **云端交付**：到 2020 年，80% 的服务外包项目都与云有关

"云 2.0 时代"的到来标志着互联网时代进入下半场，任何项目（产业）都和云脱不开关系，云计算将成为产业互联的智能引擎。

4. **跨界融合**：从"＋互联网"到"互联网＋"

自"互联网＋"成为国家重点发展战略后，我们发现全国已经涌现出一大批成功转型的制造业企业。如全球领先的太阳能组件生产企业常州天合光能将电池片 A 品率提升了 7%，苏州协鑫光伏将良品率提升了 1% 等。依托数字化，企业的商业模式、创新半径正发生着巨大的变革。鼎韬研究院预计，到 2020 年，全球近 20% 的运营流程将可自我修复和自主学习。

5. **人才为本**：具有三维领导力的数字化转型人才是关键

在数字化和传统产业不断融合的过程中，我们发现企业在选择人才时，更需要既懂技术又懂业务的复合型人才；同时，市场需求也激发了人才自主学习"数字化"知识的动力。企业面临提高雇员数字化技能的重大课题，未

来数字化人才缺口还将进一步扩大。企业必须始终致力于创新和规划人员队伍发展,培养具有三维领导力的数字化转型人才是其中的关键。

四、服务外包企业的数字化转型

面对以上种种现实情况,我们不得不承认,数字时代正在或已经带来了产业本质的根本性变化。当逆全球化和数字经济同时出现在全球社会经济格局大变革中,作为市场活动的主体,企业究竟是维持原样还是大刀阔斧地改变是个问题。随着数字化技术逐渐成为所有产业共同的底层基础,维持原本运营模式的企业或许终将被时代淘汰,数字化转型是唯一的发展出路。

(一)数字化转型的定义

不同的公司、不同的厂商对数字化转型有不同的定义。微软定义的数字化转型有四个方面,包括客户交互、赋能员工、优化运营、产品转型。IBM 的定义是数字化、数字化转型、数字化重塑。华为对数字化转型的定义是,通过新一代数字技术的深入运用,构建一个全感知、全联结、全场景、全智能的数字世界,进而优化再造物理世界的业务,对传统管理模式、业务模式、商业模式进行创新和重塑,实现业务成功。麦肯锡把数字化转型分为六个方面:战略与创新、客户决策流程、流程自动化、组织变革、技术发展、数据与分析(见图 2-19)。IDC 定义数字化转型为利用数字技术,来驱动组织的

Microsoft	·客户交互	·赋能员工 ·优化运营	·产品转型
IBM	·数字化 内部人员与流程	·数字化转型 面对客户的业务流程	·数字化重塑 产品服务与用户体验创新
HUAWEI	通过新一代数字技术的深入运用,构建一个全感知、全联结、全场景、全智能的数字世界,进而优化再造物理世界的业务,对传统管理模式、业务模式、商业模式进行创新和重塑,实现业务成功		
McKinsey &Company	·战略与创新 ·组织变革	·客户决策流程 ·流程自动化 ·技术发展 ·数据与分析	

图 2-19 不同公司对数字化转型的定义

商业模式创新和商业生态系统的重构的途径和方法。

不同的公司从各自角度来定义数字化转型。从某种意义上来看，这些定义都是对的。回归其本质，数字化转型的目的是实现企业的转型、创新和增长。因此，我们认为数字化转型一定是业务的转型，这是一个前提。同时，技术是数字化转型的基石。数字化转型的核心是推动业务的增长和创新。

（二）数字化转型的核心能力构建

服务外包企业数字化转型，需要着力构建智能化运营和数字化创新两大核心数字化能力。智能化运营指的是企业从海量数据中生成数据洞察，实时且正确地制定决策、持续提升客户体验，借此不断强化当前核心业务。数字化创新指的是企业借助数字技术的力量，加速企业产品与服务的创新，探索新的市场机遇，开创新的商业模式，孵化新的业务项目（见图2-20）。

高效的运营为企业开展创新提供坚实的基础

智能化运营 　　数字化创新

通过智能化运营，企业得以降本增效，强化当前核心业务　　利用数字技术加速创新探索和规模化，为企业培育新业务，引领未来发展

创新的发展和规模化对运营提出新要求

图2-20　核心数字化能力："智能化运营+数字化创新"

资料来源：埃森哲中国企业数字化转型指数。

智能化运营能力和数字化创新能力的建设，为服务外包企业在数字转型浪潮中全速前进提供了强劲的驱动力。智能化运营能力帮助企业巩固原有核心业务，为企业在核心业务上进一步获得优势以及向新业务过渡奠定了良好的基础。同时，加固核心业务带来的业绩提升也为新业务带来了更大的投资空间。与此同时，新业务的拓展和规模化发展对企业运营能力的构建提出了更高的要求，而新业务带来的绩效回报也将为企业的转型和整体提升打下基础。智能化运营与数字化创新两大能力相辅相成，共同演进，推动企业实现

业务的快速转型。

智能化运营能力主要包括数字渠道与营销、智能驱动的服务和智能支持与管控等三方面；数字化创新能力主要包括产品与服务创新、数字商业模式和数字创投与孵化三方面。如图2-21所示。

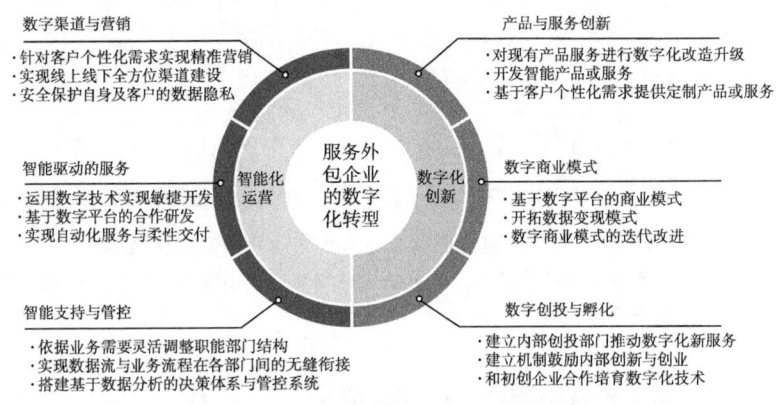

图2-21 服务外包企业数字化转型的六个核心方面
资料来源：埃森哲中国企业数字化转型指数，鼎韬产业研究院。

1. 建立愿景

首先要建立一个愿景，打造以应用场景为核心的路线图。企业要有一个大的愿景，比如要变成一个数字化原生企业。"数字化原生企业"主要具有几个方面的特征：企业创新速度会更快，以客户为中心，把数据和技术作为整个企业创造价值的生命线，不断拥抱风险。"愿景"是服务外包企业数字化转型和业务发展的出发点。

2. 利用数字技术并建立数字平台

服务外包企业需要充分利用数字技术并建立数字平台。云计算、大数据、移动社交、人工智能、机器人、区块链、3D打印等新技术中，每一项新技术跟业务相结合，都会有产生不同价值的可能。通过这些新技术可以打造一个以智能为核心的平台，比如，通过集成服务、开发服务及数据，把它串起来，对内产生洞察，对外产生行动（见图2-22）。

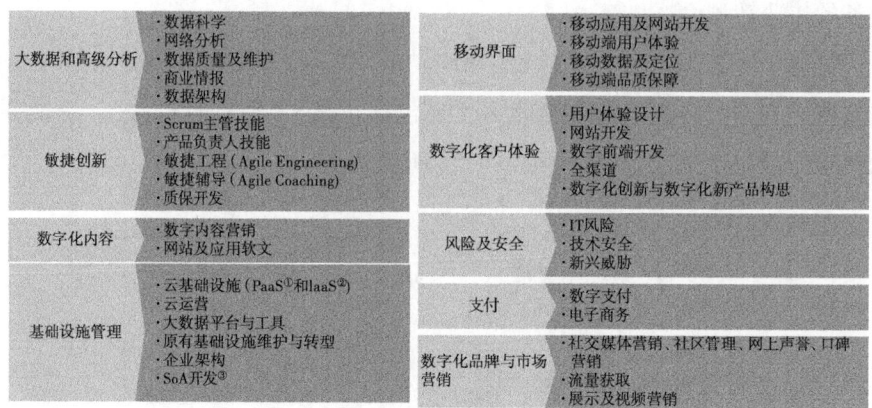

图2-22　服务外包企业需要在九个方面获得数字化技能

注：①PaaS＝平台即服务。②IaaS＝基础设施即服务。③SoA＝服务导向型结构。
资料来源：波士顿顾问公司（BCG）。

3. 建立与数字化转型相匹配的转型战略

建立与数字化转型相匹配的转型战略，数字化转型过程会分成四个不同阶段（见图2-23）。

一是在数字化转型初期，更多的是探索和发现，定义数字化转型愿景和使命。主要是从管理层面进行必要的组织调整，以形成公司高层对数字化转型的共识。

二是在数字化转型的初始阶段，应遵循重点突破的原则。BCG将本阶段定义为数字化机会主义阶段，遵循"百花齐放"的原则，在亟须变革的重要环节部署数字化专家，如规模较大、影响力较高的业务单元等。这些专家会在企业内部积极助推数字化技术的采纳与应用，为数字化转型的顺利实施打好基础。

三是当数字化举措在组织内部迅速普及升温时，应通过一个强大的数字化部门对其加以掌控。需要成立数字化转型办公室，对各项数字化举措进行集中管理，并通过规模化效应提升数字化工具和流程的经济性。该部门应负责领导转型项目的进程，确保各方之间的高效合作，对项目执行进行管理，以避免过度占用公司资源。已经有很多企业专门设置了CDO职位，该职位的核心职能是建立治理结构，确定整个企业数字化转型的优先顺序。BCG将这个阶段定义为数字化集中主义阶段。

四是当数字化转型在各业务单元内成为一大核心战略后,就会把数字化嵌入所有业务部门,IT人员渗入不同的业务部门,进而加快实施企业范围内的数字化转型,并开始成立新的业务单元。该业务单元的目的是要创造新的产品和服务,创造新的商业模式,未来在市场上起到颠覆的作用。这就需要人力资源高管进行战略性、长期性谋划。BCG将本阶段定义为数字化行动主义阶段。

数字化机会主义			数字化集中主义			数字化行动主义		
			数字化卓越中心			数字化卓越中心		
业务单元1	业务单元2	业务单元3	业务单元1	业务单元2	业务单元3	业务单元1	业务单元2	业务单元3
数字化	数字化	数字化	数字化	数字化	数字化			
优点: ·在企业内部积极助推数字化技术的采纳与应用,为数字化转型的顺利实施打好基础 ·帮助企业迅速制胜 缺点: ·对核心业务以外的创新具有一定的局限性 ·形成以业务单元为中心的思维方式,造成客户体验不连贯			优点: ·大规模构建数字化工具、流程与人才资源 ·责任与掌控权十分明确,并带来高度专业的知识与经验 ·带来一体化、标准化的端到端客户体验 缺点: ·需要强大的执行力度来助推变革 ·需要强大的数字化领导人 ·卓越中心与各业务单元之间需始终保持紧密合作,才能确保数字化变革举措的有效执行			优点: ·集中管理数字化政策,以此来确保品质与规模 ·把数字化举措的执行权完全交付给各业务单元 ·在企业层面上部署统一并富有凝聚力的数字化策略 ·让首席执行官成为企业的数字化转型领导人 缺点: ·每个业务单元内都需要许多深谙数字化技术的人才资源		

图 2-23 数字化转型不同阶段的转型战略

资料来源:波士顿顾问公司(BCG)。

4. 开发与新的数字化转型相关的 KPI

有了组织架构,如果没有 KPI 跟进,也难以持续推进。因此,服务外包企业的数字化转型还需要把 KPI 重新建立起来,开发与新的数字化转型相关的 KPI,如图 2-24 所示。

图 2-24　不同阶段的企业数字化转型 KPI

资料来源：IDC 华为《数字平台破局企业数字化转型》白皮书。

5. 做好人力资源本身的转型，创建数字化企业文化

人力资源转型的战略重点包括与战略一致的人才、数字人才的招聘、数字员工的敏捷性、组织的敏捷性、差异化员工薪酬、与战略一致的绩效等六个方面。

同时，需要建立企业的数字文化，包括客户至上、敢于尝试、灵活敏捷、

携手并进和不懈创新等五个方面（见图 2-25）。

客户至上	雇用在年龄、技能和生活方式等方面与未来客户相仿的人才	拉近开发人员与客户之间的距离（例如，安排开发人员在网点工作），以此来促进与客户交流互动	新员工入职后，先安排其在各部门第一线参与工作
敢于尝试	每季度举办一次创新论坛，介绍行业趋势和新项目	调拨专项预算资金用于创新项目	举办创新开放日活动，鼓励全员提供创意、参加创新
灵活敏捷	以站立会议的形式来讨论新进展	通过缩小传统团队架构的规模来凸显变革	明确扩大基层员工在项目决策与审批过程中应负的责任
携手并进	创造轻松友好、互帮互助的工作氛围	对奖惩结构进行调整，突出团队表现的重要性	解雇始终不愿与他人合作的员工
不懈创新	定期举办企业内部创新竞赛，如"创意日"等	允许为创新编外项目留出专用时间	在高管的日程中留出"开放时间"，每季度举办全员大会

图 2-25 创建让企业在竞争中胜出的数字文化

资料来源：波士顿顾问公司（BCG）。

6. 选择合适的合作伙伴

企业转型，生态也会跟着转型。因此，选择合适的合作伙伴构建新生态也是服务外包企业数字化转型的重要举措。数据的安全性保障、系统的易用性、实施与部署的容易性，是选择合作伙伴的前三个考虑因素。同时，需要评估合作伙伴的国际视野和本土经验、技术先进性以及对行业的理解和最佳实践、开放生态与创新能力及提供长期服务的能力等。

7. 从大处着眼：逐步升级企业的商业模式和变现模式

在阶段一，多数公司把服务作为现有产品的补充和延伸，其提供服务的目的是提升客户的黏性。在阶段二，则会围绕客户与产品相关的运营环节的需求，推出更多的服务，并以和产品打包成解决方案的方式，为客户提供"一站式"服务。比如，企业会为一些高价值的设备提供保险服务和融资服务，为客户提供运营咨询服务（例如，米其林的车队管理服务、GE 的机队运营优化服务）。其变现模式是通过服务赚取收益。在阶段三，随着企业提供服务的规模越来越大，围绕企业的生态系统越来越完善，收集到的数据也越来越全面，企业提供的服务可以超越现有的产品甚至是行业领域（见图 2-26）。

	基于产品的服务	基于产品相关运营环节的服务	以服务为中心
典型服务	·产品远程监测 ·产品远程控制 ·产品远程升级更新 ·产品预测性维护	·运营咨询服务 ·针对产品的保险与融资服务	·数据及服务 ·制造即服务 ·内容服务 ·平台模式：供需撮合、广告服务等
业务逻辑	卖更多产品	"一站式"解决方案	通过服务持续与客户保持互动，实时感知并满足他们的需求
变现模式	·产品溢价 ·销售更多的产品 ·有限的服务收益	·服务收益 ·产品溢价 ·销售更多的产品	·服务收益为主

图 2-26 服务外包企业逐步升级的数字化商业模式

8. 从小处着手：建立数字化转型的尝试—反馈—改进螺旋

目前，试水智能服务的企业多是在做概念验证，而如何走向规模化应用仍是一大挑战。企业要根据实际需求，在不断的尝试—反馈—改进螺旋中探索"数字化服务"的价值所在，从概念验证逐步走向规模化应用（见图 2-27）。在这个过程中，数据量、合作伙伴和应用场景都会逐步丰富起来，螺旋体量会逐渐变大，源于服务的收入也会水涨船高。

选择一个业务部门进行试点，以便于管控进度、快速推进和衡量收益。同时，将构建自动化能力的团队和执行其他相关服务的团队安排在同一地点协同工作，以最大化地实现知识的重复利用。建立自动化任务列表，梳理自动化步骤以促进重复利用，最终实现系统自动开展任务。

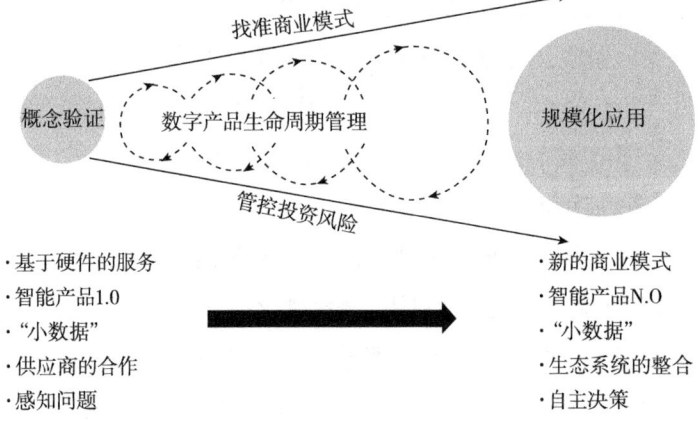

图 2-27 企业数字化转型尝试

9. 组织再造：优化数字化流程，重新平衡工作量

万物互联、软件定义、数据驱动、智能主导的趋势更加明显，由此带来内外部环境的变化，会推动企业组织的构成形态、管理机制、运行方式等产生深刻变革，呈现开放、扁平、柔性等基本特征（见图2-28）。

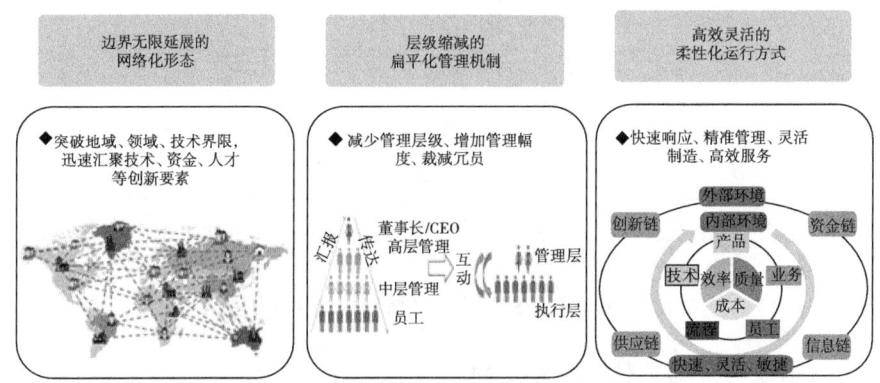

图2-28 企业组织变革

低效的流程将影响自动化的实施效果。企业需要构建具备适应性、灵活性和延展性的信息平台，重新思考智能自动化时代下的工作方式（见图2-29）。

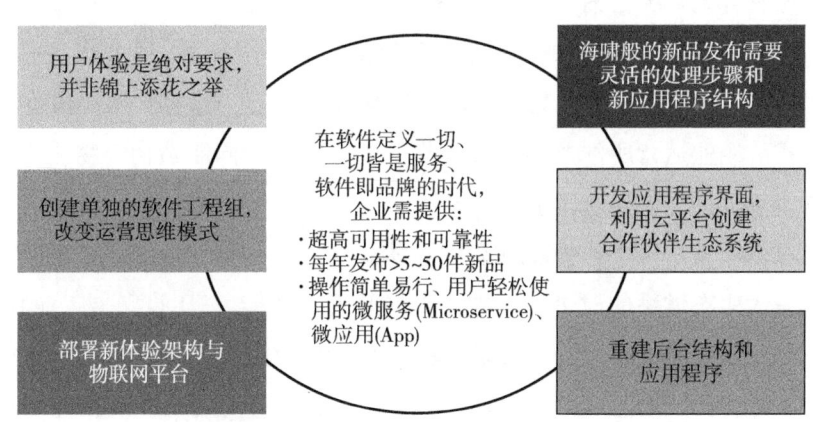

图2-29 数字化企业需要采取和云软件公司一样的运营模式

· 重新设计工作流程，实现人类与数字劳动力之间的有效协作（见图2-30）。

· 持续评估自动化的任务与活动，识别利用人工智能技术重新设计工作流程的潜在机会。

·利用自动化平台与自动化项目实现企业的数字化重塑。

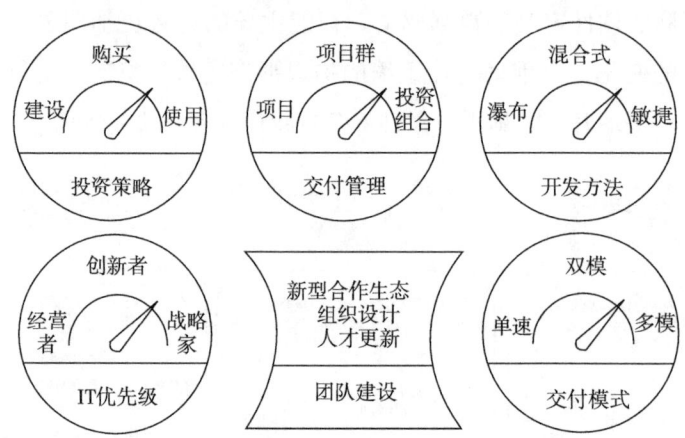

图 2-30　服务外包企业争取成为数字化团队

10. 构建四大核心体系，协同推进企业数字化转型

客户解决方案体系（又称业务模式和客户价值层面）：企业通过个性化、定制化、功能增强、物流优化、营收模式创新以及设计和应用创新，竭尽所能地为客户或消费者提供与众不同的产品和服务。在该生态体系，外部企业也会被整合到解决方案中，从而创造出附加价值。

运营体系（又称解决方案支撑和价值链效率层面）：通过产品研发、规划、采购、生产、仓储、物流和服务等活动和流程，为客户解决方案体系提供支撑。企业运营所涉及的外部合作伙伴，包括合同制造商、物流合作伙伴和学术界，都是该生态体系的一部分。

技术体系：该生态体系涵盖 IT 架构、IT 接口以及数字技术，推动或支持其他三大生态体系的改进和突破。它涉及人工智能、3D 打印、工业物联网、传感器、增强和虚拟现实、机器人等工业 4.0 关键技术。

人才体系：该生态体系涵盖企业能力和企业文化，涉及技能、思维模式和行为方式、人脉和技能来源、职业发展等促进数字化转型的因素。我们发现，大多数企业都缺乏促成数字化转型的愿景、战略和企业文化（见图 2-31）。

专题四 服务外包企业实现数字化转型的路径

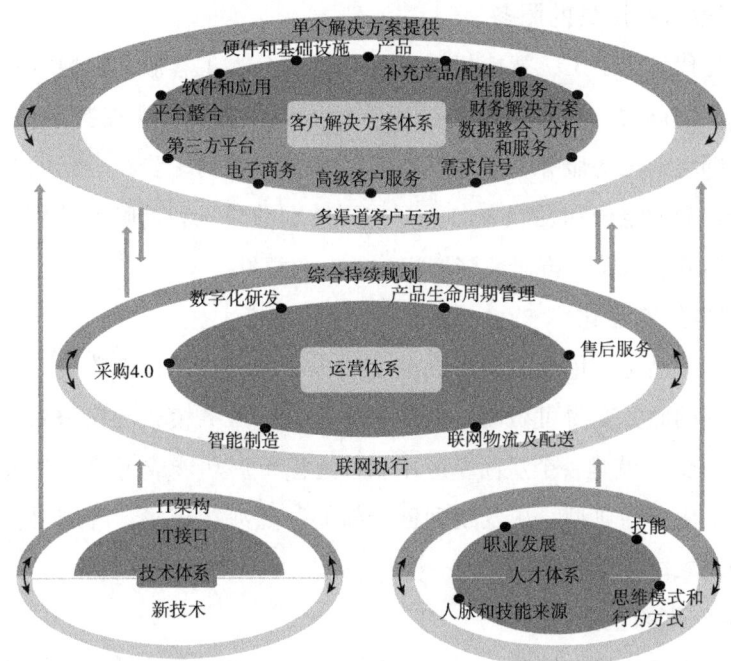

图 2-31　四大数字化生态体系的各个层面

资料来源：普华永道 2018 年全球数字化调查。

（三）数字化转型的十大建议

面对数字经济的浪潮，更多无形、虚拟的服务内容和创新产品将涌现出来。在数字经济的冲击下，在与数字技术相融合的过程中，服务外包企业或许可以从以下十个不同维度开拓全新的掘金模式和升级方式：

1. 现有业务的 CM 化

任何创新与转型都不可能是"无源之水、无本之木"，服务外包企业数字化转型也不例外。企业的首要选择是在数字技术的辅助下，以云和移动视角改造现有业务，挖掘和创造新的利润空间。"传统业务 + Cloud + Mobile"不仅是企业转型的首要方向和选择，也将成为未来服务外包企业的关键特征。应该强调的一点就是，CM 化不仅是技术的升级迭代，更是对商业模式、管理模式、服务模式的颠覆重建。

2. 警惕即将消失的服务

机械化代替了手工,智能机器人取代了部分人工客服,在数字化不断带给企业惊喜的同时,也慢慢消磨掉原本的服务内容。企业在数字化转型时,更要警惕即将消失的服务,不能在汽车时代继续坐马车。在全新的产业生态链中找准自身的定位和发展方向,更需要精准的眼光和前瞻性的判断。必要的时候,需要引入第三方研究咨询机构的专业意见。

3. 服务的产品化

服务的产品化使传统服务正在演变成电子服务产品,而数字化将以往无法离岸贸易的服务变得可贸易,并带来了全新的服务模式和竞争对手。阿里巴巴的"钉钉"就是一个从简单应用软件逐渐扩展功能成为"一站式"服务解决方案供应商的典型。从发现到创造新的"蓝海"市场,降维打击将成为一个普遍现象。

4. 平台化的企业

数字化生态的核心就是要消灭"中间商",而构建一个使需求端和供给端无缝衔接的平台,才能实现更高效的连接。因此,整合资源的能力往往决定企业的发展空间。根据企业处于产业链的哪一个环节、朝着哪个方向、可以整合哪些资源,搭建"小宇宙",将极大地提升企业的抗风险能力和综合竞争力。

5. 数据化的产业

"大数据"作为数字经济时代最具标志性的新兴技术之一,正在用其独有的技术能力驱动产业业务能力的转型和升级,以及以个性化的产品和高效的流程优化用户体验。如3D打印本质上是制造的数据化。在未来的服务外包和贸易市场中,得数据者将赢得更广泛的市场空间。

6. 新技术带来新机遇

2011年电子商务服务带来了网购、2012年移动互联网服务将网络从PC端扩展至移动端、2013年大数据服务使产品和服务推送更加精准、2015年的智能硬件、2016年的"互联网+"到2018年的"人工智能"带给了产业无数可能和发展机遇。数字化与产业的深度融合所附带的机遇和挑战更是无可限量。时刻保持高度警惕和关注新技术发展,或将使企业成为下一个"飞翔在风口的猪"。

7. 全球化的视角

数据无边界，数字技术更没有国界的限制。数字化的企业可以说是天然的国际化的企业，自然更要具备全球化视角，将企业业务向全球市场拓展不只是传统跨国企业的专利，更是属于所有数字化转型企业的未来。2020年初的新冠肺炎疫情再次提醒我们，国际化的战略仍是应对区域经济风险的最有力手段，也是数字经济时代服务外包企业发展的重要策略。

8. 行业专家型企业

服务外包的本质是"让专业的人做专业的事"。在数字经济时代，基于数字和数据的归纳和整合，任何企业都可能成为行业专家。要加强行业研究，提升专业能力，只有比客户更了解客户，才能成为合作伙伴关系下的创新服务商。

9. 解决好人才问题

我国已经进入人口红利的拐点，劳动力供给短缺已成常态，中高端、复合型人才的缺口也在逐年扩大，具备数字素养的人才培养已经成为一个社会性问题。在数字服务创新领域加强校企合作，加强新一代信息技术重点学科建设，注重企业内部的人才培养和日常培训工作，通过多重手段解决好人才等问题，成为服务外包企业的常规措施。

10. 用系统解决服务

语音识别技术已经被广泛地应用于金融领域的智能客服中。随着数字化技术难点逐渐被攻破，语音识别系统将被应用到更为广泛的服务领域。以去年"双11"为例，依靠人工智能的帮助，蚂蚁金服客户中心在"双11"期间的整体服务量超过500万人次。简单的人工咨询服务被人工智能取代，客服人员的精力可以更好地投入集中处理复杂类客户问题和工作中。因此，应系统解决基础服务，专注于增值服务能力的提升。

专题五 2019年中国服务外包交易指数

沙琦[①]

全球产业正在进入数字经济时代，服务外包作为以数字技术为支撑、以高端服务为先导的"服务+"新业态新模式的重要方式，正在成为推进贸易高质量发展、建设数字中国的重要力量，成为打造"中国服务"和"中国制造"品牌的核心竞争优势。服务外包交易指数，是我国服务外包交易情况和发展现状的晴雨表。《中国服务外包交易指数报告（2014年）》自2014年在第二届"中国（北京）国际服务贸易交易会"首次发布以来，每年都公开发布一次，供政府主管部门和有关机构对服务外包进行项目投资、产业研究、政策设计、市场分析等时参考，已得到业界同人的关注。近年来，随着行业标准、服务标准的陆续出台，服务外包的发展正在趋向规范化、国际化和高端化。由于其应用领域广、专业技术强、发展速度快等特点，上海服务外包交易促进中心及鼎韬产业研究院每年联合编制《中国服务外包交易指数研究报告》，用定量化的数字来描述，就是为了更确切地了解我国服务外包发展现状和市场动态，为政府主管部门和有关机构、企业对服务外包的项目投资、产业研究、政策设计、市场分析等提供研究和决策参考。

一、交易指数的结构

服务外包交易指数包括交易总量与增长率、规模与质量、国际竞争力等三类指数。

---

① 沙琦，鼎韬产业研究院副院长。

用 A 表示外包交易指数结构，这里 $A = \{A_1, A_2, A_3\}$，记为 $\Phi(A)$。其中 $\Phi(A_1)$ 为交易指数中"总量与增长率分类指数"，$\Phi(A_2)$ 为"交易质量与效益分类指数"，$\Phi(A_3)$ 为"交易国际竞争力分类指数"，A_1、A_2、$A_3 \in A$，均称为交易指数集合 A 中的元素，这些元素又分别由若干具体指标组成。

服务外包交易指数中每个元素内指标的数据，基本都来自商务部网站、国家《国民经济和社会发展统计公报》及国际著名咨询机构公开发布的数据和研究报告。通过数据收集与整理、指标赋权与数学建模以及运算分析等，可得出当年我国服务外包交易指数的最终数值。这里通过计算，得出 $\Phi(A) = \Phi(A_1) + \Phi(A_2) + \Phi(A_3)$，即服务外包交易指数。

二、交易指数的指标设计

（一）指标设定

指标选取的原则：一是结合国家鼓励发展的服务外包行业分类情况；二是指标数据的可获得性，基本来源于国家政府机构公开发布的数据；三是尽可能考虑能与国际发包商选择承接地的基本要素对接。

交易指数集 $A = \{A_1, A_2, A_3\}$ 中各项指数包括以下指标：

一级指标：总量与增长率、规模与质量、国际竞争力等三项指标。

二级指标：合同金额、执行金额、企业规模、经济贡献、国际竞争力、发展潜力、服务效率、离岸新兴领域等八项指标。

三级指标：在岸金额、离岸金额及增长率、企业总数、离岸执行额占服务出口的比重、国际资质认证数、新增从业人数、新兴领域市场增速等 40 项指标。

这里二级指标和三级指标分别是上一级指标的具体展开。

各级指标详见表 2-4。

表 2-4 服务外包交易指数各级指标

一级指标	二级指标	三级指标
总量与增长率	合同金额	在岸金额、离岸金额及增长率
	执行金额	在岸金额、离岸金额及增长率
规模与质量	企业规模	企业总数，每个企业规模（平均人数）以及完成在岸和离岸金额
	经济贡献	离岸执行额分别占外贸出口、服务出口、国民经济、全球离岸外包的比重及增长率
国际竞争力	国际竞争力	国际资质认证数、离岸外包占产业总额比重及增长率
	发展潜力	新增从业人数、大学生占比及增长率
	服务效率	人均完成在岸金额、离岸金额及增长率
	离岸新兴领域	BPO、KPO 在全行业占比及同比增长率

（二）数据来源

凡可以直接收集到的指标数据都来自商务部或国家统计局《国民经济和社会发展统计公报》公开发布的数据。因统计时间区间的原因，报告中有个别数据暂时尚未收集到，一般都通过该指标前 5 年增长率的平均取值来预测，待收集到确切的数据后再予以调整更新。以 2019 年为例（下同），合同额（包括执行额）、就业人数、大学生人数、服务进出口、外贸出口、GDP 等，都来自国家《2019 年国民经济和社会发展统计公报》和商务部网站。为便于产业发展趋势的研究，对于传统的 ITO、BPO、KPO 离岸执行额及其增长率，根据商务部发布的数据，取 $(BPO + KPO) \div (ITO + BPO + KPO)$ 的值作为指标"离岸服务外包新兴领域占比"的当年取值。

（三）指标权重

每个指标的权重赋值，采用德尔菲法（Delphi）和层次分析法（AHP）相结合的方法，并进一步根据指数集 A 中各指标的重要性程度最终确定其对应的权重赋值。考虑到同口径比较，2019 年各指标的权重与 2018 年完全相同，都是参照 2014 年发布的交易指数，在征求业内专家和政府主管部门意见的基础上做了微量的调整。

为计算方便，设定 A_1、A_2、A_3 中的指标权重之和为 1000。

若以 $\Psi(A_i)$ 表示指数 A_i 中有关指标的权数之和，即有：

$$\Psi(A_1) + \Psi(A_2) + \Psi(A_3) = 1000$$

具体权重分配见表 2-5。

表 2-5 服务外包交易指数各级指标权重明细表

一级指标	二级指标	序号	三级指标	单位	权重（%）
A_1 总量与增长率	合同与执行金额和增长率	1	合同总金额	亿美元	80
		2	同比增长	%	5
		3	执行总金额	亿美元	
		4	同比增长	%	
		5	离岸合同金额	亿美元	
		6	同比增长	%	
		7	离岸执行金额	亿美元	
		8	同比增长	%	
		9	在岸合同金额	亿美元	
		10	同比增长	%	
		11	在岸执行金额	亿美元	50
		12	同比增长	%	5
A_2 规模与质量	企业规模	13	企业总数	家	30
		14	同比增长	%	5
		15	企业规模	人/家	
		16	同比增长	%	
		17	企业年均完成合同	万美元	
		18	同比增长	%	
	经济贡献	19	离岸占服务出口	%	
		20	同比增长	%	
		21	离岸占外贸出口	%	
		22	同比增长	%	
		23	外包占 GDP 比重	%	20
		24	同比增长	%	5

续表

一级指标	二级指标	序号	三级指标	单位	权重（%）
A_3 国际竞争力	国际竞争力	25	离岸占全球比重	%	15
		26	同比增长	%	5
		27	国际资质认证数	个	
		28	同比增长	%	
		29	离岸合同占外包比	%	
		30	同比增长	%	
	发展潜力	31	新增从业人数	万人	
		32	同比增长	%	⋮
		33	大学生占比	%	
		34	同比增长	%	
	服务效率	35	人均年度完成合同	万美元	
		36	同比增长	%	
		37	人均年度完成执行	万美元	
		38	同比增长	%	
	离岸新兴领域	39	离岸新兴业务占比	%	70
		40	离岸业务占比增长	%	10

汇总后见表 2-6。

表 2-6 服务外包交易指数权重汇总

$\Psi(A_i)$	$\Psi(A_1)$	$\Psi(A_2)$	$\Psi(A_3)$	合计
权重	430	210	360	1000

（四）数据的无量纲化处理

已选定的定量指标中，由于各个指标的计量单位不同，例如，合同总金额、企业规模、国际资质认证数、新增从业人数等，不能直接进行相互之间的运算。因此，对原始数据必须进行"无量纲化"处理。其中，有些指标如合同总金额、占出口比例等数值越大越好，一般称为正向指标；如涉及成本等,则数值越小越好,一般称为逆向指标。

为体现产业导向作用,在一定报告期内(比如前5年内)的数据中选取最满意值,若是正向指标的最大值可记为 $X_{j\max}$,若是逆向指标的最小值可记为 $X_{j\min}$,即以 $X_{j\max}$ 和 $X_{j\min}$ 作为参照,然后进行无量纲化的处理。这样,第 j 个指标 X_j 经无量纲化处理后的数据 X_j' 即为指标 X_j 的功效值。

正向指标功效值:

$$X_j' = X_j X_{j\max} \qquad 式（\mathrm{I}）$$

逆向指标功效值:

$$X_j' = X_{j\min} / X_j \qquad 式（\mathrm{II}）$$

$$(j = 1, 2, 3, \cdots, 40)$$

经上式处理后的功效值,若是非负正数,最终都会落在(0,1]区间内。实现了无论是正向指标还是逆向指标,都换算成统一的无具体量纲数据。此外,经过式(I)或式(II)处理后的功效值 X_j' 越接近1,表示与报告期内最满意的数值越靠近,即落在(0,1]区间内的功效值越靠近1越好。若报告期当年的 $X_j = X_{j\max}$ 或 $X_{j\min} = X_j$,根据式(I)或式(II)就会出现 $X_j' = 1$;若原始数据 X_j 出现负数或零(如增长率下降了),根据式(I)或式(II),此时就出现 X_j' 为负的情况。此时,一般可取 $X_j' = 0$,表示该指标在交易指数的整体运算中没有任何贡献。

通过上述数据无量纲化的处理后,每个三级指标 X_j 都有一个落在(0,1]区间内的非负功效值 X_j' 与其一一对应。

(五) 相关性分析

我国的服务外包较西方国家起步晚,但发展快。所以,产业发展的稳定性、规范性及行业标准还在逐步完善中,一些指标之间的关系即关联度还不很确定,相互之间的规律性不明显。因此,对指标的相关性分析比较困难。在本研究报告中,暂设定与指标关联度最明显的"增长率(百分比)"的权数取值相对小一些,减少其影响。对于服务外包交易指数中指标相关性的完整分析,将根据产业发展的成熟度再进一步研究推进。

（六）交易指数的数学模型

交易指数集 A 的数学模型，由指数集内各元素所包含的指标功效值及其对应的权数，通过一定的乘数关系组合而成，即经确认的 40 个三级指标中功效值 $X_j{'}$ 及与其对应的权数 C_j 乘积后，可以具体表示为：

$$(C_1, C_2, \cdots, C_{40})(X_1{'}, X_2{'}, \cdots, X_{40}{'})T$$
$$= C_1 X_1{'} + C_2 X_2{'} + \cdots + C_{40} X_{40}{'}$$
$$= \Sigma C_j X_j{'} \quad \text{式（Ⅲ）}$$
$$(j = 1, 2, 3, \cdots, 40)$$

这里的 $X_j{'}$ 为第 j 个三级指标的功效值，C_j 为第 j 个三级指标的权重。

式（Ⅲ）中，$(X_1{'}, X_2{'}, \cdots, X_{40}{'})T$ 为 $(X_1{'}, X_2{'}, \cdots, X_{40}{'})$ 的转置矩阵。

上述的式（Ⅲ）也可表示为：

$$\Phi(A) = \Phi(A_1) + \Phi(A_2) + \Phi(A_3) \quad \text{式（Ⅳ）}$$
$$[0 \leqslant \Phi(A) \leqslant 1000]$$

式（Ⅲ）称为交易指数 $\Phi(A)$ 的数学模型展开式，式（Ⅳ）称为交易指数 $\Phi(A)$ 的数学模型表达式。

这里 $\Phi(A)$ 的最终结果即为服务外包交易指数点，简称服务外包交易指数。

（七）数学模型的运算

根据式（Ⅲ）和式（Ⅳ），可计算出报告期内的服务外包交易指数点 $\Phi(A)$。

【案例】 计算 2019 年服务外包交易指数 $\Phi(A)$。

根据式（Ⅲ），交易指数点 $\Phi(A)$ 计算列表如表 2-7 所示。

表 2-7 2019 年服务外包交易指数计算列表

序号	三级指标	单位	数据 X_j	权数 C_j	功效值 $X_j{'}$	评价值 $C_j X_j{'}$
1	合同总金额	亿美元	2371.9	80	1	80
2	同比增长	%	18.6	5	0.69	3.45

续表

序号	三级指标	单位	数据 X_j	权数 C_j	功效值 X_j'	评价值 $C_j X_j'$
3	总执行金额	亿美元	1617.2	80	1	80
4	同比增长	%	11.5	5	0.57	2.85
……						
11	在岸执行金额	亿美元	648.3	50	1	50
12	同比增长	%	15	5	0.49	2.45
总量与增长率交易指数 $\Phi(A_1) = 418.10$						
13	企业总数	家	54000	30	1	30
14	同比增长	%	14.89	5	0.75	3.75
15	企业规模	人/家	217.04	30	1	30
……						
22	同比增长	%	6.5	5	0.34	1.70
23	外包占GDP比重	%	1.08	20	1	20
24	同比增长	%	3.40	5	0.29	1.45
规模与质量交易指数 $\Phi(A_2) = 192.25$						
25	离岸占全球比重	%	33.86	15	1	15
26	同比增长	%	1.09	5	0.19	0.95
27	国际资质认证数	个	2365	60	0.72	43.2
……						
39	离岸新兴业务占比	%	55.85	70	1	70
40	离岸业务占比增长	%	2	10	0.27	2.7
国际竞争力交易指数 $\Phi(A_3) = 294.90$						
交易指数合计 $\Phi(A_1)+\Phi(A_2)+\Phi(A_3)$			905.25			

亦即：

$$\Phi(A) = \Phi(A_1) + \Phi(A_2) + \Phi(A_3)$$
$$= C_1 X_1' + C_2 X_2' + \cdots + C_{40} X_{40}'$$

$$= 905.25$$

所以，2019 年的服务外包交易指数为：

$$\Phi(A) = \Phi(A_1) + \Phi(A_2) + \Phi(A_3)$$
$$= 905.25$$

业内不少同人习惯上把交易指数÷交易指数满分值即 905.25÷1000 的结果称为当年服务外包产业满意度，亦即 2019 年服务外包完成的满意度为 90.5%，相比 2018 年 91.7% 的满意度，下降了 1.2 个百分点。

三、交易指数的分析

（一）2015—2019 年交易指数的轨迹

根据式（Ⅳ）：$\Phi(A) = \Phi(A_1) + \Phi(A_2) + \Phi(A_3)$ 和以上阐述的原理及算法，2015—2019 年我国的服务外包交易指数如表 2-8 所示。

表 2-8　2015—2019 年交易指数 $\Phi(A)$ 汇总

项目	2015 年	2016 年	2017 年	2018 年	2019 年
$\Phi(A_1)$	409.31	396.85	414.25	411.83	418.10
$\Phi(A_2)$	185.93	195.94	189.85	192.89	192.25
$\Phi(A_3)$	318.47	318.29	323.77	312.73	294.90
$\Phi(A)$	913.71	911.08	927.87	917.45	905.25
增长率（%）	-0.5	-0.3	1.8	-1.1	-1.2

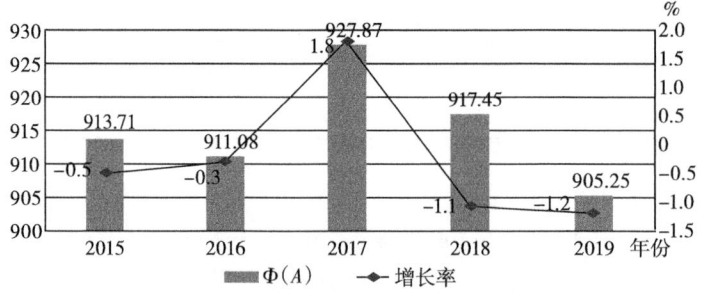

图 2-32　2015—2019 年的交易指数 $\Phi(A)$ 轨迹图

从图 2-32 可见，我国服务外包交易指数 $\Phi(A)$ 和增长率波动幅度比较大，自 2017 年大幅度上涨之后，2018—2019 年连续两年下降，尤其是 2018 年的增长率下降幅度较大。2019 年，尽管继续处于下降趋势但下降幅度有所减少。这一方面与中美贸易摩擦等复杂的国际经济形势有关，另一方面也与我国宏观经济调控及产业发展政策因素有关。

（二）总量与增长率分类指数分析

总量与增长率分类指数 $\Phi(A_1)$ 反映了我国服务外包产业的发展规模及速度。其中包括当年合同和执行金额，在岸合同、离岸合同和执行金额，以及各自增长率，共 12 个三级指标组成，权数合计（即分类指数满值）是 430。

具体见表 2-9。

表 2-9　2015—2019 年的交易总量与增长率分类指数 $\Phi(A_1)$

项目	2015 年	2016 年	2017 年	2018 年	2019 年
$\Phi(A_1)$	409.31	396.85	414.25	411.83	418.10
增长率（%）	0.1	-3.0	4.3	-0.5	1.5

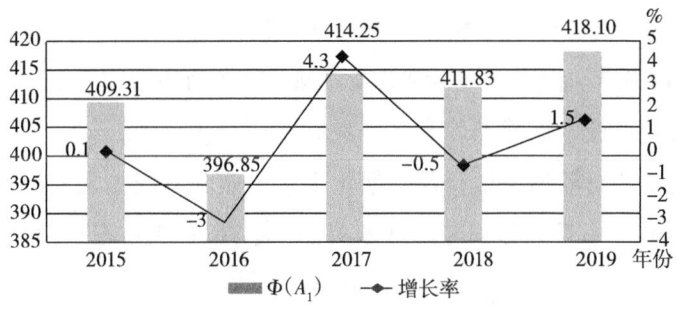

图 2-33　2015—2019 年的总量与增长率分类指数 $\Phi(A_1)$ 轨迹

从图 2-33 可以看出，近 5 年来我国每年的总量与增长率分类指数 $\Phi(A_1)$ 整体波动幅度较为平稳。除了 2016 年和 2018 年出现了负增长之外，其他三年数据表现都较好。2018 年数据的下滑可能与服务外包数据统计指标的调整有关。2019 年的交易总量与增长率分类指数 $\Phi(A_1)$ 为 5 年来最高，增长率相对前几年（除 2017 年外）也呈现大幅上升，反映我国服务外包产业正在稳步发展。尤其是 2019 年，在严峻的国际贸易摩擦形势和产业技术变革挑战下，服务外包产业发展的成熟度及抗风险能力都有极大提升。

（三）规模与质量分类指数分析

1. 规模与质量总体情况分析

规模与质量 $\Phi(A_2)$ 反映了企业发展水平及离岸业务在国民经济中的贡献比重，其中包括企业总数、每个企业平均员工数（规模）、企业年均完成合同额、离岸外包占服务出口比重、离岸占我国外贸出口比重、外包占当年国际 GDP 比重等指标。这些指标的对应权数合计（即分类指数满值）是 210。

近 5 年的相关数据如表 2-10 所示。

表 2-10　2015—2019 年的规模与质量 $\Phi(A_2)$

项目	2015 年	2016 年	2017 年	2018 年	2019 年
$\Phi(A_2)$	184.75	195.11	189.85	192.91	192.25
增长率（%）	0.3	5.3	-3.1	1.6	-0.3

从图 2-34 可见，近 5 年来的规模与质量分类指数整体处于相较稳定的状态。2019 年数值同 2018 年相比基本持平，但是增长率波动比较大。2019 年的增长率为 -0.3，相较 2018 年的 1.6 呈现较大幅度的下滑。原因其一是当前我国服务外包产业发展成熟度和稳定性有待进一步完善；其二是服务外包产业同各传统垂直行业加速融合及数字化变革和业务升级带来的市场格局与企业转型导致增长率受到影响等。总体而言，尽管 2019 年增长率有所降低，

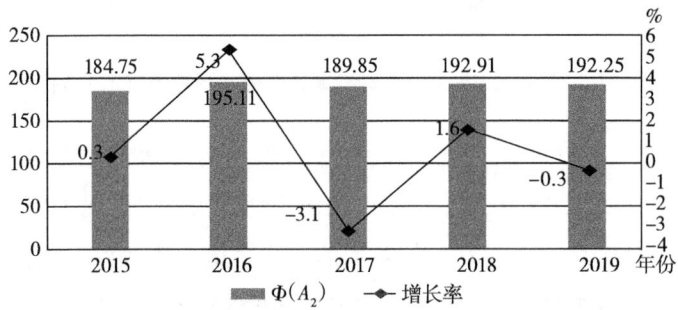

图 2-34　2015—2019 年的规模与质量 $\Phi(A_2)$ 轨迹

但对整体的发展影响不太明显。

2. 规模与质量各分类指标分析

规模与质量各分类指标近5年的数据如表2-11所示。

表2-11　2015—2019年规模与质量指标各分类指标

项目	2015年	2016年	2017年	2018年	2019年
企业规模（满分70分）	64.1	64.1	61.5	67.4	68.8
企业年均合同（满分50分）	43.5	43.5	46.4	47.4	46.5
离岸占服务出口（满分30分）	22.4	30.0	25.2	23.8	23.9
离岸占外贸出口（满分35分）	32.5	35.0	35.0	30.6	31.7
外包占GDP（满分25分）	22.25	22.5	21.8	23.7	21.5

从图2-35可见，在2019年规模与质量指标项下的各分类指标中，企业规模指标略有提升。2019年我国服务外包企业不仅数量上持续增长，企业人数、业务额及增长率较2018年均有所增加，这得益于我国对服务外包产业的政策支持。经济贡献指标也有所回升，离岸服务外包对贸易出口及经济增长的促进作用进一步显现，离岸服务外包占服务和贸易出口比重达到近5年的峰值，但受国际政治和经济紧张局势的影响，增长率有所下降，因而影响了指标得分。

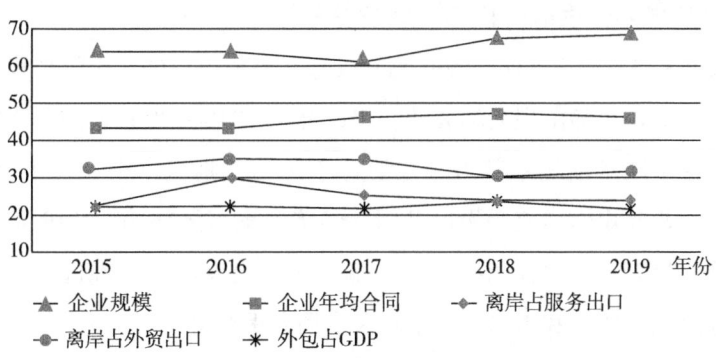

图2-35　2015—2019年规模与质量指标各分类指标发展轨迹

3. "离岸服务外包增长率"延伸分析

从表2-12、图2-36可以看出，从2015年开始到2019年（除了2018年服务出口增长率之外）离岸外包增长率都高于服务出口增长率和货物出口增长率。但是，相比前四年，2019年的离岸外包、服务出口和货物出口的增长率明显放缓,主要原因是受到国际贸易局势的影响。受 2020 年初开始的新冠肺炎疫情的冲击,离岸外包及国际贸易可能会进一步大幅度下滑。

表 2-12　2015—2019 年离岸外包等增长率情况　　　　　　　(%)

项目	2015 年	2016 年	2017 年	2018 年	2019 年
离岸外包增长率	15.6	8.9	14.7	9.8	9.3
服务出口增长率	9.2	-4.2	10.6	14.6	8.9
货物出口增长率	-1.8	-1.9	10.8	7.1	5

图 2-36　2015—2019 年离岸外包与服务出口、货物出口增长率轨迹

4. "离岸外包占服务出口"情况分析

从表 2-13、图 2-37 可见,离岸外包占服务出口的比重保持稳步增长的态势,但是增长率却出现大幅波动。2017 年和 2018 年增长率的下降幅度比较大,原因在于国家新增示范城市主要位于中西部地区、企业处于发展初期、离岸外包的业务规模增速缓慢以及国际经济与贸易局势等;2019 年开始呈现增速上涨的趋势,原因在于我国"一带一路"建设的持续推进,为离岸服务外包业务及服务贸易和出口提供了新兴市场和重要支撑。

表 2-13　2015—2019 年离岸外包在服务出口中占比情况

项目	2015 年	2016 年	2017 年	2018 年	2019 年
离岸外包占服务出口(%)	22.4	32.6	34.8	33.2	33.5
增长率(%)	-2.8	10.2	2.2	-1.6	0.9

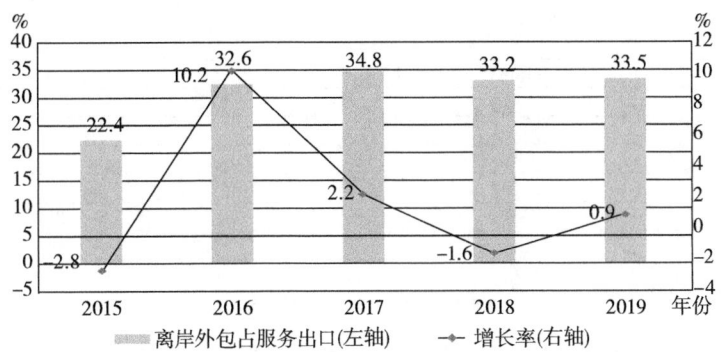

图 2-37　2015—2019 年离岸外包占服务出口比重轨迹

(四) 国际竞争力分类指数分析

交易指数中"国际竞争力"分类指数 $\Phi(A_3)$ 反映了我国服务外包产业在国际竞争中的影响力,其中国际竞争力包括离岸占全球比重、国际资质认证、离岸外包占全部外包比重及各自增长率(权数满分 120)等;发展潜力和服务效率包括新增从业人数、大学生占比、人均完成合同额和执行额及各自增长率(权数满分 160);离岸新兴领域包括离岸新兴业务占比及增长率(权数满分 80)。

从表 2-14、图 2-38 可见,2017 年我国服务外包国际竞争能力 $\Phi(A_3)$ 达到近 5 年的峰值,2018—2019 年连续下滑,说明当前我国服务外包产业在国际市场上的综合竞争力依然不足。受到技术、信息、信用等多方面因素的影响,离岸服务外包业务发展在未来一段时间内还将处于调整期。

表 2-14　国际竞争力指数 $\Phi(A_3)$ 中各分类指数 $C_j X_j'$ 综合分析

项目	2015 年	2016 年	2017 年	2018 年	2019 年
国际竞争力	107.1	105.1	107.2	107.9	85.3
发展潜力和服务效率	139.1	148.6	141.8	133.8	136.39
离岸新兴领域	72.3	64.6	75.0	71.0	72.7
$\Phi(A_3)$ (满分 360)	318.5	318.3	324.0	312.7	294.9
增长率 (%)	-1.2	0.0	1.8	-3.3	-5.7

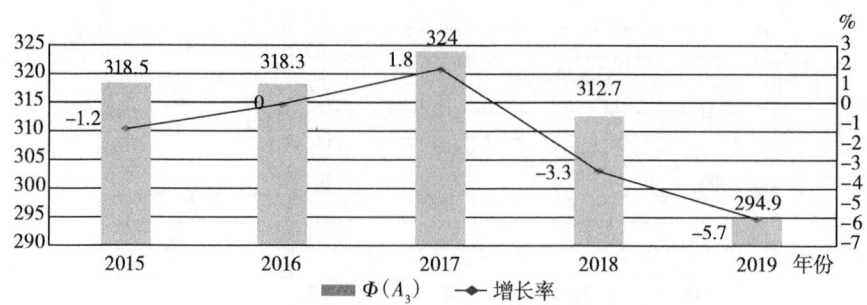

图 2-38 2015—2019 年国际竞争能力 $\Phi(A_3)$ 总体轨迹

不过，从图 2-39 可以看出，近年来我国服务外包的发展潜力和服务效率及离岸新兴领域发展较为稳健，两项指标得分相比 2018 年均有所上涨，呈现向好的发展趋势。其原因：一方面是近年来我国积极推动数字经济发展，为新兴服务外包业务发展打造了良好的技术、基础设施和政策环境；另一方面是我国服务外包创新升级成果逐步显现，众包、云外包、平台分包等新模式不断涌现并快速发展。服务外包的发展，为吸纳年轻人特别是大学生就业提供了新岗位和新渠道，同时也为我国数字经济的发展储备了大量的人才。

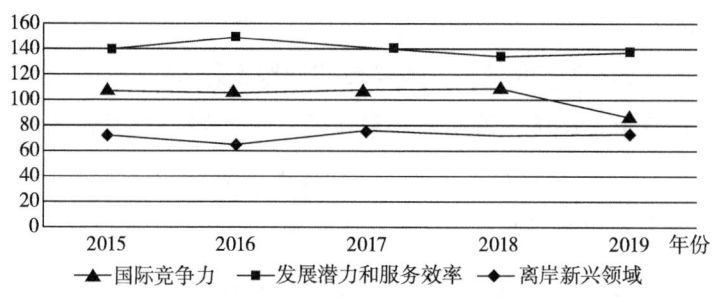

图 2-39 2015—2019 年国际竞争能力 $\Phi(A_3)$ 各指标轨迹

四、交易指数研究的启示

全球经济在过去二十年里，从中速增长逐步走低，由于各国的贸易摩擦及投资的大幅缩减，全球经济增速在 2019 年降至 2.3%，这是过去十年来的最低水平。随着数字时代的来临，服务贸易与数字经济加速融合发展，大数据、云服务、区块链和人工智能等技术的快速发展,为包括金融、信息、计算机和电信服务在内的知识性服务产业的发展提供了新的动力,为服务贸易及服务外包提供了更有效的途径。

从2019年中国服务外包交易指数的各项指标分析中可以看到,服务外包交易指数呈现缩量及增速放缓趋势,交易指数的基本发展态势、离岸服务外包增长率、占服务贸易出口比例、产业规模和国际竞争力正处于调整阶段,服务外包产业发展正在进入拐点。服务外包新增从业人数减少、大学生占比持续下降等情况说明服务外包产业出现从数量的增长向高质量发展转变的迫切需求。从离岸新兴业务占比、服务效率等来看,也进一步验证了我国服务外包企业正在逐渐向高技术领域拓展业务。借助大数据、云服务、区块链和人工智能等技术的支持,利用科技手段不断提高服务外包的技术水平,加速推动服务外包同各个传统垂直行业的深度融合发展,研发新技术,把握数字经济发展的机遇,推动数字化转型升级,提高国际认可度,是服务外包企业持续发展的一系列策略和多种途径。但是目前,服务外包市场仍存在接发包业务信息、企业信用、技术创新、企业成本等方面的瓶颈问题,并在资金、品牌、管理、人才、规模等方面存在各种挑战。

2020年,第一次国务院常务会议对加快承接服务外包能力建设和推动服务业转型升级作出部署。李克强总理指出,"发展服务外包有利于推动产业升级和扩大就业。我国服务外包起步虽晚却发展较快,这与近年来新模式、新业态层出不穷紧密相关,一定要继续坚持包容审慎原则,支持发展众包、云外包、平台分包等新模式和服务型制造等新业态。要将服务业扩大开放试点经验做法向更多地区推广"。会议确定了加快承接服务外包能力建设、推动转型升级的措施。一是运用信息技术推进"服务+",坚持包容审慎原则,支持发展众包、云外包、平台分包等新模式和服务型制造等新业态。提升医药研发、设计、会计、法律等领域承接服务外包竞争力,提高"接单"能力和"交单"水平。二是深化服务外包领域"放管服"改革。逐步将服务外包纳入国际贸易"单一窗口"。对服务外包示范城市研发、设计、检测、维修等行业提供服务出口所需进口料件开展保税监管试点。三是将服务业扩大开放试点经验做法向更多地区推广,修订《服务外包产业重点发展领域指导目录》,

深化服务外包产业开放，推动向高附加值业务转型升级，为年轻人特别是大学生提供更多就业岗位。

2020年新冠肺炎疫情对全球产业链造成冲击，进而可能对全球经济政治格局产生重大影响，并将深刻改变中国经济的长期运行轨迹。随着各国相继颁布不同程度的贸易禁令，国际服务贸易与服务外包受疫情影响最为直接。某些人员密集型，以及与旅行、建筑、货物贸易等关联度较大的服务外包业务受到的冲击最大；而某些知识技术密集服务的市场需求相对是刚性的，而且这类服务主要通过网络远程实现，所以受疫情的冲击较小；某些数字化、网络化的新兴服务外包行业可能会在此次疫情危机中获得快速发展，比如，信息技术服务为服务外包的结构调整和进一步转型升级带来契机。同时，互联网、大数据和云计算等新兴技术的发展应用，正在迅速改变服务的"不可贸易性"，将显著降低跨境服务贸易的成本。

此次新冠肺炎疫情发生在一个网络与数字时代，网络与数字技术高度渗透到服务贸易与外包中。在全球制造业网络化、智能化、柔性化、绿色化和服务化的发展趋势中，服务外包产业在加快向高端化、数字化、融合化、标准化方向创新发展的同时，更要强调服务方式、服务理念并发挥其推动效能和倍增效应。尤其要重视在产业融合、交易模式、互利共赢、企业信用等方面对服务外包的创新与探索，加快向高技术、高品质、高效益方向快速、稳健、持续地迈进。

Ⅲ 行业篇

专题一　金融服务外包进入数字金融时代的发展战略

李鉴诚[①]

近年来，随着人工智能、大数据、区块链等技术的兴起，科技赋能金融已成为未来金融发展的重要趋势，"无科技不金融"逐渐成为行业共识。2019年，金融与科技进一步加速融合。8月，中国人民银行印发《金融科技（FinTech）发展规划（2019—2021年）》，明确提出将金融科技打造成为金融高质量发展的"新引擎"，引导全行业集中精力发展金融科技，推动金融科技发展进入快车道。

当前，中国金融科技普及度已经远高于全球水平。根据安永发布的《2019年全球金融科技采纳率[②]指数》报告，在零售用户方面，中国凭借87%的消费者金融科技采纳率居全球首位，远高于全球平均水平（64%）。在企业用户方面，中国中小企业金融科技采纳率依然最高，为61%；全球中小企业金融科技平均采纳率为25%；而排名第二的美国该项数据仅为23%（见图3-1）。在2019年毕马威等评出的金融科技100强公司中，排名前12的公司有1/3来自中国，包括蚂蚁金服、京东数科、度小满、陆金所等。英国的Z/Yen集团和中国深圳综合开发研究院（CDI）编制的金融科技中心的指数显示，排名前10的城市中，中国占半壁江山。

金融科技的发展如火如荼，产业数字化发展未来可期。可以说，数字金融是金融科技的核心趋势，更是金融服务外包的未来。

[①] 李鉴诚，鼎韬产业研究院。
[②] 安永在调查中向消费者询问了对5个类别共19项金融科技服务的使用情况，使用两个"组合"或者以上服务的使用者的比例被定义为"金融科技采纳率"。

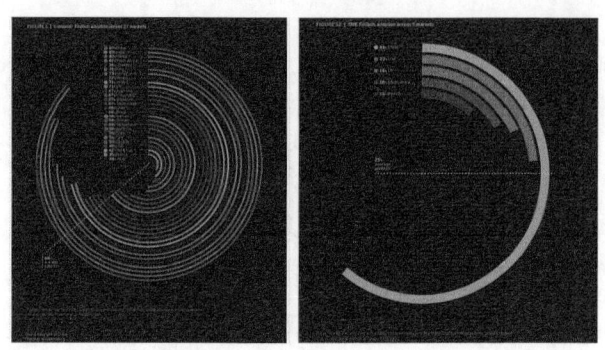

图 3-1 2019 年安永全球金融科技采纳率示意图
资料来源：《2019 年全球金融科技采纳率指数》。

一、数字金融发展现状及趋势

中国的金融科技发展历程普遍认为经历了三个阶段：金融科技 1.0——金融电子化阶段，通过 IT 技术实现金融行业内部办公和业务的电子化，提升管理水平和服务效率；金融科技 2.0——互联网金融阶段，互联网技术渗透金融服务的各个环节，实现信息共享和业务撮合；金融科技 3.0，以人工智能、大数据、云计算、区块链等技术驱动，深度融合金融，提供更为普惠的金融服务。2019 年是金融科技发展的重要分水岭，未来我国金融发展的核心趋势已初见端倪。

（一）金融科技企业蓬勃发展

2019 年，央行发布的《金融科技发展规划（2019—2021 年）》开宗明义，提出"金融科技是技术驱动的金融创新"。至此，金融科技是金融还是科技的讨论告一段落。

央行科技司司长李伟在 2019 年 12 月的一次公开演讲中表示，"只有持牌机构才能通过金融科技提供创新的金融服务产品，科技公司可以通过提供技术的支持、技术解决方案等方式和持牌金融机构合作参与金融科技的创新"。

过去一年，银行系金融科技子公司强势崛起。截至 2019 年 6 月末，兴业银行、平安银行、招商银行、光大银行、建设银行、民生银行、华夏银行、北京银行、工商银行、中国银行等10家银行陆续成立了金融科技子公司。12月，平安旗下金融科技子公司"金融壹账通"赴美上市，成为银行系金融科技子公司上市第一股。与此同时，大量互联网公司在2019年先后改名"××数科"，入股民营银行，合规参与金融行业发展。

展望2020年，随着金融和科技的定义与界限越来越清晰，金融机构与科技公司的各自业务也将一改之前的混乱局面而逐步剥离出来。有信誉、有实力的科技公司手持牌照，加强守正创新与市场开拓，实现战略发展与核心竞争力提升。同时，其他金融科技公司也将进一步争夺持牌机构客户，市场竞争日益白热化。

（二）金融监管体系创新实践探索

金融科技驱动金融创新，当金融创新与现有的一般规则相抵触时，如果从严监管，那么真正有价值的金融创新会面临被阻遏的风险；反之，则会造成无法控制潜在风险的后果，因而需要相应的监管体系。

2019年12月，中国人民银行支持在北京市率先开展金融科技创新监管试点，目前第一批创新应用已开始测试，首批试点项目选定涵盖数字金融等应用场景，聚焦物联网、大数据、人工智能、区块链等前沿技术。这一试点也被称为中国版金融科技"监管沙盒"，旨在打造符合我国国情、与国际接轨的金融科技创新监管工具，规范和引导金融科技健康有序发展。

"监管沙盒"机制首创于英国，旨在将金融科技与金融创新置于安全空间，使之不会因其活动立刻产生违反一般法规的后果。即提供稳定与可预测的监管环境，使金融科技与金融创新在不受现有一般规则阻碍的同时，得到实践经验，并以此作为其逐步完善的支撑，进而兼容金融监管与金融科技的发展，形成系统长效的监管机制。

2020年，为深入做好金融科技创新监管试点工作，中国人民银行进一步支持在上海市、重庆市、深圳市、河北雄安新区、杭州市、苏州市等六市（区）扩大试点，引导持牌金融机构、科技公司申请创新测试。多地探索"监管沙盒"试点，为金融科技重新踏上创新发展之路逐步夯实监管基础，营造制度环境。

(三) 数据正在成为独具特色的竞争力

2019年中秋节前后，大数据风控行业掀起了"爬虫风暴"，数据安全问题再一次被摆上台面。"套路贷平台—爬虫—催收"的链条被连根拔起，牵扯出多家业内风控头部公司。7月16日，App专项治理工作组发布整改通知，点名40款App在个人信息手机使用方面存在问题且未公开联系方式。其中，有接近一半来自金融借贷行业，包括百度有钱花、宜人贷借款、安逸花、人人贷、闪电借款、PPmoney等。

2019年12月，央行下发了《关于发布金融行业标准加强移动金融客户端应用软件安全管理的通知》，对移动金融App安全问题进行管理规范，主要从提升安全防护、加强个人金融信息保护、提高风险监测能力、健全投诉处理机制、强化行业自律五个方面入手，并为备受关注的个人金融信息保护划定了四大红线。同月，首批23家金融机构App试点备案名单出炉。金融App治理进入新时代，个人信息保护力度加大。

在中国金融科技发展的过程中，大数据风控将是继移动支付之后，中国又一个能引领全球的领域。

(四) 数字金融制度标准化建设迫在眉睫

数据风控及相关风险频发的现象进一步显示出规范化、制度化和标准化建设在金融数字化发展中的重要性和紧迫性。

金融科技是科技与金融的全面融合。从风险特征看，其风险特殊性在于既有金融风险，如信用风险、结算风险、流动性风险、市场风险、操作风险等；也有非金融因素所造成的风险，如技术安全、业务安全、合规安全等。随着近年来金融科技快速发展，技术与金融深度结合，金融领域也更加复杂，单纯依靠传统手段无法满足合规以及监管工作的需要。因此，数字金融制度、标准化建设显得尤为重要。

目前，为应对各类创新，我国已经初步建立金融监管体系化框架，但仍需完善。中国银行原行长、中国互联网金融协会区块链工作组组长李礼辉表示，要完成这一目标，首先必须掌握数字技术主导权。实施数字技术国家战略,加强国企与民营企业合作,加快推进数字技术研发,在数字技术的关键领域掌握自主知识产权并加紧研发下一代计算架构。此外,还需加快数字金融制度建设。立足于保证数字金融的可持续发展,立足于防止发生系统性金融风险,抓紧建立数字信任机制,抓紧制定法定数字货币发行、数字资产市场监管、可信任机构数字货币监管、虚拟货币监管等数字金融制度,抓紧研发数字金融技术国家标准,抓紧建立专业化的数字金融技术应用审核和验证体系。

二、数字金融发展对服务外包的需求

金融服务外包是指金融企业持续利用外包服务商(可以是集团内的附属实体或集团以外的实体)来完成以前由自身承担的业务活动。外包可以是将某项业务(或业务的一部分)从金融企业转交给服务商操作,或由服务商进一步转移给另一服务商(即"转包")。通过金融服务外包将非核心业务向专业化厂商外包,金融机构得以专注自身核心业务,可以降低经营成本,强化核心竞争力,获得所需的专业技术支持,拓展服务渠道和提高服务水平,转移相关风险和管理。金融服务外包行业的发展不仅可以提高就业率,而且可以加快国家经济结构由第二产业向第三产业转型,提高服务产业的整体竞争力,推动国家服务产业的整体发展。因此,全球及我国各级政府与有关部门大力支持金融服务外包行业的发展,鼓励金融机构将非核心业务外包。目前,上海、深圳、北京等金融发达的城市纷纷建立金融服务中心基地,地方政府和中央政府均出台了相关扶持政策,支持金融服务外包行业发展。金融服务已经成为当前服务外包规模最大、成熟度最高的垂直行业,涵盖信息技术相关业务、信用卡业务、信贷业务、支付业务、文档管理业务、管理咨询业务、网点管理业务等多个领域。

当前,在金融科技的推动下,金融服务外包服务市场也迎来全新的发展契机。

(一)客户需求增长对服务效率提出新的挑战

金融服务外包的需求来自两方面,分别是存量客户的新需求和新增客户。

一方面，对于存量客户来说，数字银行、金融科技创新、监管体系变化等都需要系统改造和新建。另外，交易量提升也会带来系统扩容和服务升级的需求。

另一方面，新的市场参与者被准许进入、金融牌照发放、金融机构合并等会带来新增的机构客户，金融市场的活跃度提升也意味着新开户的个人投资者逐渐增加。这些机构和个人对于信息系统和金融资讯的需求，都将带动金融外包服务的采购需求。

近年来，随着金融科技的创新与应用，加之居民个人消费信贷需求激增，商业银行加大了零售业务的发展力度，个人贷款，尤其是短期消费贷款和信用卡的业务增速加快，个人贷款余额持续增长。中国人民银行数据显示，2019年末，短期消费贷款近10万亿元，其在短期贷款中的比例也由2015年的45.90%升至2019年的64.20%，而以信用卡为代表的个人消费信贷业务，正是短期消费贷款的重要组成部分。截至2019年末，我国信用卡和借贷合一卡在用发卡数量共计7.46亿张，同比增长8.78%，人均持有0.53张；应偿信贷余额7.59万亿元，信用卡逾期半年未偿信贷总额742.66亿元，占信用卡应偿信贷余额的0.98%。

（二）新监管政策驱动金融外包业务量扩大

2019年2月22日，中共中央政治局就完善金融服务、防范金融风险举行第13次集体学习。会上习近平总书记强调：防范化解金融风险特别是防止发生系统性金融风险，是金融工作的根本性任务。要加快金融市场基础设施建设，稳步推进金融业关键信息基础设施国产化。要做好金融业综合统计，健全及时反映风险波动的信息系统，完善信息发布管理规则，健全信用惩戒机制。中央三令五申强调防范金融风险的重要性，同时也提出信息系统是做好金融综合统计及反映风险波动的重要工具（见表3-1）。

表3-1 《资管新规》及其配套政策

日期	发布单位	文件名称	文件主要内容
2018年4月27日	央行、银保监会、证监会、外汇局	《关于规范金融机构资产管理业务的指导意见》（简称《资管新规》）	按照资管产品的类型制定统一监管标准，对同类资管业务做出一致性规定，实行公平的市场准入和监管，以期最大限度地消除监管套利空间。要求建立资产管理产品统一报告制度，对资产管理产品的发行销售、投资、兑付等各环节进行全面动态监管，落实穿透式监管。加强功能监管，对资产产品统一分类，实行同一监管标准，金融机构对资管产品实行净值管理，打破刚兑。强调规范资金池，消除多层嵌套和通道
2018年8月3日	国家发展改革委、人民银行、财政部、银保监会、国资委	《2018年降低企业杠杆率工作要点》	加快推进降低企业杠杆率各项工作，打好防范化解重大风险攻坚战，使企业杠杆率得到有效控制
2018年10月22日	证监会	《证券期货经营机构私募资产管理业务管理办法》及《证券期货经营机构私募资产管理计划运作管理规定》（合称《资管细则》）	一是统一法律关系，明确基本原则。依法明确各类私募资管产品均依据信托法律关系设立，并在此基础上确立了"卖者尽责、买者自负"等基本原则。二是系统界定业务形式，厘清资产类别。统一现有规则"术语体系"，系统界定业务形式、产品类型，以及标准化、非标准化资产。三是基本统一监管标准。覆盖机构展业的资格条件、管理人职责、运作规范和内控机制要求等方面。四是适当借鉴公募经验，健全投资运作制度体系。包括组合投资、强制托管、充分披露、独立运作等方面要求。五是压实经营机构主体责任。专设一章，系统规定证券期货经营机构开展私募资管业务的风险管理与内部控制机制要求。六是强化重点风险防控，补齐制度短板。重点加强流动性风险防控，以及利用关联交易向管理人或者托管人的控股股东、实际控制人输送利益的风险。七是强化一线监管，加强监管与自律协作。健全信息报送和信息共享机制，加强派出机构一线监管，强化责任追究

续表

日期	发布单位	文件名称	文件主要内容
2018年11月27日	央行、银保监会、证监会	《关于完善系统重要性金融机构监管的指导意见》	明确系统重要性金融机构的定义、范围，规定系统重要性金融机构的评估流程和总体方法，合理认定对金融体系具有系统性影响的金融机构。监管途径：一方面，对系统重要性金融机构制定特别监管要求，以增强其持续经营能力，降低发生重大风险的可能性；另一方面，建立系统重要性金融机构特别处置机制，推动恢复和处置计划的制订，开展可处置性评估，确保系统重要性金融机构发生重大风险时，能够得到安全、快速、有效处置，保障其关键业务和服务不中断，同时防范"大而不能倒"风险
2018年12月2日	银保监会	《商业银行理财子公司管理办法》	配套《资管新规》，在业务运营层面给予了理财子公司更大的自主性，同时也参照了同类机构的监管制度设置，在风险防控层面提出了更高的要求，避免出现新的风险点
2018年12月29日	银保监会	《关于规范银行业金融机构异地非持牌机构的指导意见》	要求按照"坚守定位、风险为本、分类施策及新老划断"的原则对异地非持牌机构进行稳妥有序的清理规范，避免银行业金融机构盲目扩张

资料来源：央行、银保监会、证监会、外汇局、新时代证券研究所。

新监管政策将成为驱动金融服务外包业务量提升的一大动力。防范和化解金融风险成为金融行业工作的重中之重，陆续出台的政策对金融业务提出了新的规范性要求。而配套这些新的要求，需要金融机构有相应匹配的IT系统支持，对现有的交易、估值、风控、合规等流程进行重新梳理和升级，此时会释放大量的金融服务外包的业务量，也会对金融外包的升级起到很好的促进作用。

(三)银行"上云"的大趋势为金融外包带来战略机遇

云计算作为一种数字经济时代的创新范式,进一步对金融产业赋能,银行"上云"已成趋势。在互联网大背景下,银行业务逐步线上化、移动化,而规模上量之后,对银行IT系统峰值处理能力要求(如"双11"时)势必大大提高,如果还采用传统封闭的IT系统,单笔交易的IT成本将会令人咋舌。而基于虚拟技术、具有弹性扩展能力的云计算架构,既能支持移动互联网的高频业务需求,也能降低运营成本。2020年初新冠肺炎疫情暴发后,更多中小银行开始重视数字化建设,系统"上云"也被迅速提上日程。国际数据公司IDC报告显示,预计2020年传统金融系统"上云"、智能化升级、线上获客等需求将驱动金融云市场实现快速增长。

而随着金融机构数字化转型的热情高涨,金融云需求激增,也进一步扩大了金融服务外包的需求规模。腾讯云、华为云、阿里云和金山云等云厂商正在积极寻求与银行合作,将有力推动我国数字银行的发展。

(四)非银行金融机构的外包业务空间被释放

以资本市场为代表的非银行金融机构外包需求空间逐步释放。目前,资本市场的各类机构在外包尤其是IT上的投入主要分为内部支出、通信支出、外购硬件和外购软件四部分。2018年12月,证监会正式发布《证券基金经营机构信息技术管理办法》,自2019年6月1日起实施。规定将信息技术投入和建设纳入评级体系,成为加分项,同时设立惩罚机制。从上市券商2018年的年报中我们也可以看出变化,多家券商首次公布了其IT总支出金额,IT支出占上一年营收比较高的已经达到6%~8%。未来,随着将信息技术投入和建设纳入评级体系政策的推行,将进一步促进和推动证券基金经营机构的IT投入和建设。

相关统计数据显示,未来资本市场IT支出占营收比有望整体扩大2倍,从3%提升至9%,成为金融服务外包的又一重要市场空间。

（五）不良资产数量上涨，激发金融服务外包需求

我国经济已同时步入增长换挡期、结构调整阵痛期、前期刺激政策消化期，"三期叠加"效应逐步显现，实体经济持续累积了巨大的偿债压力，并传导到金融机构，形成金融机构不良资产。不良资产经营手段从最初简单的对接商业银行和政策银行的不良资产，逐步发展到催收、诉讼（仲裁）执行、债务重组、不良资产证券化、债转股等多元化手段，业务范围上也进一步扩展到银行、非银行金融机构以及非金融机构的不良资产。

截至 2019 年第三季度，中国商业银行和年初相比，保持着不良贷款余额和不良贷款率的"双升"状态，同时关注类贷款的余额也在逐年上升。这种情况预示着 2020 年商业银行有可能会加大对不良资产的处置力度，银行不良资产的市场规模因此将会进一步扩大。专业的不良资产处理外包服务商通过催收外包服务、数据咨询服务、催收评分卡合作或者购买资产包的方式参与处置。随着不良贷款呈现缓慢上升的趋势，金融催收服务外包的业务规模也会随之扩大，从而释放更多的市场空间。

三、金融服务外包发展的核心问题

出于历史原因，中国金融机构摊子大、网点多、效益低下，从核心业务到 IT 采购、人力资源管理、后勤保障等业务，几乎全部由自己承担，将大量的人力、物力、财力耗费在一些非业务管理上。同时，还承担了较多的社会功能，导致对市场变化的反应能力迟钝，创新动力不足，极大地制约了业务的发展。在此背景下，中国金融业外包市场发展十分缓慢。其根本原因除了技术水平制约外，更为重要的是政策限制、内部体制、金融机构自身的安全考虑等因素。

（一）企业缺乏足够的融资渠道和资金支持

服务外包产业是高风险高回报的产业，其成长离不开充足的、可有效运用的资金。服务外包企业可采取三条途径迅速成长。第一，以自身的业务能力获取长期、大额订单，伴随交付过程，自然可扩大规模，实现内生性成长。

第二，通过并购迅速获得人才、技术和客户关系，并以此获得外延性增长。第三，将上述两种方式结合，既通过自身业务能力的提高带来内生增长，也通过不断并购其他企业直接扩大规模。

受到新冠肺炎疫情的影响，很多金融外包企业属于人员密集型企业，复工复产节奏缓慢，导致无法大量承接订单，在租金、人员等因素的压力下，很多企业现金流出现问题。所以，无论企业选择哪种方式扩张，若流动资金周转困难、缺乏足够的融资渠道，都会成为制约服务外包企业发展的一大瓶颈。承接外包业务后企业的资金回笼时间至少要半年，流动资金的短缺阻碍着企业的成长壮大。一些不错的企业就是因为缺乏流动资金而不得不放弃新订单，另一些龙头企业则因为缺少资金而错过了收购海外核心企业的机会。

（二）发包方与承包方存在壁垒，急需开放创新，协同发展

协同创新是指创新资源和要素有效对比，通过突破创新主体间壁垒，充分释放彼此间人才、资本、信息技术等创新要素的活力，并且实现深度合作。金融企业不仅把非核心业务外包，自己来做核心业务，而且以市场需求为目标，协同创新，不断满足客户的需求。目前，我国金融服务外包的发包方与服务商之间依然存在较大的协作壁垒，急需建立开放创新的协同发展机制。实际上，随着云计算技术的发展，基于云计算的金融服务供应链的协同创新模式将日益盛行。

（三）金融企业外包业务的范围过于狭窄

中国金融业的外包还主要限于 IT 业务外包，显然是国内外包市场不成熟的表现，主要是因为 IT 技术方面成本高，出于降低成本的考虑而首先选择外包。国内银行业的外包业务还涉及信用卡业务，但迄今为止国内 16 家已发卡银行中只有 6 家采用了外包方式，而由外包服务商处理的卡量也不足市场总发卡量的 3%。

除国家开发银行以外，资金实力雄厚的四大国有银行并没有参与业务外包项目，积极参与业务外包的金融机构是大中型非国有控股的商业银行。以 IT 业为例，四大国有银行拥有技术实力雄厚的 IT 系统维护和软件开发人员，

IT外包的可能性微乎其微。对于涉及银行核心业务的IT系统，如数据中心的管理维护和数据备份，四大国有银行出于安全性和保密性的考虑，很难选择外包；而对于非核心的IT系统维护工作，由于拥有技术实力雄厚和规模庞大的IT系统维护和软件开发人员，亦可内部解决。另外，由于地方性商业银行IT系统规模小，通过IT外包服务所能带来的成本节约不具有吸引力。

（四）高素质复合型人才紧缺问题依然严峻

随着金融服务外包的加速发展，高素质复合型人才紧缺问题依然严峻，成为制约金融服务外包发展的关键因素。金融服务外包是人才智力密集型产业，基于金融、服务外包、科技、离岸业务等方面的考量，需要大量具备金融知识、外包行业知识、计算机技能、精通外语等的复合型人才。随着金融机构的外包业务从非核心业务向核心业务渗透，金融服务外包企业保证金融信息安全显得尤为重要，从而使高素质复合型人才更加稀缺。普华永道近期在报告中指出，金融科技人才缺口是150万人，可见高素质复合型人才的缺口巨大。

（五）法律和监管不健全，缺乏纠纷处理和风险防范机制

金融业务外包的过程既有利益也有风险。比如，某些外包服务商服务质量低，存在欺诈行为，没有充足的财力来完成承包的工作，不能严守客户的隐私，等等。但国内的监管机构还没有建立起有效的风险防范机制和外包监管制度，以应对迅速发展起来的新兴业务。一旦出现纠纷，一方面，缺少外包纠纷处理的法律及有规可循的处理程序和制度；另一方面，银行也可能要支付社会及经济成本并承担潜在的风险。

四、金融服务外包产业发展的展望

（一）拓宽金融外包投资渠道，改善投融资环境

新冠肺炎疫情对制造业、服务业、居民信心、社会治理等形成全方位冲击，国际金融市场剧烈震荡，出现流动性危机。未来是否会演变为金融危机

和经济危机，主要取决于疫情的发展和防控措施的有效性，取决于疫情是否会引爆企业债务违约和部分国家主权债务危机，油价下跌或地缘政治冲突是否会引发新兴市场财政和资本流动危机。一般情况下，疫情越严重，时间越长，对宏观经济增长的负面影响也越大。疫情不可避免地将对各地区的经济增长形势带来冲击。预计未来一段时间全球经济大概率将陷入衰退。

鉴于此，应建立外包服务企业的贷款平台，优先为外包企业提供贷款等融资支持，积极探索建立优先担保机制，对于有一定规模的外包企业，允许其用软件产品等无形资产进行抵押贷款。推进政策性担保公司积极为中小服务外包企业提供中短期贷款的担保。鼓励风险投资、社会民间资本和外商投资服务外包产业。改善服务外包企业投融资条件，积极支持服务外包企业进行资产重组、收购兼并和境内外上市。

（二）积极探索金融服务跨界融合发展与合作

科技金融推动金融产业链和价值链进一步延长，一方面为金融服务外包提供了更大的市场空间；另一方面也对金融服务外包企业的资源整合能力提出了更高的要求，跨界融合发展与合作将成为金融服务外包企业升级发展的重要支撑和选择。跨界融合主要包括两方面：其一是技术合作，云计算、大数据、区块链等数字化技术的应用为金融服务外包企业带来重要机遇和业务支撑，推动企业从经验服务供给向数字化、智能化、网络化服务供给转变；其二是业务融合，加强产业横向从 ITO、BPO 到 KPO 的整合，以及同平台服务商、互联网企业等的合作，推动企业从传统单打的业务分离制供给向跨界整合、集成式供给延伸。未来，将会有更多金融外包企业向科技企业的方向演变和发展，与金融机构的合作会更加深入，与金融业的界限将越来越模糊，行业规则将更多受到金融监管的影响。

（三）规范行业工作流程，优化产业生态体系

随着金融业对外开放深化、前后台业务分类及区块链、大数据等技术的应用，借助云计算、物联网、移动网络、大数据、人工智能等新一代信息技术的发展，金融服务外包行业应逐渐从成本驱动向价值驱动转变，延长金融

产业链、价值链，从应用软件开发与服务、呼叫中心等 ITO 和 BPO 逐渐向市场研究、基金管理、风险评估、金融分析等 KPO 价值链高端发展。同时，增大金融综合性平台的作用，使平台建设和维护类的金融外包服务需求更加旺盛；规范行业发包和接包工作流程，推动金融服务外包行业高效、持续、健康发展。

（四）企业应提高业务整合能力，打造整体解决方案

金融服务外包高端业务呈现多元化趋势，要求金融外包企业提高整合能力。也就是说其在流程设计、系统开发中，能够综合不同的业务和产品的种类，兼顾不同的客户要求，支持核心业务、非核心业务，前台业务、后台业务，以及标准化流程和非标准化流程业务的动态转换。应设立专门的流程分析部门，抽调对金融行业最熟悉的员工，招揽金融机构的精英，组成一个团队，专门负责对各子行业进行梳理，以便研究出更优化、成本更低的解决方案。

（五）关注风险和安全管控，防范化解潜在风险

无论是金融机构、政府，还是个体消费者，都更加需要保证客户的信息安全，迫切希望保证交易的环境安全。因此，依托新一代 IT 技术的金融风险管理，包括发生危机之后的数据备份和恢复、重建等，都会成为金融外包新的业务增长点。

从金融机构角度来说，应该严格筛选服务商，制定标准来评价服务商是否具备有效、可靠并能高标准完成外包活动的资格和能力，评估服务商的潜在风险。利用合同控制金融服务外包的风险，加强外包业务道德风险监控；设置持续改善合同条款的机制，指派专业服务外包人才管理合同；通过建立实施业务外包的各项配套机制，加强金融服务外包业务的全流程风险管理。另外，做好知识产权保护、商业机密以及数据安全等防范措施。

（六）人才培养建设将走向专业化、体系化道路

未来金融科技进入结构优化期，对人才的专业性、复合性、实战性要求会更高，市场对适应金融科技行业发展的专业人才需求更加旺盛。

目前，在我国金融科技发达的地区，当地政府采用各类措施推动金融服务外包人才的培养。随着数字金融的不断发展和对专业人才需求量的进一步扩大，人才培养建设将走向专业化、体系化道路，应着力培养真正具有业务知识、科技能力的复合型人才。

一是建立和完善包括高级人才精英培养、中级开发骨干培训和基础技术人员培训等在内的计算机基础运用技能、职业素养、金融试验技能等多层次、全方位的人才培训体系；二是高校、科研院所、服务外包企业三方合作，形成以企业为核心，政府、学校和科研单位相结合的人才培养体系；三是大力推动金融服务外包人才实训，加强试验基地建设，积极与国外教学机构、国内外软件企业联合办学，多模式、多渠道培养软件人才，逐步与国际标准接轨。

专题二　2018—2019年中国人力资源外包发展简析

袁静[①]

"发展服务外包有利于推动产业升级和扩大就业"。截至2017年底，中国全行业人力资源机构3.02万家，是2015年底统计数据的1.44倍，共为3190万家用人单位提供了人力资源服务，系上一周期数据的1.32倍，同时帮助2.03亿劳动者实现了求职择业，是上一周期数据的1.35倍，实现营业收入1.44万亿元。李克强总理在2020年1月3日的国务院常务会议上强调，要加快服务外包转型升级，推动服务业优结构上水平。李克强指出："我国服务外包起步虽晚却发展较快，这与近年来新模式、新业态层出不穷紧密相关，一定要继续坚持包容审慎原则，支持发展众包、云外包、平台分包等新模式和服务型制造等新业态。"就业、产业升级、服务外包上升为国家经济发展战略。2018年和2019年是我国服务贸易发展"十三五"规划的重要开端，据第六届世界互联网大会正式发布的《中国互联网发展报告2019》，数字已经成为中国经济增长的一个新引擎。2018年，中国数字经济规模达到31.30万亿元。服务外包是以互联网信息技术为支撑的新兴服务业态，秉承坚持创新发展、坚持协调发展、坚持绿色发展、坚持开放发展、坚持共享发展的发展理念。服务外包发展的基础来源于人力资源服务，面对新社会主义经济发展的挑战，人力资源外包如何升级、如何创新、如何更好地匹配国家经济发展战略，成为我们需要总结与思考的问题。

在2018—2019年世界经济增速放缓与下行的周期中，人力资源外包服务恰好满足企业对于成本管控和人才优化配置的需求并得以较为稳定地增长。

[①] 袁静，然博科技有限公司董事、总经理，学术研究方向为区域经济与人力资源。

根据"2019 HRoot全球人力资源服务机构50强"榜单，从各公司财报营业收入增长率来看，位列前五的企业主要聚集于在线招聘、人力资源管理软件与人才派遣等细分行业中。其中，中国的前程无忧凭借其长期积累的线上招聘经验与稳定的市场需求，实现了极大的营收增长，以34.0%的增长率排名中国企业第一，全球企业第三（见表3-2）。

Staffing Industry Analysts最新研究显示，2017年全球仅人才服务市场营收总额就达到约4660亿美元。按固定汇率计算，2018年和2019年全球人才服务市场营收将继续增长约6%。日本、中国、印度和欧洲一些市场将实现强劲增长。人工智能和机器学习等新技术的发展也为人力资源服务行业不断注入活力，引发资本关注。聚焦2018年国内人力资源服务市场，实现大额融资、多轮融资的人力资源企业，均以专注于细分领域为主。2018年1—11月，中国人力资源服务领域主要融资信息达41条，融资金额则呈现出不断增大的趋势。在41条融资信息中，融资金额过亿元人民币的就有19条。外包、招聘、人力资源管理软件和联合办公空间成为热点领域。其中，利用大数据和算法模型，结合多维度的数据分析，为企业提高人力效率的WorkTrans公司，于2018年2月完成1亿元人民币的A轮和A+轮融资，在11月又完成了1.6亿元人民币的B1轮融资（见图3-2）。

表3-2 "2019 HRoot全球人力资源服务机构50强"营业收入增长率TOP5

排名	公司名称	国别	主营业务	2018年营业收入增长率（%）
1	领英（LinkedIn）	美国	在线招聘	75.3
2	Workday	美国	人力资源管理软件	36.6
3	前程无忧（51job）	中国	在线招聘	34.0
4	Paycom Software	美国	人力资源管理软件	30.8
5	ASGN	美国	人才派遣/租赁/安置服务	29.5

新一周期的市场需求更强调成本控制与产能优化，更关注新技术变革、迭代的服务升级，人力资源外包的形式更细分垂直。市场驱动人力资源外包产业结构调整、服务升级，产品模式等也在发生着变化。

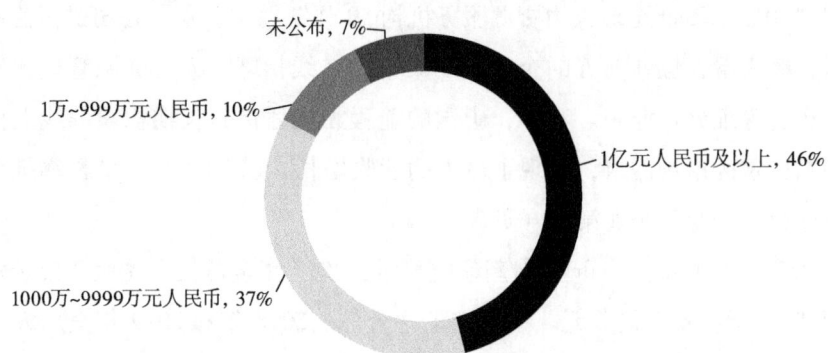

图 3-2 2018 年 1—11 月中国人力资源服务领域主要融资事件融资金额分布
资料来源：然博科技，彩虹数据，互联网公开数据。

一、人力资源外包赋能人工智能

《新一代人工智能发展规划》提出，到 2030 年，使中国成为世界主要人工智能创新中心。我国政府高度重视人工智能的技术进步与产业发展，人工智能已上升为国家战略。随着人工智能技术的逐渐成熟，科技、制造业等业界巨头布局的深入，应用场景不断扩展。2018 年，中国人工智能市场规模约为 238.2 亿元，增长率达到 56.6%。据预测，2019 年，中国人工智能市场规模将近 280.0 亿元。受益于近年来人工智能技术的快速发展与国内资本市场的日趋成熟，资本方对于"人工智能＋金融"行业的投资热度持续升温。2011 年至 2018 年第三季度累计发生融资事件 130 起，从 2016 年起每年的融资事件均超过 30 起（见图 3-3）。

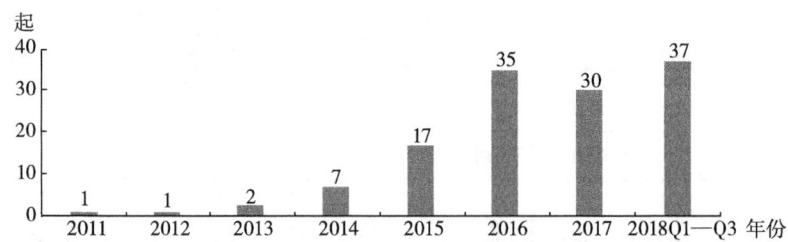

图 3-3 2011 年至 2018 年第三季度中国"人工智能＋金融"行业融资事件数量
资料来源：然博科技，彩虹数据，互联网公数据。

人工智能技术将严重冲击劳动密集型产业，改变全球经济生态已成为必然趋势，其对于人力资源外包行业无疑是一把双刃剑，企业使用自动化人工智能生产线后，对于人力资源外包的依赖会大大降低。以金融人力资源外包服务为例，以往依靠人力资源外包的岗位，如大堂经理、客户服务专员、信用卡服务、催缴服务等，90%涉及人力资源外包的均已对接人工智能服务。以人工查询社保的服务公众号"津社保"为例，自智能客服上线以来，人工客服在线应答从100.00%下降至18.36%，而智能客服的服务占比则上升为73.99%。据智联招聘数据预测，2019年，大多数企业会度过一个更漫长的"人力资源"冬季，招聘的需求和跳槽的冲动都会急剧下降。2018年和2019年春季招聘数据显示，需求增幅最高的15个职位中，人工智能类占比从25.00%上升至40.00%。市场新需求的起伏无疑需要生产资料进行支撑。经济学生产理论认为生产要素投入量与产出量之间的关系决定着总产量。这是以市场需求为核心驱动的人力资源外包的一大机遇。帮助、成就"机器人"，让人工智能服务更具有个性，让智能计算的逻辑速度更加流畅，无疑成为最有力的生产资料，即人力资源外包赋能人工智能。根据美国咨询机构 Gartner 的报告，2018年，全球人工智能商业总价值估计可达到1.2万亿美元，比2017年增长70.00%。到2020年，这个数字有望增长到3.9万亿美元。

人力资源外包赋能人工智能。人工智能训练师就是近年来随着 AI 技术广泛应用而产生的新兴职业，工作内容包括解决方案设计、算法调优、数据标注等。2017年10月，浙江省杭州市发布了《关于公布〈杭州市专项职业能力考核项目（六）〉的通知》，明确了人工智能训练（初级、高级）的职业能力考核项目。2020年2月，国家职业资格培训鉴定实验基地人工智能高新技术能力评价考试项目已实施，旨在培养人工智能技术服务和开发应用型人才。人工智能训练师成为人力资源外包服务在此市场背景下催生的新兴岗位。不同于以往简单的劳动力派遣业务，新兴的外包岗位随着移动化、社会化、大数据、云计算对人力资源外包领域日益增大的影响，其业务从简单的人事管理扩展至数据的管理，从事务型管理进入专业管理与职业管理。职业社交平台领英率先提出人才智能的概念，将人工智能引入人才服务领域，其背后就是通过海量数据不断进行人力外包的智能训练师服务，为客户提供"端到端"

的多维度人才智能洞察,专员、信用卡服务、催缴服务等90%涉及人力资源外包的均已对接人工智能服务。还以"津社保"为例,虽然智能客服的服务应答率高达73.99%,但其背后支撑人工智能服务的人工智能训练师为机器人的回复满意度做了大量的准备工作,使应询满意度从2018年的75.00%上升到2019年的99.49%。

中国就业培训指导中心预测数据显示,到2022年,对人工智能训练师从业人员的需求将达到500万人。根据当前市场需求的岗位外包产值核算,这将又是一个千亿级的市场。然而出乎意料,进入2019年第三季度,市场实际用人需求却出现下降趋势。接下来,2020年伊始,新冠肺炎疫情的突然暴发本应激发人工智能相关人力资源外包的需求,但因涉及疫情、多点办公、隔离等问题,需求数据反而回落。人力资源外包为人工智能赋能虽然已成为必然趋势,但是其需求量还呈现波动状态,在机制保障维度上还有待完善。

二、"灵活用工"带动人力资源外包结构调整

全球企业面临着更加激烈的竞争,中国企业也不例外。通过研究服务外包的外溢效应不难发现,人力资源外包也需要通过众包带动外包结构调整。企业不仅要面对人才竞争,还将面对打破行业或地区局限的竞争。随着企业传统雇佣关系中人才成本、风险的压力增大,同时伴随"大众创业,万众创新"浪潮的兴起,小型创业公司数量急剧增加。传统雇佣关系正在被新兴的多元劳动力生态系统所取代,"灵活用工"为企业提供了探索多种人才经济模式的可能性。民间职介国际同盟(CIETT)数据显示,2017年,日本的灵活用工在人力资源行业中占比已达42%;美国紧随其后,占比32%;作为老龄化社会的德国就业人口是4000多万人,占总人口数量的50%多一点,其中灵活用工的比例高达12%;而中国的灵活用工仅占到人力资源行业的9%,与日本和美国、欧洲等国相比,差距较大。从人口基数出发,中国劳动人口数量是美国的4倍、日本的10倍,预示着灵活用工在中国具有非常大的发展空间和潜力。灵活用工是指企业短期的、项目性的用工模式,是传统固定用工模式的补充。广义的灵活用工包含劳务派遣、外包用工、非全日制用工、退

休返聘、实习等劳务用工，以及其他招用短期或临时性人员的用工方式。

2019年属于中国人力资源外包市场灵活用工的爆发年，诸多知名人力资源外包企业开始进驻"灵活用工"市场，其中包括斗米、兼职猫、好活、喔趣科技、人事人灵工宝等一批新兴的灵活用工一站式服务平台。在用工实践中，市场也确实对灵活用工存在大量的需求。譬如，目前国内许多势头正红火的电商公司，当"双11"、"双12"、元旦、春节来临时，用工压力非常大，通常会采用灵活用工，实行项目外包制。每个项目服务周期平均在4.5个月，最长不超过6个月的时间，项目结束后，员工就需要重新换公司，这种项目型的公司多采取灵活用工模式。目前，还没有出台针对灵活用工相对应的劳动权益保护法规与政策，多数灵活用工还是依赖于劳务派遣、人才外包、小时工等现行的规则进行的。接下来，灵活用工平台的劳动者的权利与义务等问题还有待市场的进一步实践。据HROOT数据预测，到2020年，中国灵活用工市场规模将达到583亿元人民币，年平均复合增长率达22%。但是，行业的特殊属性决定着使用灵活用工的合规性与可能性。面对疫情，灵活用工遭遇了巨大冲击，很多人平时就没有固定工作，当社会经济运转停滞时，他们也就失去了收入，毫无保障可言。疫情期间，对于灵活用工率先进行补贴的是德国，其目的不仅是让人们渡过难关，也是维护社会经济的多样性。而中国的灵活用工，类似网约车，依据《网络预约出租汽车经营服务管理暂行办法》合法合规使用平台获取订单、提供服务、正规缴税的案例，更能匹配灵活用工的模式，保障劳动者权益。

劳动者不再隶属于一家企业，成为"个体经营者"，或者作为"自由人"而存在，通过灵活用工平台、人力资源外包公司进行劳动任务的众包再分配或进众创平台而获取劳动报酬、营业收入并通过平台进行税金、社保的缴纳。这就需要人力资源外包服务结构从面向企业级用户转化为面向个人用户或者个体用户，并提供点至点的业务发包、核算、收入发放、税金代缴等一系列的服务，形成业务流、人流与资金流的人力资源外包信息流。当前，国内众包、兼职类平台较多，这里不再赘述。表3-3列出了专注于"自由人"概念的服务平台，仅供参考（排名不分先后）。

表3-3 专注于"自由人"概念的服务平台

序号	平台名称	描述	所属公司
1	易分之一	中高端自由职业者共享平台	上海仁新网络技术有限公司
2	大鲲	拉勾旗下按需雇佣平台	拉勾网
3	大牛家	找企业大牛	上海晓家网络科技有限公司
4	杰克网	专注于市场公关活动的自由职业者平台	北京杰客网络科技有限公司
5	自由聘	网络自由工作者和网络创业者的服务平台	鹰度(上海)网络科技有限公司
6	任务易	设计、开发、营销、文案、游戏、装修、影音等项目发包	武汉理工大学创业园
7	自客	国内领先的垂直于职场领域的知识技能共享平台	广州老虎信息科技有限公司

资料来源：然博科技，彩虹数据，互联网公开数据。

三、"无接触经济"推动人力资源外包O2O模式深化服务

支撑"无接触"应用背后的一系列技术是云计算、人工智能、大数据、物联网、机器人、4G/5G等。随着近两年无人售票、无人机、无人超市等一系列商业模式的出现，人力资源"互联网+"升级产品在2018年和2019年依然活跃在市场上。例如，51社保、彩虹社保、人人保、金柚网、社保通等主要为当前中国应保未保的适龄劳动力服务，通过线上解决就业分散与地域不固定的社保统筹问题，再结合线下点对点的城市提供实际缴纳服务的方式，即O2O模式。

一般来说，年轻人越多、活力越强的地区，自由职业者就越多，灵活用工的人力资源外包比重就会越大。以柏林为例，柏林是德国自由职业、灵活用工最多的城市，达20万人，占柏林全部劳动力的11%，其中占比最高的有以下几类：艺术家、创意工作者有4万多人，各门类的培训教育工作者有2万多人，建筑业和牙医等有2万多人，从事美容、保姆和保安行业的有近2

万人。这些职业类型与中国目前的灵活用工的职位匹配性强。2019年第四季度开始,特别是在突发疫情的情况下,市场上出现的"无接触经济"激发了云计算、人工智能、大数据与4G/5G的高速融合,灵活用工激增,也推动了各地人力资源保障数据源的打通,目前,我国80%的城市开放线上查询、缴纳权限。中国很多省市已经100%完成线上与线下数据共享渠道的建设。这种"互联网+社保"的产品形式,不仅满足了市场需求,而且更满足了分散就业与灵活就业用工的社保缴纳等需求(见表3-4)。

表 3-4　中国互联网社保平台信息汇总

单位：元/人·月

社保平台	所属公司	上线时间	总部	业务覆盖范围	最低单价
51社保	众合天下	2007年	北京	企业社保、企业福利、自由保、灵活用工、七险一金	19.9
亲亲小保	金色华勤	2011年	北京	社保公积金个税代理、五险一金一金托管服务、薪酬个税服务、补充保险和员工福利	10.0
人人保	曼帕尔	2013年	北京	缴社保、公积金	200.0
点米社保通	点米	2014年	江苏	五险一金、社保补缴、公积金补缴、社保转移	49.9
金柚网	金柚网	2014年	杭州	"社保+商保"、公积金、薪薪管理人事管理及福利商城	9.9
我的社保	闪聘	2015年	广州	社保、公积金	28.8
彩虹社保	然博科技	2015年	上海	金融后台社保、公积金数据服务、人力资源外包	29.9
社保通	社保信息科技	2015年	上海	社保公积金代缴、员工保障计划指定、政策咨询	—
招才进宝	不木科技	2015年	苏州	"社保+商保"、薪酬代发、薪资代发	—
蚂蚁HR	微聘	2015年	上海	社保、公积金、薪资代发	20.0
轻松保	今致人力资源	2015年	上海	社保、商保、薪资福利、人事代理、劳务派遣	200.0
欢雀	欢雀科技	2015年	深圳	自助社保、薪资管理、弹性福利管理	19.9
幸福社保	幸福社保	2016年	上海	社保公积金外包服务、薪资外包服务、商业保险服务、健康体检服务、员工灵活福利服务	28.8
人力窝	外企德科	2016年	上海	社保、离职管理、薪资管理	18.8
乐班班	猎聘网	2016年	北京	社保、考勤管理	18.8

152

四、人力资源 SaaS 成就企业服务流量入口

人力资源外包服务是典型的企业级服务，其产品构成如图 3-4 所示，每一个层面都可以设计一项服务产品，使 SaaS 在人力资源外包中成为最有效的转化手段。在 HR 领域，招聘求职和社保一直都是人力资源服务的流量入口，越来越多的传统人力资源企业开始在技术应用上为客户提供选择来获取流量入口。拉勾云人事就是拉勾网从招聘领域切入后打造的独立 HR SaaS 平台。51 社保的 101HR、蚂蚁招聘转型后的蚂蚁 HR 等也都是把招聘、社保作为入口，切入 SaaS 服务。在企业级服务市场，SaaS 产品的入口价值其实是缩短产品和用户的接触半径。再简单点说，入口的最大价值在于获得最低的获客成本和最大的转化能力。继 2016 年互联网三巨头百度（B）、阿里（A）、腾讯（T）三方以资本、技术、用户为纽带不断完善生活服务的生态链对人力资源外包资本布局后，2018 年和 2019 年阿里持续发力，通过阿里招聘、钉钉与人力窝三位一体，并借企业级沟通 SaaS 服务入口钉钉捆绑人力资源服务全过程，进而扩大了数据源企业级流量入口的布局。2018 年 12 月 19 日，人力窝联合钉钉共同投资成立"人力家"，为企业提供包括人事管理、薪酬管理、社保管理、增值服务等在内的人力资源 SaaS 服务，主要针对中小企业提供基于人力资源事务性工作的标准工具，例如工资核算、个税核算、人事报表与工资条推送。其中，智能背景调整

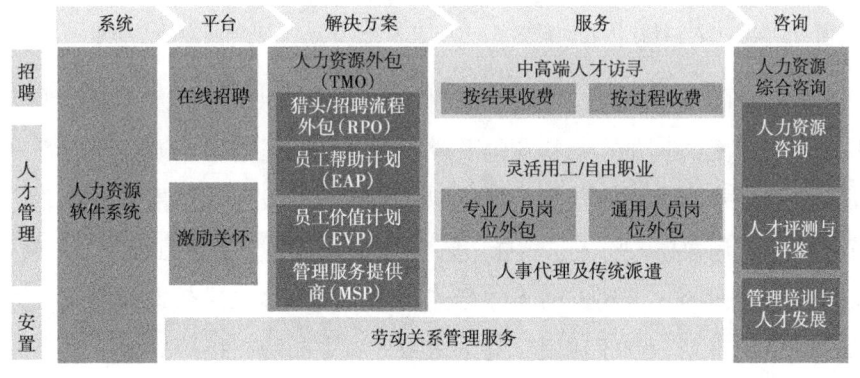

图 3-4 人力资源产品结构

资料来源：然博科技，彩虹数据。

服务针对人力资源征信数据的应用处于行业应用前列。

五、大数据助力人力资源智慧服务

抽取京津冀、长三角与西部地区 148 家人力资源外包客户，进行问卷调查，调查结果是：95%的企业需要外包人员的学历进行学信网调查，75%的企业更关注外包人员以往工作经历的真实性，65%的企业关注外包员工以往职业生涯中直属上级、同事评价，45%的企业对于外包员工的薪资真实性需要收集验证，另外还有 5%的企业需要外包人员提供"无犯罪记录"证明（见图 3-5）。从事社会劳动，无论是正式雇佣还是灵活用工、自由职业，其前提都是人与组织之间的可信任性，以往人力资源外包服务中惯用的"背景调查"服务及其信息，在严谨度与全面性上还存在不足。

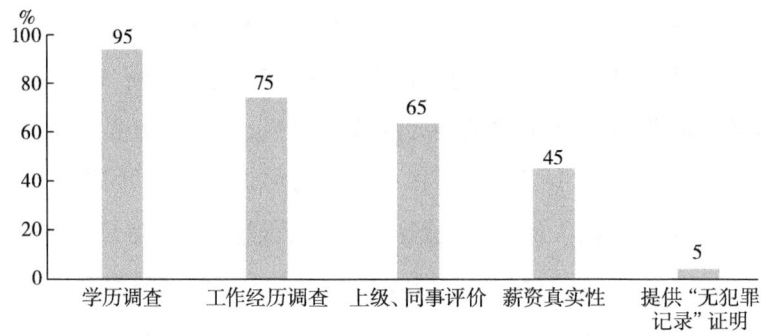

图 3-5　背景调查侧重点

资料来源：然博科技，彩虹数据。

随着就业的多样并存式发展，特别是灵活用工的出现，人与组织为达成交易，不仅需要第三方的业务发包平台，更需要能证明用工人员职业维度信用数据的整合平台，包括学历、以往职业经历、上级评价、是否有犯罪记录等多维度的信用数据。将人工智能引入人才领域，基于平台拥有的数据轨迹，为企业提供全面的、点到点的人才智能洞察。通过多维度数据和算法，为企业在人力资源规划、人才地图、竞争情报、雇主品牌、招聘战略等多个方面提供战略决策支持。劳动者凭借以往的职业数据积累，通过人力资源外包平台获取雇佣与灵活用工的劳动机会。人力资源外包平台通过接收劳动者以往的数据，通过多维度整合与大数据建模的计算，不断更新职业数据，形成良性循环机制。这些具体咨询和服务的背后就是利用大数据提供的"人才智慧"服务。对用工方的意义则是更具有安全性、立体多维度并具有可追溯性。目前，中国人力资源外包市场上还没有发现具有此特性的产品出现，微软旗下职业社交平台——领英于2019年率先推出此类人才智慧服务并取得了高速的业务增长。

六、突发疫情倒逼办公协同应用价值再造

人力资源外包管理是基于人力资源事务性、技术性、技能性的管理。重新认知计算、物联网等技术要素必将影响人力资源的发展与重塑。

2019年底突发的新冠肺炎疫情，使居家办工、远程办工从以往的论证、小规模试用阶段一夜间进入快速的、全面性覆盖的协同阶段。对现有京津冀、长三角与西部地区148家人力资源外包客户的抽样调查问卷表明：全程使用远程协同工作场景进行居家办公的企业占比78%，15%的企业采用阶段性居家协同办公，5%的企业因属于民生保障业务单位未采用居家办公，2%的企业因受疫情影响不得不中止人力资源外包业务的实施（见图3-6）。办公协同应用结合虚拟现实技术在本次突发的疫情中，快速与培训场景、工作场景数据共享、对接，不再受地域、时间、成本的控制，达到了快速响应客户需求的效果，特别是博物馆、文创体验类型人力资源外包模块尤其受益。除了具备上述优势，在此期间人力资源外包项目也暴露出数据安全性不高、网络速度较慢、客户响应不及时、操作监控不全面等问题。相信在疫情之后，居家协同办公的人力资源外包形式将会得到保留。打破人才区域性障碍、延长女性员工哺乳期、减少人员流失与培训成本等成功实践，将有利于在外包过程中的数据安全、监控与数据痕迹管理等，催生培育新的产品和新的服务项目。

未来二十年还有相对稳定的人口基础。人口是创新力之源，是支撑庞大市场的基石。中国众多产业的兴起、发展或衰落，来自数亿人口生产方式和生活方式的巨大变化。其根源在于中国人口的结构性变化——少子化、老龄化、城镇化。少子化和老龄化意味着，围绕孩子的市场越来越小，围绕中老

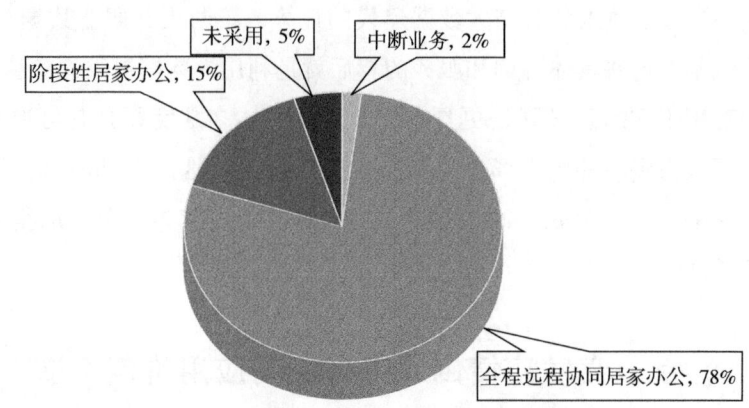

图 3-6 疫情防控期间远程协同办公调查
资料来源：然博科技，彩虹数据。

年群体的市场越来越大。这也意味着农业、工业、服务业三大产业的劳动力结构将发生改变，劳动力将从农业与工业领域逃离，涌入服务业。未来三大产业劳动力占比分别会达到10%、20%和70%，涌入服务业的劳动力人口将被不断膨胀的城镇所吸纳（见图3-7）。为了满足城镇人口的生活需要，填充新兴产业的劳动力缺口，人力资源外包行业迎来巨大的市场机会。根据国家统计局提供的数据，2018年，全国社会消费品零售总额超38万亿元，全国网上零售额为9万亿元。毫无疑问，以买货、卖货为核心的零售产业在未来仍然有巨大的机会，除了线上电商之外，在线下，大中型商超、便利店、无人零售三种业态将占主流。如此，现有的人力资源服务生态、调配系统与用工制度显然就不合时宜了。能为市场提供精准匹配度的灵活用工平台将成就中国下一个伟大的公司。

在技术发展驱动下，人力资源外包行业将持续不断地发生深刻变化，新入场者会比以往更热情地冲入市场，这些新入场者的冲击势必会带来行业的重新洗牌与整合。中国城镇化水平刚刚突破60%，至少还有20%左右的提升空间，这就意味着至少有2亿人口将摆脱旧有的小农经济、自给自足的生产方式和生活方式，转为城镇人口的生产与消费方式。这将是中国最大的一次人口迁移，其中，"90后""95后"正在成为产业主要的劳动力来源，他们自尊心强，渴望受到尊重，情感上易波动，流动性强，渴望购物，或者到虚

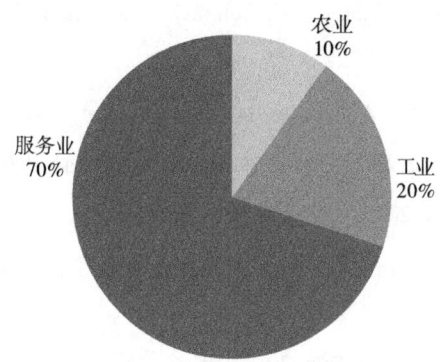

图3-7 未来劳动力占比

资料来源：然博科技，彩虹数据，互联网公开数据。

拟世界中寻求认同。

中国人口结构性变化必然影响中国社会、经济的变化。人力资源服务外包商也将更积极地通过多维度参与到宏观人力资源服务生态系统中，抓住结构性变化带来的市场机会。社会化供给将成为劳动力的主流，每一个劳动者都将成为一个最小的供给单位。传统人力资源服务外包商面对这样的市场变化，更需要在保持创新的同时捍卫自身原有的市场地位。疫情不仅仅加速了劳动密集型产业的深刻变革，高昂的人力成本也必然倒逼企业寻求解决的办法。社会分工的标准化与精细化，必将为人力资源外包在新的一年带来意想不到的机遇。

主要参考文献

[1]中华人民共和国2018年国民经济和社会发展统计公报[Z].

[2]中华人民共和国2019年国民经济和社会发展统计公报[Z].

[3]王一婷,刘映芳.浅议我国公共部门人力资源管理外包[J].技术与市场,2017(9).

[4]黄奇帆.中国经济为什么行:黄奇帆解读中国经济九大红利[J].中国领导科学,2020(2).

[5]袁静.CTG人力资源Staffing产品优化研究[D].天津:天津大学,2016.

[6]J DAVIDSON FRAME JOSSEY-BASS. The New Project Management:

Tools for an Age of Rapid Change, Complexity, and Other Business Realities [M]. 2002 (2nd edition).

[7] PEREIRA, VIJAY. A Longitudinal Case-study Examination of HRM Practices in High-performing Work Organisations in the Indian HRO/BPO Industry [M]. University of Portsmouth, 2013.

[8] 王晓红. 疫情催生数字经济制度供给新业态[EB/OL]. 中宏网, 2020-03-02.

[9] 江小涓. 新中国对外开放70年：国情、改革及全球化[R]. 北京：清华大学国情研究院"国情讲坛", 2019-12-20.

[10] 王晓红. 管窥全球服务外包数字化转型先机[EB/OL]. 中宏网, 2019-10-24.

[11] 白洁轩. 人力资源管理外包风险分析及政策规避[J]. 人力资源管理, 2014(6).

[12] 2019 HRoot全球人力资源服务机构50强榜单与白皮书[Z].

[13] 中国就业培训技术指导：关于拟发布新职业信息公示的通告[Z].

[14] 董海. 人力资源外包的战略意义及发展对策[J]. 纳税, 2017(19).

[15] 徐丽裛. 企业特征对人力资源外包影响分析[J]. 现代商业, 2017(10).

专题三 云服务外包产业发展现状及未来展望

戚桂杰[①]

以数字化为特征的服务经济加速了云计算的全球化浪潮,云计算成为当前科技创新和产业创新的重要话题之一,给人类的生产、生活以及商业运作方式等带来巨大的转变。在云计算全球化浪潮的推动下,一种基于云计算平台的新型服务外包模式——云外包,正逐渐成为服务外包领域发展的主流,日益受到业界重视。

一、云服务外包概述

(一) 云服务外包含义

信息技术的发展从计算机、互联网时代进入 3.0 时代,即云时代,云计算这一崭新技术不断发展与成熟,全球迎来云浪潮。云计算包含狭义和广义两个角度。狭义的云计算是以互联网技术为基础的一种超级计算模式。在这种模式下,存储于个人电脑、移动终端和其他设备上的信息和处理器资源可以集中进行协同工作。而广义的云计算是一种革新的信息技术与商业服务的支付和消费模式,用户通过网络采用自助模式以按需求、易扩展的方式获得基于互联网的软件服务、带宽服务,或者其他任何服务,并按实际使用情况付费。根据美国国家标准与技术研究院(National Institute of Standards and Technology, NIST)的定义,可将云计算按照基本服务模式分为软件即服务

---

① 戚桂杰,山东大学商学院院长,教授、博士生导师。

（SaaS）、平台即服务（PaaS）和基础架构即服务（IaaS）。

2008年国际金融危机之后，云计算不仅受到IT行业的重视和青睐，也成为国际各领域、各行业关注的焦点。谷歌、IBM、微软、雅虎等行业巨头均推出自己的云计算策略。国内的企业也奋起直追，如阿里巴巴推出"阿里云计划"、百度推出"阿拉丁计划"、浪潮集团推出"云海计划"等。

云服务外包是在云计算的基础上借助云平台和云模式产生的一种新型服务外包模式。根据鼎韬产业研究院发布的《云外包概念白皮书》，云服务外包包括三个层面的内容：一是基于"云"平台的外包，即云计算和软件即服务模式的外包服务；二是基于"云"模式的外包，即外包企业将自己的服务模式从线性的传统点状服务模式转变为非线性的平台即服务的平台服务模式；三是基于"云"理念的外包，即聚集海量个人和企业服务资源的"服务云"。云外包的定义可以归纳为下面的公式：

$$云外包 = （软件云 + 平台云 + 设施云）\times 服务$$

云外包由软件云、平台云、设施云以及云端的云服务——软件研发服务、软件技术服务、信息技术及平台服务、信息系统运营服务、信息系统维护服务、数字化应用及内容服务、人力资源服务、财务管理服务、客户服务、后勤服务、设计服务、研究分析服务等不同的服务所组成，其结构如图3-8所示。

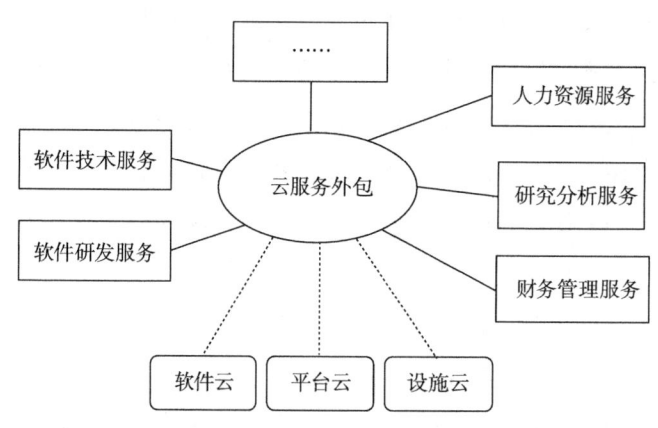

图3-8 云服务外包结构

资料来源：郁德强（2012）。

(二) 云服务外包影响

依托云计算的强大技术背景，基于云计算的信息技术外包给传统外包带来深远的影响，云服务外包不但拥有云计算技术的强大存储和灵活的计算能力，又兼具以往传统外包的约束性和操作性，为传统服务外包产业带来巨大变革。云外包的出现，在很大程度上影响了传统服务外包产业的经营与发展，拓展了新的业务领域，催生了新的运营模式与交付模式。

1. 业务领域拓展

云服务外包产业拓展了传统服务外包产业的业务领域，由最初的服务外包形式逐渐拓展为存储即服务，安全即服务，数据库即服务，监控/管理即服务，通信、内容和计算即服务，身份即服务，备份即服务以及桌面即服务等多种形式，大大拓宽且深化了其业务领域。同时，云计算与各行业相互交融，衍生出众多信息技术领域的服务外包需求，如数字动漫行业、数字游戏行业、数字出版行业等，市场机遇大大增加。

2. 运营模式创新

云服务外包突破了地理及区域的限制，运营模式逐渐向轻资产运营转变，技术、信息网络等方面的重要性增强。这是由于在传统服务外包行业中，基本设施所带来的固定成本、人力成本以及房租等为占比较大的支出，是传统服务外包行业中运营成本的主要组成部分。但云服务外包减少了传统经营中所需要的固定成本，将企业发展的重点转移到技术与信息系统方面，同时减少企业构建销售渠道以及交易服务的费用，借助互联网技术进行远程服务，实现运营模式的创新。

3. 交付模式多样

云服务外包模式推动全球服务交付模式的变革，创新集中交付模式，全球范围呈现分散交付和集中交付相结合的发展趋势。云平台使资源充分共享后，服务外包企业可选择在公共云平台或通过自身搭建的基于多客户的云平台进行交付，交付模式多为基于云平台"一对多"的交付，以集中交付模式为主。同时，云服务外包也将使离岸交付模式成为常态，通过云技术、服务器、存储和网络硬件以及基于硬件的 IT 服务模式下的云服务，实现 IaaS 模式下的创新交付形态。

二、云服务外包产业现状及特点

（一）云服务外包产业现状

1. 全球云服务外包产业现状

根据信息技术研究和顾问公司 Gartner 发布的最新数据，全球公有云服务市场将从 2018 年的 1824 亿美元增至 2019 年的 2143 亿美元，增幅达 17.5%（见表 3-5）。其主要原因是，随着企业对私有云和混合云环境的需求增加，企业在数据中心基础设施上的支出也将更多。在公共云服务市场中，由于数字化转型等战略推动了多云和混合云的采用，基础架构即服务仍是增长最快的细分市场，增幅高达 27.5%。

表 3-5　全球公有云服务收入预测　　　　　单位：十亿美元

项目	2018 年	2019 年	2020 年	2021 年	2022 年
云业务处理服务（BPaaS）	45.8	49.3	53.1	57.0	61.1
云平台服务（PaaS）	15.6	19.0	23.0	27.5	31.8
云应用服务（SaaS）	80.0	94.8	110.5	126.7	143.7
云管理与安全服务	10.5	12.2	14.1	16.0	17.9
云系统基础架构服务（IaaS）	30.5	38.9	49.1	61.9	76.6
市场总计	182.4	214.3	249.8	289.1	331.2

注：BPaaS = 业务处理即服务；IaaS = 基础架构即服务；PaaS = 平台即服务；SaaS = 软件即服务（数据可能因四舍五入而与总数不符）。

资料来源：Gartner，2019 年 4 月。

从全球范围内云服务外包行业的分布来看，美国公司为云计算及服务外包领域中最早的引领者，在全球云服务外包行业中占有主导地位。2019 年 7 月，Gartner 发布的报告显示，亚马逊在 IaaS 公共云服务市场占有近一半的份额（47.80%），紧随其后的是微软（15.50%）、阿里巴巴（7.70%）、谷歌（4.00%）和 IBM（1.80%），五大 IaaS 公共云服务供应商（亚马逊、微软、阿里巴巴、谷歌和IBM）占全球IaaS公共云服务市场近80.00%的份额。亚马逊作为全球最大的公共云服务提供商，其云计算业务AWS连续12个季度保持30.00%以上增速，2019年实现350.26亿美元的营收，与2018年相比增长36.53%，占公司整体营业收入的12.49%。2014年至2019年，AWS获得的营收在亚马逊整体营收中的占比实现了连续6年的增长（见图3-9）。同时，亚马逊公司继续通过新的服务和收购大举进入新的IT市场，发展其核心云业务，在全球IaaS公共云服务市场上占据主导地位。

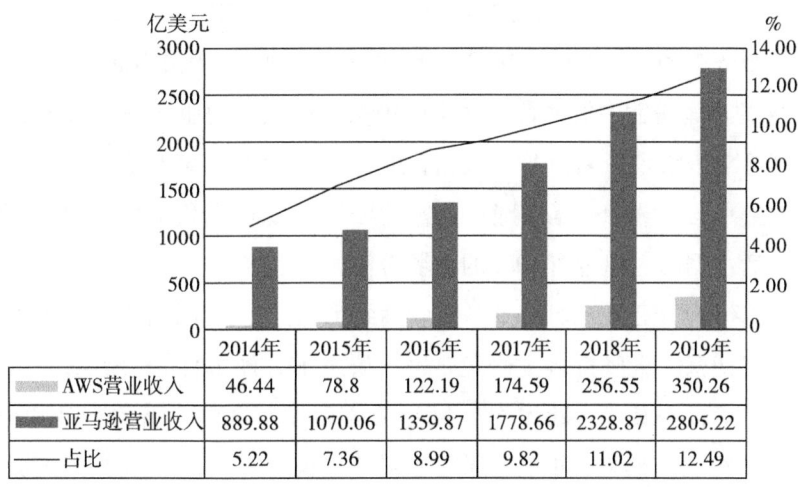

图3-9　2014—2019年AWS在亚马逊的营收比重

资料来源：亚马逊财报，2020年2月。

2. 中国云服务外包产业现状

近年来，我国整体云服务市场保持高速增长，基础资源上云的推动力持续强劲，基础云服务厂商也纷纷加码，高举高打。据艾瑞咨询（iResearch）报告称，2019年基础云服务在整体云服务中的占比将达到77.0%，我国基础云服务市场（尤其是公有云市场）实现突进式增长。根据工信部《2019年软件和信息技术服务业统计公报》，2019年我国云服务、大数据服务共实现收入3460.0亿元，同比增长17.6%，信息技术服务行业加快云化发展。

云服务市场的良好态势促进了云服务外包产业的进一步发展。2019年，包含云服务外包在内的服务外包产业规模稳步扩大，执行额首次突破万亿元。2019年，我国企业承接服务外包执行额为10695.7亿元，同比增长11.5%。

与此同时，服务外包结构进一步优化，云服务外包领衔的高端业务持续快速发展。2019年，我国企业承接离岸信息技术外包执行额占离岸业务执行额的40.0%以上，同比增长9.0%，云服务的外包规模快速增长。

（1）市场份额方面，中国云服务外包市场由中国企业主导，市场掌握在少数玩家手中，阿里云、腾讯云稳居前列，百度智能云差异化竞争初见成效，市场份额小幅上升。

据市场调研机构科纳仕（Canalys）2020年3月18日发布的报告，2019年，中国云服务的市场规模超过107亿美元，相比上年增长63.7%，是全球第二大云服务市场，占全球市场份额的10.8%。阿里巴巴的阿里云服务平台以46.1%的市场份额占据榜首，是当前中国国内最大的服务外包供应商；腾讯云位列第二，市场份额为17.3%；百度智能云2019年第四季度首次超越亚马逊云服务中国（AWS）跻身前三名，以8.8%的市场份额位居第三。BAT三大云厂商占据国内超过70.0%的市场份额。

2019年，阿里巴巴云计算业务营收达到52亿美元，同比增长64.0%。阿里云成立之初就一直坚持自主研发之路，研发了大规模计算操作系统、数据库、中间件等核心技术。2019年，阿里云先后发布众多全新的产品和服务，包括全新"神龙"架构、视频边缘智能服务Link Visual 2.0、大数据研发平台Data Works 2.0、深度学习平台PAI 3.0、SaaS加速器、云数据库PolarDB 2.0、玄铁910芯片等。2019年10月2日，阿里云自研数据库产品Ocean Base在被誉为"数据库领域世界杯"的TPC-C测试中登上全球榜首，一举超过诸多传统IT服务厂商；随后，在第六届世界互联网大会上，阿里云自研数据库PolarDB当选世界互联网领先科技成果。据Gartner预测，到2023年全球有3/4的数据库都会跑在云上。阿里云数据库已经稳居国内云数据库市场份额第一，超40万个数据库实例迁移到阿里云上[①]。经过十年技术积累，形成四个标志性产品：飞天云操作系统、飞天大数据平台、阿里巴巴双中台和智联AI-OT，促进数字化、智能化转型。

虽然阿里巴巴当前主要业务是在中国国内范围开展，但是该企业已通过

---

① 阿里云头条，2020年1月1日。

与当地公司建立合资企业将其云服务扩展至中国以外的多个国家及地区,成为全球第三大云计算公司,目前亚马逊和微软公司共同占据了整个云计算市场的70.0%份额。IDC数据显示,2019年,阿里云位居全球第三,国际市场形成3A格局(亚马逊AWS、微软Azure和阿里云)。

2019年,腾讯云服务收入超过170亿元,增速持续高于市场,长期居国内第二大云服务厂商地位,并跻身全球云服务商第一阵营。云服务作为腾讯ToB的对外窗口,有超过200种IaaS、PaaS、SaaS产品服务。丰富的云服务应用已落地上百个行业,覆盖零售、工业、金融与医疗等各行各业,助力企业数字化升级的同时,也推动云服务营收高速增长[①]。

2019年,百度智能云市场份额稳步上升,AI作为差异化竞争的策略已见成效。2019年4月,"百度云"品牌全面升级为"百度智能云",AI与云计算并轨发展,强化长板优势,探索云服务行业差异化竞争模式。在《IDC 2019中国AI云服务市场厂商评估》中,百度智能云的AI能力在中国市场排名第一。依据市场调研机构科纳仕发布的2019年第四季度数据,在竞争激烈的云服务市场,百度智能云市场份额相比上季度再上升一位,首次跻身国内市场前三名,市场份额由8.2%上升至8.8%。

2019年,阿里云持续占据国内云服务外包市场份额近50.0%,除此之外,腾讯云、百度智能云、天翼云持续发展,第二梯队厂商战况胶着。艾瑞咨询认为,短期内国内IaaS(尤其是公有云)市场竞争格局变数有限:头部玩家凭借业已建立的产品类型、规模、品牌、生态优势,目前的市场地位难以撼动,下一步可通过加快培育生态系统、实现垂直行业落地、探索出海业务等举措寻求业务增长空间;腰部玩家在IaaS的蓝海市场依然存有大量机会,纷纷通过联结云服务与AI等新兴科技、聚集资源发力政企/传统产业等策略,寻找业务的突破点与"弯道超车"的机会[②]。

(2)业务结构方面,云服务外包涉及业务广泛,信息技术外包(ITO)占据主导地位,业务流程外包(BPO)增长迅速。

---

① 杨剑勇. 中国云服务市场最新排名:阿里腾讯百度位居前三[Z]. 2020-03-25.
② 艾瑞咨询. 2019年中国基础云服务行业发展洞察[Z]. 2019-09-18.

借助云计算、大数据、物联网、移动互联等新一代信息技术,"互联网+服务外包"模式快速发展,服务外包企业稳步向高技术、高附加值业务转型,加快云化发展。云服务外包业务借助云技术、云平台、云设施多样发展,对信息技术外包、业务流程外包和知识流程外包三大类业务均有涉及。商务部数据显示,2019年,我国企业承接离岸信息技术外包、业务流程外包和知识流程外包的执行额分别为2894.3亿元、1183.9亿元和2477.6亿元,其中云服务外包占据较大比重。以软件研发、芯片设计检测、信息系统运维为主的信息技术外包(ITO)仍占据主导地位,其中主要领域信息技术研发服务的执行额为2327.8亿元。以内部管理服务、运营服务、供应链管理服务为主的业务流程外包执行额增长30.4%,占比达到18.0%。以商务服务、工业设计、工程技术、医药研发、动漫等研发服务为主的知识流程外包执行额增长7.6%,继续保持平稳增长。与此同时,若干涉及云技术、云平台的高端生产性服务外包业务快速增长,如医药和生物技术研发服务、互联网营销推广服务、电子商务平台服务等,同比分别增长15.3%、37.1%和53.2%[①]。

(3)业务来源方面,离岸服务外包增长迅速,但占比呈下降趋势,云服务外包国内市场拓展力度增大。

随着中国经济的快速发展,加上国家促进服务外包转型升级的政策利好,吸引了大批的跨国企业来华投资,推动离岸服务外包快速发展,云服务外包也借助云计算技术发展迅猛。数据显示,2011年承接离岸服务外包合同执行金额为238.3亿美元,2019年离岸服务外包合同执行金额增长至968.9亿美元,年复合增速超20%。与此同时,2011年离岸服务外包占服务外包合同执行金额的74%,2019年离岸服务外包占全部执行额的61%,与2018年占比持平,延续近十年占比整体下降趋势(见图3-10)。前瞻产业研究院分析认为,包含云服务外包在内的服务外包行业对国内市场的拓展力度明显增大,离岸外包服务占比将会持续下降,以阿里云、腾讯云为首的云服务外包行业将拓展国内市场,进一步扩大市场份额。

---

① 服务外包重点领域发展迅猛[EB/OL]. 商务部网站. 2020-03-02.

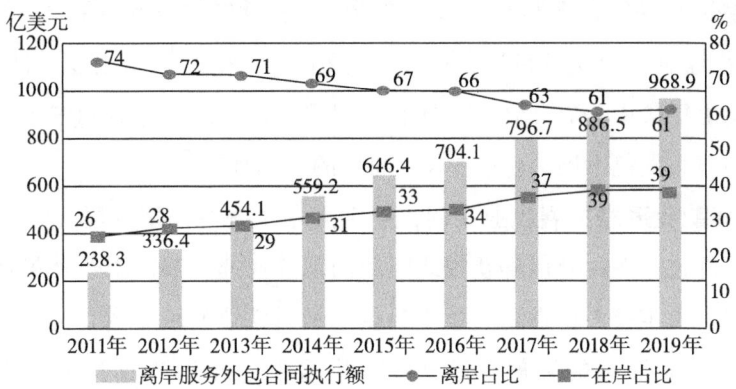

图 3-10 2011—2019 年离岸外包合同执行额及占比

资料来源：商务部，2020 年 2 月。

（二）中国云服务外包产业特点

1. 云服务外包与各行业间的业务往来能力增强

云外包的诞生颠覆了信息技术服务外包模式，将会引起外包产业链利益格局的重新调整。云外包通过自身的超大规模、虚拟化、高可靠性、通用性、高可扩展性、按需服务、廉价性等优势，促进服务商与用户和合作伙伴共同实现价值的协同创造，并在众包概念基础上形成企业与个人和其他企业等外部机构合作创造新的商业服务的"云创造"。这些新模式与以 5G、大数据、人工智能、区块链为代表的新一代信息技术的发展相辅相成，依托社会分工的细化与信息技术在行业中的渗透能力不断增强，各行业对云服务业务的需求增加，衍生出云服务与其他行业相结合的新发展模式。在软件外包领域，基于云平台的 SaaS 将成为软件商的主流服务。全球服务外包企业云转型的步伐加快，未来的软件出口企业和信息技术服务外包企业更多地"将服务部署在云端"。在制造领域，服务将延伸到云平台，形成基于云平台的设计制造服务外包，市场机遇大大增加。

2. 云服务外包业务市场集中，美国、欧盟和"一带一路"三大主市场增速加快

2019 年，中国企业承接美国服务外包业务执行额为 1325.8 亿元，同比增长 10.3%，比上年快 5.6 个百分点；承接欧盟服务外包执行额为 1111.9 亿

元,同比增长17.6%,比上年快10.7个百分点;承接"一带一路"沿线国家离岸服务外包执行额为1249.5亿元,与2018年的1189.3亿元相比增长12.4%,比上年快4.4个百分点。从业务规模看,美国、欧盟和中国香港是中国内地前三大发包市场,合计占发包总额的54.5%①。

3. 新兴就业形态扩展就业空间,稳定大学生就业作用明显

随着云外包、平台分包等新模式不断涌现并快速发展,服务外包行业逐步转型升级,为年轻人特别是大学生提供了灵活就业的新渠道,推动了零工经济等新兴就业形态的发展。2019年,我国服务外包产业新增从业人员103.0万人,其中大学(含大专)以上学历60.6万人。截至2019年底,服务外包行业从业人员共1172.0万人,其中大学(含大专)以上学历750.1万人,占从业人员总数的64%,对稳定大学生就业发挥了重要作用②。

三、中国云服务外包的问题与挑战

(一) 版权与信息安全

云计算网络环境作为一种全新的计算环境,是分布式处理技术、网络计算技术、虚拟化技术、负载均衡技术等先进技术相互融合、相互渗透的产物,具有很强的综合性。信息安全问题是云计算面临的最大问题之一。基于云计算技术的云外包在带来便利的同时,也存在一定的网络安全隐患,可能出现信息泄露、信息非法使用、信息可用性不足、共享技术稳定性不足等问题。

相关研究统计结果表明,我国超过70%的企业及事业单位都面临着信息保密安全问题,致使一些单位被迫放弃运用云端服务。此外,云计算网络环境虚拟化和远程化的特征,使一些知识产权保护问题越发突出。很多法律、法规在云计算网络环境下无法发挥其应有的作用,信息的所有权、应用权存在矛盾,尚未确定信息安全由谁负责,使很多信息被非法使用,造成严重的

---

①② 商务部:2019年我国服务外包发展特点概述[EB/OL]. 商务部网站. 2020 – 02.

信息泄露和损失①。

(二) 中国云外包行业国际竞争力较弱

2019年，中国云服务外包企业继续呈现头部效应明显态势，市场格局基本确定。除阿里云服务占据全球市场7%上下的份额外，腾讯云、天翼云、百度云、华为云、金山云、京东云、浪潮云等云服务企业起步较晚，综合实力较弱，在国际上仅占据极少份额，且大多承接中低端业务。若长期承接中低端业务，将致使中国企业缺失自主研发的能力，缺少自主知识产权，而过度依赖发包的企业。同时，中国企业在企业管理方式及体系上与国际市场相比还存在一定差距，大多数企业的质量保障体系还不够完善，缺乏标准化、规范化流程，致使中国的国际服务外包业务一直处在全球产业价值链的底端②。

(三) 海量数据存储、备份压力剧增

云服务相当于一个大规模的互联网计算机资源池，要想实现云外包，首先要解决的是海量数据存储的问题。2019年，全球公有云服务规模达2143亿美元，用户数据的大量增长对于计算机资源的需求也逐渐增多。实现云外包、投入资金、解决海量数据存储的问题，是一项最基本也是最重要的工作。

同时，随着2019年云服务产业规模持续扩张，异地存储和备份压力剧增，急需发展新技术，寻求信息备份新方式。美国学者卡尔在其著作《IT不再重要》中形容，云平台就如信息时代的核电厂一样，平台存储了大量的数据，具备超强的信息技术处理能力，一旦发生意外事故，将成为毁灭性的灾难。

四、中国云服务外包的发展趋势

在服务全球化的大背景下，新一代信息技术加速为服务外包产业赋能，服务外包的数字化、平台化、融合化、智能化趋势愈加明显，在全球价值链

---

① 王志刚.云计算网络环境下的信息安全问题研究[J].科技风,2020(5):115,122.
② 黄辉,吴思铭.我国承接国际服务外包现状及对策分析[J].对外经贸实务,2019(12):86-89.

中的地位日益提升①。近年来，随着我国信息技术服务外包行业内分工不断细化，对云外包服务的需求量也在不断提升，为我国信息技术服务外包行业带来了更多的发展机遇和发展空间。总体来看，未来我国云服务外包业务的发展呈现以下趋势：

（一）依托政策支持，云外包规模化扩张

随着信息技术的升级与智能化的不断发展，服务外包产业正处在二次起飞的"风口"、转型升级的"拐点"，服务外包逐步向高技术、高附加值、高品质、高效益发展，与服务相关的更多行业将部署在云端。促进服务外包转型升级，得到了政府的高度重视。

2020年初，国务院常务会部署加快服务外包转型升级，推动服务业优结构、上水平。2020年1月6日，商务部、国家发展改革委等八部门联合发布的《关于推动服务外包加快转型升级的指导意见》指出，将企业开展云计算、基础软件、集成电路设计、区块链等信息技术研发和应用纳入国家科技计划（专项、基金等）支持范围，并高水平建设一批数字服务出口基地，依托5G技术，大力发展众包、云外包、平台分包等新模式，加快企业、业态、模式、载体、统计的数字化建设，提升服务外包附加值和全球价值链地位。同时，将加快服务外包数字化转型进程列为六大转型升级任务之一，突出数字技术引领和创新驱动，将对拓展中国云服务外包规模、深度参与国际分工产生重大促进作用。

中国已经迎来智能化转型升级的关键时期，云服务外包将成为走在转型升级前端的重点行业。中国国务院发展研究中心国际技术经济研究所2019年10月发布的《中国云计算产业发展白皮书》指出，未来数字经济将引领中国云计算产业快速发展。预计2023年，中国云计算产业规模将超过3000亿元。

根据商务部等八部门联合发布的《关于推动服务外包加快转型升级的指导意见》，到2035年，我国服务外包从业人员年均产值将达到世界领先水平。服务外包示范城市的创新引领作用更加突出。服务外包成为以数字技术为支

---

① 商务部网站，2020年1月。

撑、以高端服务为先导的"服务+"新业态、新模式的重要方式，成为推进贸易高质量发展、建设数字中国的重要力量，成为打造"中国服务"和"中国制造"品牌的核心竞争优势。

（二）构建标准化信息服务外包体系

目前，中国虽然在国际标准制定中的话语权有一定提升，但面向数字服务、云计算、大数据、信息安全等重点领域，急需加快标准化体系的研制和实施。在信息技术服务外包领域，缺乏标准化的系统平台，仅提供一对一的服务，将难以产生服务外包的规模效应。要使产业发展和行业运行成本不断降低，标准化的平台建设必不可少①。云外包是企业发展的关键动力，它使外包服务从成本套利模式向效率规模模式转变。依据工信部《软件和信息技术服务业发展规划（2016—2020年）》，到2020年，将建成信息技术服务标准体系，制定80余项标准，使ITSS（信息技术服务标准）成为具有广泛影响力的标准品牌，构建标准化信息服务外包体系。积极参与信息技术服务领域国际规则制定及标准化工作，是提升国际话语权的重要途径之一。

（三）国内业务和离岸业务同步发展

自2006年我国服务外包行业起步以来，离岸业务得到了政策的大力支持。未来，我国的主要签约国和地区将稳步增长。尤其是以"一带一路"沿线国家和地区为代表的离岸服务外包业务将会迎来更大的发展机遇。随着"一带一路"建设的逐步推进，我国与"一带一路"沿线各国的服务外包合作不断深化，双方互惠互信程度逐渐加深，沿线的国家及地区和我国服务外包产业的合作意识得到加强，服务外包订单逐年递增，我国国际服务外包潜在市场不断拓展②。2019年，我国承接"一带一路"沿线国家离岸服务外包执行额为1249.5亿元，增速较上年提高4.4个百分点，与"一带一路"沿线国家服务外包合作继续深化。未来，国内与离岸业务的同步发展，将促进我

---

① 杜振华，米师悦.中国软件出口现状及趋势展望[J].全球化,2019(12):66-76,135-136.
② 马富强.软件与服务外包行业发展趋势分析[J].企业改革与管理,2020(1):203-204.

国服务外包行业的高速、稳定发展。

据艾瑞咨询相关报告，在数字服务离岸外包业务方面，云计算企业的出海之路往往分为两种：一种是服务于国内从事出海业务的数字游戏、电商、视频企业，为其提供国内外体验一致的服务，业务在国内签单，但服务交付在国外完成；另一种是直接服务国外企业，与国际巨头展开正面竞争。依托"一带一路"建设，东南亚地区总人口在6亿以上，地域文化接近，政局相对稳定，再加上基础设施发展处于加速阶段，因此该地区将成为中国离岸云外包业务的新兴市场。

借助政策利好，我国信息技术服务外包将迎来优化发展阶段。商务部等八部门联合发布的《关于推动服务外包加快转型升级的指导意见》指出，到2025年，我国离岸服务外包作为生产性服务出口主渠道的地位进一步巩固，高技术含量、高附加值的数字化业务占比不断提高，服务外包成为我国引进先进技术、提升产业价值链层级的重要渠道，包括各云服务外包企业在内的信息技术外包企业向数字服务提供商转型，服务外包示范城市布局更加优化，发展成为具有全球影响力和竞争力的服务外包接发包中心。

此外，受2020年初新冠肺炎疫情的影响，在线云服务、跨境线上交易、远程办公已成为防控疫情过程中全球企业和消费者的主流选择，需要更加灵活、更加丰富、更加安全的云平台。新业态、新模式、新科技，使外资和外贸企业尤其是高科技企业面临新的生机[①]。疫情防控期间，政府加大力度支持在岸外包发展，出台新一轮政策支持在岸服务外包发展，通过提供培训补贴、研发支出税收抵免或奖励等方式，鼓励贸易方式创新，推动服务类企业加快信息化建设，促进云服务外包进一步发展。

---

① 中国服务外包研究中心,2020年3月。

# Ⅳ 国际篇

专题一　美国服务外包行业发展现状及展望

金殿臣[①]

美国是服务贸易超级大国，服务贸易在全球处于领先水平。尽管受到了全球贸易保护主义抬头与中美贸易摩擦的影响，但近年来美国服务贸易仍然保持增长势头。在服务外包市场上，美国作为最主要的发包方，在服务外包需求平稳增长的同时，服务外包贸易的数字化水平快速提高，数字贸易占比已经超过一半。随着数字经济与服务外包的加速融合，美国发包企业的关注点已从成本导向转为价值导向，并希望通过服务外包获取专业服务与增值服务，对接包企业的专业服务能力和信息技术的要求越来越高。未来，美国对服务外包的需求可能出现结构性变化：一方面，在价值导向的驱动下，美国企业对高技术、高附加值的综合性服务外包需求将快速增长；另一方面，在低端业务不断被人工智能等先进技术所替代的背景下，美国对劳动密集型的外包需求增速或将有所放缓。

一、美国服务贸易发展状况

（一）美国是服务贸易超级大国和世界强国

美国服务贸易处于全球领先水平，无论是在服务贸易出口还是服务贸易进口方面，美国都表现出稳定增长态势。2019年，尽管受到了全球贸易保护主义抬头与中美贸易摩擦的影响，但美国服务贸易仍然保持增长势头。从服

[①] 金殿臣，中国财政科学研究院外国财政研究中心助理研究员。

务贸易总额来看,2019 年美国服务贸易总出口额达到 8237.35 亿美元,同比增长 2.23%,增速比货物贸易出口高 3.34 个百分点;同年美国服务贸易总进口额达到 5713.05 亿美元,同比增长 4.95%,增速比货物贸易进口高 6.70 个百分点。从服务贸易差额来看,2019 年美国服务贸易实现了高达 2524.3 亿美元的顺差,充分说明服务业在拉动美国出口、促进美国贸易平衡中的巨大作用,也是美国服务业强大国际竞争力的体现。从服务贸易占全球总服务贸易额的比例来看,美国服务业的表现同样令人瞩目。2019 年,美国服务贸易出口额占全球服务贸易总额的比重为 13.67%,比 2018 年提高 0.03 个百分点;美国服务贸易进口额占全球服务贸易总额的比重为 9.95%,比 2018 年提高 0.25 个百分点。如果将两者相加,可以发现全球超过 1/5 的跨境服务贸易与美国有关,充分体现了美国作为服务业超级大国在全球服务贸易中的领先地位。

(二)传统服务外包行业平稳增长

计算机与信息服务、金融服务和电信服务是美国三个主要的服务外包领域。2014—2018 年美国计算机与信息服务的进口额在三个部门中最大,金融服务次之,电信服务最小。具体来看,2018 年,美国计算机与信息服务的进口额为 347.12 亿美元,同比增长 0.40%;金融服务进口额为 307.91 亿美元,同比增长 6.43%;电信服务进口额为 57.05 亿美元,同比增长 4.14%。但实际上,2014—2018 年,美国金融服务进口额增加了 23.74%,增幅在这三个部门中最大。也正是得益于此,美国金融服务和计算机与信息服务的进口额差距不断缩小。至于美国计算机与信息服务的进口额在这三个部门中最大的原因,可能是美国计算机与信息服务业发展较快,且技术水平较高,使其对高素质技术劳动力的需求快速增长,进而导致美国计算机与信息服务业企业更多选择外包方式,在确保产品质量的同时,达到降低生产成本的目的。

(三)服务贸易伙伴以发达国家为主

表 4-1 展示了美国服务贸易的主要伙伴国。由表可见,从贸易伙伴国来看,美国服务贸易主要集中于发达国家。2018 年,美国服务贸易进口五大来

源地分别是英国（占 10.70%）、加拿大（占 6.32%）、日本（占 6.12%）、德国（占 5.92%）与印度（占 5.22%）；服务贸易出口五大目的地则分别是英国（占 8.96%）、加拿大（占 7.75%）、中国（占 6.91%）、日本（占 5.47%）与德国（占 4.20%）。由此可见，英国、加拿大、德国与日本等发达国家是美国服务贸易的主要伙伴国。与此同时，近年来，美国与发展中国家的服务贸易联系也在逐步加深。一是印度与中国已经成为美国的主要服务贸易伙伴；二是美国与菲律宾、泰国等发展中国家的服务贸易紧密度不断上升。2018 年，美国自菲律宾的服务贸易进口额为 69.30 亿美元，同比增长 7.71%，占美国服务贸易进口总额的比重为 1.22%，较上年提高 0.04 个百分点；美国自泰国的服务贸易进口额为 42.81 亿美元，同比增长 10.45%，占美国服务贸易进口总额的比重为 0.75%，较上年提高 0.04 个百分点。

表 4-1　2018 年美国服务贸易主要伙伴国

排名	进口			出口		
	国家	进口额（亿美元）	占比（%）	国家	出口额（亿美元）	占比（%）
1	英国	607.17	10.70	英国	740.64	8.96
2	加拿大	358.59	6.32	加拿大	640.57	7.75
3	日本	347.27	6.12	中国	571.4	6.91
4	德国	336.13	5.92	日本	451.97	5.47
5	印度	295.86	5.22	德国	347.64	4.20

资料来源：CEIC 数据库。

（四）数字贸易占比超过一半

根据美国国际贸易委员会的测算，早在 2014 年，美国服务贸易中数字化服务就占 50% 以上。2018 年，美国商务部发布的报告显示，2016 年美国数字化服务进口占美国服务进口的比重为 48%，数字化服务出口占美国服务出口的比重达到 54%，数字服务贸易顺差更是高达 1595 亿美元，占美国当年服务贸易顺差总额的 64%。美国与主要贸易伙伴国加拿大之间的服务贸易更是有 50% 以上为数字贸易。实际上，美国还是全球首个提出数字贸易定义的国家。美国国际贸易委员会 2013 年发布的《美国和全球经济中的数字贸易调研报告》指出，数字贸易是通过互联网交付产品和服务的贸易，具体内容包括数字化交付内容（游戏、音乐）、搜索引擎、社交媒体和其他数字化产品与服务（软件服务、云端交付的数据服务）。2017 年，美国贸易代表办公室发布的报告——《数字贸易的主要障碍》进一步丰富了数字贸易的定义。该报告认为，数字贸易是一个广泛的概念，其不单单指通过线上交付产品与服务的贸易，还涵盖实现智能制造的服务、实现全球价值链的数据流与无数其他平台和应用。

二、数字化时代美国服务外包的特点

（一）服务外包贸易的数字化水平快速提高

目前，全球已经步入了数字化时代，美国则是全球数字经济规模最大的国家。中国信通院发布的《全球数字经济新全景（2019 年）》显示，2018 年，美国数字经济规模高达 12.34 万亿美元，是排名第二的中国的 2.61 倍。美国国内数字经济的蓬勃发展，以及大数据、物联网、云计算、人工智能、移动互联网等新技术广泛应用，在带来新技术新模式的同时，也催生出对服务外包的新需求，并推动服务外包贸易数字化水平的快速提高。一方面，美国由数据驱动的服务外包交易规模急剧增长；另一方面，美国发包企业的关注点从降低成本向获取专业服务与增值服务拓展，对接包企业信息技术和专业服务能力的要求越来越高，以寻求能够帮助企业成功进行数字转型的合作伙伴。从美国的实践来看，在数据方面的服务外包大致可分为数据处理、信息系统集成、信息技术、数字技术四个阶段。目前，美国正处于从信息技术向数字技术提升的转型时期，在这一阶段，人工智能、云计算等新技术与数字化转型相融合是其最为突出的特征。

此外，美国在服务外包过程中十分注重对数字知识产权的保护。美国企业数字技术水平全球领先，拥有许多数字知识产权，部分企业甚至垄断某些关键数字技术。这些数字技术对美国企业至关重要，是其维持国际竞争力的重要手段。因此，美国在进行数据方面服务外包的过程中，高度重视对企业源代码、数字机密等的保护。与此同时，美国还十分重视推动全球数字信息的自由流动。因为美国作为互联网和数字技术最发达的国家，深刻地认识到数据自由流动不仅对美国经济增长具有重要促进作用，还有利于保持美国在全球数字经济中的领先地位。2018 年，美国战略与国际研究中心（CSIS）发布的《全球数字贸易之战：美国、欧盟和中国支持的竞争规则》就明确指出，美国十分重视跨境自由流动数据的价值，其所支持的数字贸易规则旨在预防和消除数字贸易壁垒。2018 年 4 月，美国向 WTO 总理事会提交了一份聚焦数字安全与信息自由流动的新议案。议案的七项议题分别是数字安全、保护机密信息、信息自由流动、促进互联网服务、数字产品的公平待遇、竞争性电信市场和贸易便利化。

（二）软件行业在岸外包模式快速兴起

美国作为全球离岸软件服务外包领域最大的发包国，与日本、欧洲一起主导着全球软件外包业务离岸发包市场。根据 IDC 的预测，2015—2020 年，美国软件市场的年均复合增长率为 7.6%。到 2020 年，美国软件市场规模将达到 1394 亿美元。但是日益高涨的人力成本使得美国本土企业软件外包需求大幅增加。再加上一些发展中国家已经形成了素质相对较高的工程师队伍，且国内的商业环境、财税政策越发完善，使得其承接软件外包的能力迅速提高。因而，越来越多的美国软件企业开始不断地将生产性软件服务外包给较美国更具优势的发展中国家。目前，印度、菲律宾、中国、巴西、马来西亚、智利等发展中国家已经成为美国软件离岸外包的主要接包国（见表 4 - 2）。多年来，美国软件行业通过离岸外包的方式，极大地降低了生产成本，并据此获取了更丰厚的利润。不过，需要注意的是，近年来，美国离岸软件业务的增速有所放缓。IDC 的一项研究报告显示，2016—2021 年，美国软件离岸外包业务年均增速将仅为 8.0%，而此前 5 年增速高达 15.0%。

表4-2 2017年全球软件外包服务综合实力排名

排名	国家	财税吸引力	技术人才	商业环境	综合得分
1	印度	3.30	2.63	1.14	7.07
2	中国	2.37	2.69	1.26	6.31
3	马来西亚	2.92	1.47	1.72	6.11
4	印度尼西亚	3.25	1.53	1.20	5.99
5	巴西	2.65	2.02	1.27	5.93
6	越南	3.31	1.39	1.22	5.92
7	菲律宾	3.13	1.57	1.17	5.87
8	泰国	3.06	1.38	1.43	5.86
9	智利	2.54	1.33	1.88	5.76
10	哥伦比亚	2.85	1.45	1.43	5.73

资料来源：IDC。

与此同时，在岸外包模式正在美国软件行业内快速兴起。美国市场研究公司 Gartner 就表示，在岸外包正被美国企业广泛接受。实际上，一些美国的软件企业已经开始将原本外包给外国企业的业务外包给在美国的企业，如美国智能商业支付平台 Bill.com 就将其原本外包给国外企业的网站工作交给了美国本地软件外包公司 Nexient。而美国软件行业国内外包模式的兴起与多方面因素有关。首先，美国贸易保护主义政策遏制离岸外包市场的增长。为了缓解失业率上涨的压力，美国采取贸易保护政策引导企业减少境外发包业务。2017年4月，特朗普签署了"买美国货、雇美国人"的行政命令。同时，美国移民局对 H-1B 签证项目进行重新评估，遏制工作签证的发放。在这样的政治氛围下，很多美国公司离岸发包开始变得谨慎。这对离岸外包造成了巨大的损害。相应地，在岸外包正被美国企业广泛接受。为了应对外包本地化趋势，从事离岸外包业务的企业不得不在美国本土组建团队甚至建立交付中心。其次，越来越多的美国发包商要求服务外包企业必须具备本土就近服务能力。这主要是由于如今的公司往往需要吸引人的移动应用与网站，而越来越多的公司认为，由与企业和客户密切合作的本土团队开发出的移动应用和网站才能更吸引客户。因为本土团队能够快速响应并高效满足发包方需求。

最后，国外劳动力成本上涨使在岸外包吸引力上升。发展中国家劳动力成本的攀升导致离岸外包的成本优势不断萎缩。例如，十年前，美国软件行业的劳动力成本是印度的5~7倍，而现在仅缩小为两倍左右。

（三）外包体系成熟完备

作为全球最主要的发包国，美国经过多年的离岸外包实践后，已经形成了一套相对成熟的外包体系。这套体系具有如下特点：

一是注重资源的全球化配置。美国拥有全球最完善与最先进的服务外包产业链，美国许多大型企业在全球范围内选择服务供应商或直接设置分支机构，以便更好地在全球范围内优化资源配置。例如，戴尔（DELL）、惠普（HP）等美国跨国公司就十分注重采用服务外包的方式利用全球资源，以达到优化资源配置的目的。

二是拥有成熟的外包管理机制。美国发包企业拥有成熟的服务外包流程管理机制、软件外包成熟度评估模型、供应商选择标准和信用评价体系，以帮助服务外包的接发包双方更好地完成分析需求、设计服务流程、提供外包服务与管理外包服务等过程。

三是提供完善的发包咨询服务。美国的IDC、Gartner等咨询机构在对相关产业进行跟踪研究的基础上，每年都会发布有关服务外包的研究报告。德勤、埃森哲等咨询机构则可以为美国发包商提供完善的咨询服务。

四是外包动机从成本驱动向价值导向转变。以移动互联网、大数据、云计算为标志的第三次信息技术革命兴起，使美国企业的发包动机从简单降低成本转向更重视利用外包实现自身业务流程调整和转型，服务外包的价值导向日益显著。现在美国企业在选择接包方时，更加注重能否从服务外包中获取一些增值服务，并希望与外包企业建立起长期深度的战略合作伙伴关系，以帮助它们更好地提高市场竞争力。

五是关键业务流程不外包。据IDC统计，美国业务流程外包业务量约占全球业务流程外包业务量的63%。但是，美国企业并未将核心技术研发、主要产品的开发与设计等具有核心竞争力的关键业务流程外包。虽然美国苹果公司的外包服务商遍布全球，但其关键核心业务仍依赖美国工程师。实际上，美国企业外包的业务流程主要有两类：一是人力资源、IT、设施管理、金融财务等具有后台管理性质的业务；二是物流、客户服务与制造，这部分业务是否外包通常由企业根据自身的商业策略决定。

三、美国服务外包市场展望

（一）数字融合新时代带来服务外包新变革

当前，世界经济已进入数字经济时代，全球服务外包也面临着数字化转型的重大机遇。据 IDC 预测，到 2021 年，全球数字经济规模将达 45 万亿美元，占全球经济的 50%。美国作为全球数字经济第一大国，数字技术正全面渗透美国国内的各个行业，并实现跨界融合和倍增创新。实际上，数字经济的发展离不开服务外包的有效支撑，产业数字化与数字产业化在创造新的服务外包需求的同时，又会进一步推动服务外包与数字经济的融合发展。兴起于信息技术领域的服务外包，将很可能成为促进数字经济发展的助推器。尤其是物联网、云计算、大数据、移动互联、人工智能等新一代信息技术的应用，不仅会带来广泛的服务外包需求，还将驱动服务模式、商业模式、技术模式、交付定价模式和运营交易模式发生颠覆性改变，进而推动服务外包范式的变革。

以正逐渐成为行业发展主流趋势的云外包为例。在云计算、大数据与第三方平台的支持下，云外包为服务外包模式的变迁提供了全新的技术支持，并促使接包方为发包方提供以数据存储、处理与分析等为基础的解决方案与 KPO 业务、BPO 业务。根据 Gartner 的预测，到 2020 年，云普及战略将影响 50% 以上的 IT 外包交易。美国互联网巨头 Facebook 公司已经选择将部分数据标注工作外包给印度的 WiPro 公司。Gartner 发布的研究报告显示，由于公有云的广泛应用，欧美的大型企业越发倾向于整合与缩减自有数据中心，转而使用外包数据中心的形式，以有效节约 IT 总体成本。

另外，以人工智能为代表的新技术的发展，也给服务外包行业带来机遇与挑战。一方面，人工智能可以提升企业的服务能力，并拓展服务外包领域；

另一方面，企业可能会用人工智能系统完成一些简单的、重复性的服务内容，进而减少对外包业务的需求量，特别是人工智能技术的突破带来自动化的普及，给传统服务外包业务增长带来了巨大压力。实际上，美国的一些企业已经把部分客户支持服务进行自动化处理，而不是将其外包出去。美国市场研究机构 Gartner 的一项调查显示，2018—2019 年，部署人工智能的组织从 4% 增长到了 14%。作为美国主要接包方的印度，已经感受到了新技术、新科技带来的冲击。美国调研机构 CB Insights 指出，印度的科技公司与顾问公司是建立在全球技术外包以及将后勤业务移至海外的趋势上的，但现在这些公司正受到新科技的冲击，市场需求正在减弱。

在数字经济与服务外包加速融合的新时代，美国发包企业的关注点已从成本导向转为价值导向，并希望通过服务外包获取专业服务与增值服务。因此，美国发包企业对接包企业的专业服务能力和信息技术的要求越来越高，并要求接包企业能在业务模式、技术上提供创新支持，以帮助其在市场上更好地竞争。例如，在软件外包领域，美国企业越来越偏好能提供集成综合服务与个性化解决方案的接包企业。总的来说，今后美国对服务外包的需求可能将出现结构性变化：一方面，在价值导向驱动下，美国企业对高技术、高附加值的综合性服务外包需求将快速增长；另一方面，在低端业务不断被云计算和人工智能等先进技术所替代的背景下，美国对劳动密集型的外包需求增速或将有所放缓。

（二）贸易保护主义抬头可能加速外包回流

近年来，美国"外包回流"现象日渐明显，特别是 2018 年美国外包最密集的领域计算机与信息服务业的进口贸易额增速不及出口贸易额增速就充分说明了这一点。美国"外包回流"现象的出现，与美国出台鼓励回流的税收政策、美国企业的发包动机从成本导向转为价值导向、发展中国家劳动力成本上升导致离岸外包优势弱化、人工智能的发展导致劳动型外包需求减少等诸多因素都有一定的关系。

与此同时，美国特朗普政府采取的一系列贸易保护主义措施可能会进一步加速美国外包回流进程。实际上，让外包岗位回流本土是美国政府"美国优先""让美国再次伟大"等政策在服务贸易领域的主要表现。为此，美国政府将"关税大棒"频繁地挥向主要贸易伙伴。自 2018 年初以来，特朗普政府不仅对中国发动了贸易战，还在全球范围内对多国发动了贸易战。除了中国之外，欧盟、加拿大、日本、澳大利亚、韩国和英国等均在不同程度上成为特朗普政府贸易战的靶子。特朗普政府挑起的贸易战，导致全球多边经贸体系遭受破坏，引发全球贸易保护主义抬头。考虑到贸易保护主义抬头对全球自由贸易体制造成的巨大威胁，势必挫伤接发包企业对未来市场前景的信心，并可能强化美国制造业"外包"转"内包"的趋势，进而给全球服务外包产业蒙上一层阴影。例如，2019 年 9 月 23 日，为了避免产品被加征关税，美国苹果公司宣布将最新款 Mac Pro 电脑生产线从中国转回美国得克萨斯州，并计划扩大在得克萨斯州的产能。从这一角度来看，预计美国对外发包规模将出现进一步萎缩，并可能延续将部分离岸外包业务转向在岸的趋势。

专题二　欧盟服务外包行业发展现状及展望

刘震[①]

20世纪90年代，信息技术的发展以及全球范围内要素可流动性的增强，推动了服务的可贸易性，并借此带来了大量的服务外包实践。欧盟主要国家的离岸服务外包虽然起步较晚，但由于全球化水平提升、分工进一步深化以及信息技术的迅猛发展，推动欧盟主要国家离岸服务外包飞速发展。作为国际主要发包区域之一，欧盟的服务外包需求不仅对欧盟经济发展产生影响，也同样会推动全球产业链、价值链的重构。2019年1月至9月，中国内地承接来自欧盟离岸服务外包执行额达594.1亿元，仅次于美国和中国香港，同比增长17.7%，此增长率远高于来自美国的8.0%以及来自中国香港的13.8%。这说明，欧盟作为发包大国，中国是其主要合作伙伴之一。在经历了欧债危机、乌克兰危机、难民危机以及英国脱欧多重影响后，欧盟整体经济形势逐渐恢复且趋于平稳。2020年初，新冠肺炎疫情呈蔓延趋势，不仅给予欧盟经济发展一记重创，因其在全球经济中的地位，同样也对全球范围内其他国家的经济带来打击，从而不可避免地造成欧盟服务贸易的阶段性下滑。但是，在各国的共同努力下，新冠肺炎疫情终会被战胜，全球经济也会随着疫情的结束而反弹。因此，这并不会永久阻碍欧盟经济以及服务贸易的长期发展。在可预见的未来，欧盟服务贸易以及服务外包需求在短期下滑之后，仍面临进一步增长。

---

① 刘震，山东大学商学院博士后、讲师。

一、欧盟服务贸易的发展状况

作为新兴服务业态，服务外包以信息技术、互联网发展为基础，其业务领域包括三方面，即信息技术外包（ITO）、业务流程外包（BPO）、知识流程外包（KPO）。服务外包的显著特点为技术含量较高、能源消耗低、绿色可持续发展程度强、就业空间广阔、增长潜力较大等。随着数字技术的广泛应用，国际服务外包可有效促进资源优化配置、促进全球产业新业态的形成，并推动全球范围的经济增长。对于欧盟服务贸易的发展状况，本部分将从总体层面和细分层面两个角度进行分析。总体层面包括欧盟服务贸易进口及出口现状分析；细分层面则具体分析服务贸易四个细分行业，即金融服务、信息服务、计算机服务以及电信服务贸易的进口与出口现状。

（一）总体层面

欧盟服务贸易进口及出口现状的总体层面，主要从欧盟主要国家服务贸易进口总额、出口总额及其占欧盟服务贸易进口总额、出口总额比重等几个方面进行分析。

图4-1为欧盟主要国家在2017年及2018年的服务贸易进口总额。从图中可看出，德国2017年服务贸易进口额为3310.06亿美元，2018年为3514.54亿美元，连续两年在欧盟各国家中排名第一。排名第二的为法国，2017年服务贸易进口额为2453.42亿美元，2018年则为2514.54亿美元；排名第三的为荷兰，2017年和2018年服务贸易进口额分别为2063.38亿美元和2288.50亿美元；爱尔兰和比利时则分别为第四名和第五名。在经过了2015年债务危机、乌克兰危机和难民危机之后，欧盟服务业呈现出一定波动，但在2016年之后逐渐回升，2017年及2018年继续保持增长趋势。

图4-2为欧盟主要国家2017年和2018年服务贸易进口额占欧盟服务贸易进口总额的比重。从图中可以看出，欧盟十个主要国家在2017年和2018年服务贸易进口额占欧盟总服务贸易进口额比重变化不大。排名第一的是德国，2017年和2018年，该比例分别为18.74%和18.30%，表现为略微下降；

排名第二的是法国,其服务贸易进口额占欧盟总进口额比重在2017年和2018年分别为13.89%和13.37%,也表现为略微下降;紧随其后的是荷兰,该比例在2017年和2018年分别为11.68%和11.91%,表现为略微上升。

对图4-1和图4-2进行对比分析可以发现,欧盟主要的十个国家在2017年和2018年服务贸易进口总额都保持稳定增长,其在欧盟整体服务贸易进口总额中所占的比例相对稳定,说明这两年欧盟在服务贸易方面保持相对稳定的增长,且在各国分布上也相对稳定。

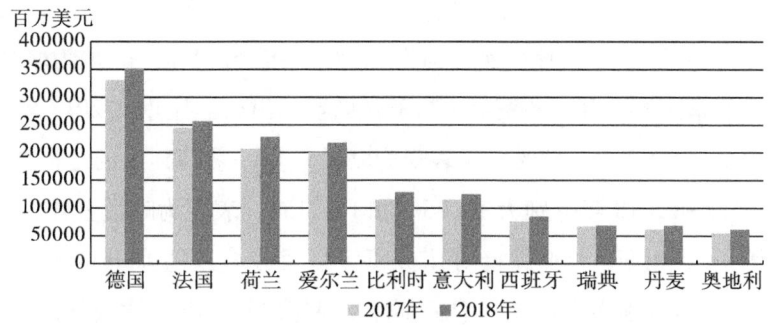

图4-1 欧盟主要国家2017年和2018年服务贸易进口总额
资料来源:UNCTAD。

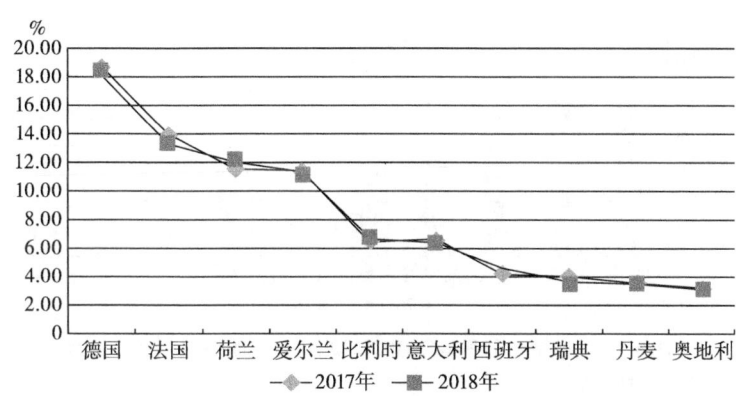

图4-2 欧盟主要国家2017年和2018年服务贸易进口额占欧盟服务贸易进口总额的比重
资料来源:UNCTAD。

图4-3为欧盟主要国家2017年和2018年服务贸易出口总额。从图中可看出,德国2017年服务贸易出口总额为3074.83亿美元,2018年为3311.55亿美元,连续两年在欧盟各国中排名第一;排名第二的为法国,2017年服务

贸易出口额为2751.41亿美元，2018年则为2914.94亿美元；排名第三的为荷兰，2017年和2018年服务贸易出口额分别为2176.71亿美元和2424.88亿美元；爱尔兰和西班牙则分别为第四名和第五名。欧盟服务业在2015年呈现出一定波动，但在2016年之后逐渐回升，2017年和2018年继续保持增长趋势。

图4-4为欧盟主要国家2017年和2018年服务贸易出口额占欧盟服务贸易出口总额的比重。从图中可以看出，欧盟十个主要国家在2017年和2018年服务贸易出口额占欧盟总服务贸易出口额比重变化不大。排名第一的是德国，2017年和2018年，该比例分别为15.48%和15.31%，表现为略微下降；排名第二的是法国，其服务贸易出口额占欧盟总出口额比重在2017年和2018年分别为13.85%和13.47%，也表现为略微下降；紧随其后的是荷兰，该比例在2017年和2018年分别为10.96%和11.21%，表现为略微上升。

对图4-3和图4-4进行对比分析可以发现，欧盟主要的十个国家在2017年和2018年服务贸易出口总额都保持稳定增长，其在欧盟整体服务贸易出口总额中所占的比例相对稳定，说明这两年欧盟在服务贸易出口方面保持相对稳定的增长，且在各国分布上也相对稳定。

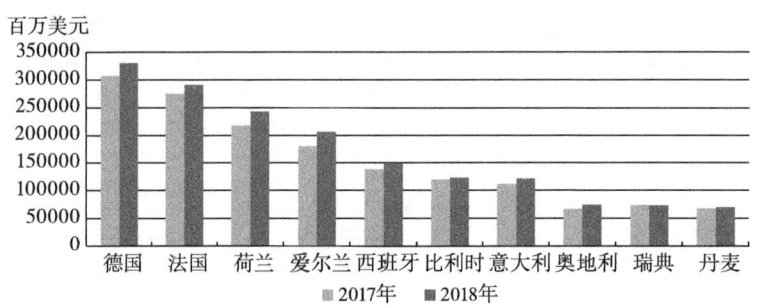

图4-3　欧盟主要国家2017年和2018年服务贸易出口总额
资料来源：UNCTAD。

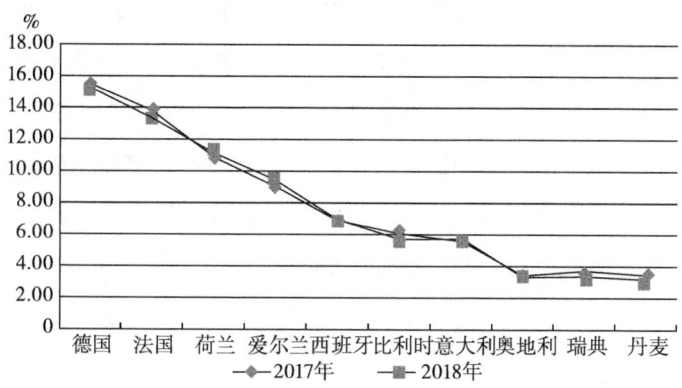

图 4-4 欧盟主要国家 2017 年和 2018 年服务贸易出口额占欧盟服务贸易出口总额的比重
资料来源：UNCTAD。

（二）细分层面

欧盟服务贸易进出口现状的细分层面则为具体分析服务贸易四个细分行业，即金融服务、信息服务、计算机服务及电信服务贸易的进出口现状。

图 4-5 为欧盟主要国家 2017 年金融服务、信息服务、计算机服务和电信服务贸易进口额。从图中可以看出，对于金融服务贸易进口额来说，2017 年欧盟国家中，排名第一的为爱尔兰，进口额达到 149.27 亿美元；排名第二的为德国，进口额为 117.58 亿美元；荷兰、意大利和法国分别为第三名、第四名和第五名，进口额分别为 102.16 亿美元、101.11 亿美元和 67.88 亿美元。对于 2017 年欧盟各个国家的信息服务业进口数据来说，排名第一的为德国，进口额达 17.51 亿美元；紧随其后的为法国，进口额为 12.36 亿美元；排名第三的是荷兰，进口额为 11.55 亿美元。对于计算机服务进口来说，排名前三的国家分别为德国、荷兰和法国，对应的进口额分别为 271.28 亿美元、122.26 亿美元和 118.98 亿美元。2017 年欧盟各国电信服务进口贸易额显示，排名前三的国家分别为法国、意大利和德国，对应的进口额分别为 54.00 亿美元、50.13 亿美元和 46.83 亿美元。

图 4-6 为 2017 年欧盟主要国家金融服务、信息服务、计算机服务和电信服务进口贸易额占该国服务贸易进口总额比重。在所列 10 个欧盟国家中，2017 年金融服务进口额占服务进口总额比重最高的为意大利，占比达 8.76%；

紧随其后的是爱尔兰，占比为 7.44%；第三是比利时，占比为 5.29%。2017 年信息服务进口额占服务进口总额比重最大的为西班牙，该比例达 0.71%；第二是奥地利，该比例为 0.64%；排名第三的为瑞典，比重为 0.60%。2017 年计算机服务进口额占服务进口总额比重最大的国家为瑞典，该比重高达 8.49%；排名第二和第三的分别为德国和奥地利，比重分别为 8.20% 和 7.22%。2017 年电信服务进口额占服务进口总额比重最大的国家为意大利，占比为 4.34%；第二是西班牙，占比为 3.08%；排名第三的是比利时，占比为 2.35%。

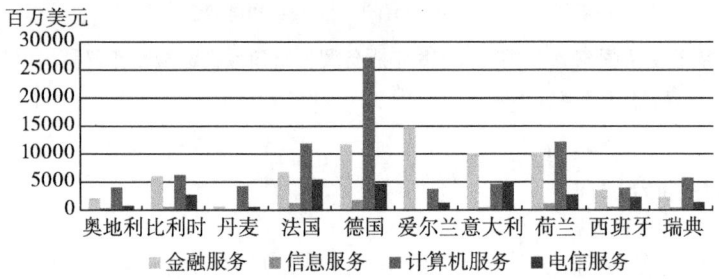

图 4-5　欧盟主要国家 2017 年金融服务、信息服务、计算机服务和电信服务贸易进口额
资料来源：UNCTAD。

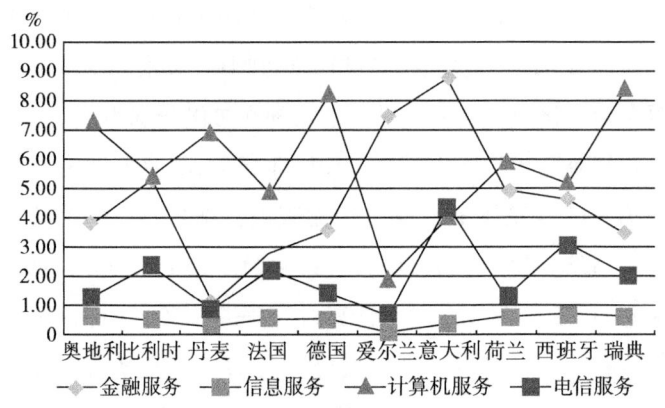

图 4-6　2017 年欧盟主要国家金融服务、信息服务、计算机服务和电信服务进口贸易额占该国服务贸易进口总额比重
资料来源：UNCTAD。

图 4-7 为欧盟主要国家 2017 年金融服务、信息服务、计算机服务和电信服务贸易出口额。从图中可以看出，对于金融服务贸易出口额来说，2017 年欧

盟国家中，排名第一的为德国，出口金额达到237.98亿美元；排名第二的是爱尔兰，出口金额为172.52亿美元；法国、比利时和荷兰分别为第三名、第四名和第五名，出口金额分为120.52亿美元、77.71亿美元和72.83亿美元。对2017年欧盟各个国家的信息服务出口数据来说，排名第一的为荷兰，出口额达60.40亿美元；紧随其后的为德国，出口金额为15.64亿美元；第三名是法国，出口金额为8.47亿美元。对计算机服务出口来说，排名前三的国家分别为爱尔兰、德国和荷兰，对应的出口额分别为780.73亿美元、315.57亿美元和145.24亿美元。2017年欧盟各国电信服务出口贸易额显示，排名前三的国家分别为意大利、法国和荷兰，对应的出口额分别为51.78亿美元、48.63亿美元和44.95亿美元。

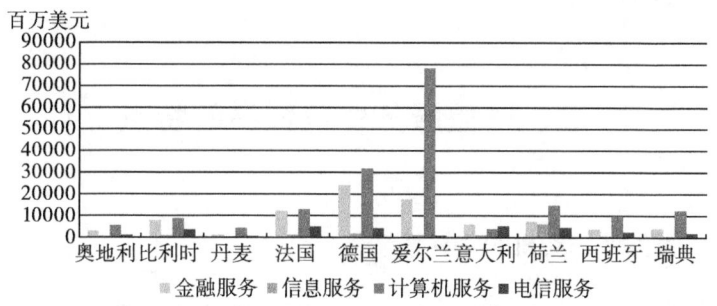

图4-7 欧盟主要国家2017年金融服务、信息服务、计算机服务和电信服务贸易出口额
资料来源：UNCTAD。

图4-8为2017年欧盟各国金融服务、信息服务、计算机服务和电信服务贸易出口额占该国服务贸易出口总额比重。在所列十个欧盟国家中，2017年金融服务出口额占服务出口总额比重最高的为爱尔兰，占比达9.59%；紧随其后的是德国，占比为7.74%；第三是比利时，占比为6.49%。2017年信息服务出口额占服务出口总额比重最大的为荷兰，该比例达2.77%；第二是比利时，该比例为0.63%；排名第三的为德国，比重为0.51%。2017年计算机服务出口额占服务出口总额比重最大的国家为爱尔兰，该比重高达43.38%；排名第二和第三的分别为瑞典和德国，比重分别为16.42%和10.26%。2017年电信服务出口额占服务出口总额比重最大的国家为意大利，占比为4.65%；排名第二的是比利时，占比为2.81%；排名第三的是瑞典，占比为2.43%。

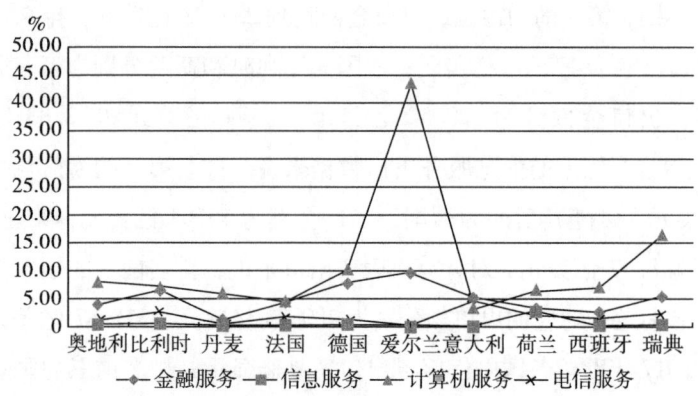

图 4-8 2017 年欧盟各国金融服务、信息服务、计算机服务和电信服务贸易出口额占该国服务贸易出口总额比重

资料来源：UNCTAD。

二、欧盟服务外包贸易的特点

（一）服务外包动机的差异性

对于外包行为出现的动机，传统观点认为降低成本为最主要的动机。也有一些研究认为，外包行为，特别是离岸外包，还存在其他的驱动力，包括发包企业能够增强对于本企业核心关键环节的把控与关注，能够增强本企业生产经营过程的灵活性，有助于分散风险以及拓展市场等。同时，不同东道国之间的差异、人力资本禀赋、社会文化环境、信息通信技术以及制度质量都是影响欧盟服务外包区位选择的重要因素。欧盟主要国家将服务行业部分环节外包给其他国家，包括 IT 业务外包、软件业务外包、金融业外包、电信行业外包以及通信行业外包等。其中，在欧洲内部，爱尔兰作为欧洲和美国等国主要的服务外包承接方，其在计算机、软件相关行业具有较强的竞争力。这类外包行为对于作为发包方的欧盟主要国家来说，其动机与面对发展中国家作为接包方的外包行为的动机有一定差异。欧盟地区服务外包动机的差异性在一定程度上与当前欧盟服务外包迅猛增长态势相辅相成。

(二) 服务外包双方的生产效率提升

企业在生产经营过程中,经常面临的选择是对生产过程中的某个环节是在企业内部自行生产还是购买。当企业做出购买的决定时,则会产生外包实践。欧盟作为世界范围内的发包大国,其企业将某些可分割的生产环节转移给其他国家的相关企业进行生产。当前普遍认为,该种实践的产生源自发包国降低成本的动机。随着经济全球化程度的加深,全球分工逐渐深化,企业间的边界也逐渐趋于模糊,发包与承包不再是生硬的承接过程,而是服务外包双方深入交流、沟通与互动的过程。虽然发包方是技术、知识、管理能力等资源的主导方,但在知识转移过程中存在犹豫性,即跨边界的知识转移具有一定黏性。但是若接包方为发包方长期稳定的合作伙伴,则双方进行畅通的沟通与交流则存在必要性,发包方需参与承包方生产过程,积极提出自身的需求及意见指导。在此过程中,将承包方所需的先进管理经验、技术水平进行一定程度的转移与传播,不仅有助于提升发包方此次发包过程的生产效率,也有助于承包方技术水平的提升,最终有利于服务外包双方维持长期稳定良好的合作关系。

(三) 服务外包形成网络化

国际分工的不断深化以及全球生产环节的可分割、片段化带来了全球产业链及价值链的形成与发展。在新一代信息技术革命的推动下,服务的可贸易性增强,由此带来的服务外包发展迅猛。全球价值链的不断发展与完善,促使全球生产网络逐渐形成,尤其是服务产品生产环节分布于全球生产网络,欧盟各国服务产品价值链也在不断扩展与细化,从而形成了以跨国公司为主导的全球服务外包生产网络体系。

国际分工的深化推动服务行业中间产品及要素的流动,使全球服务外包网络中的发包国及接包国逐渐形成相互关联、彼此依赖的密切关系。与其他国家相比,欧盟国家更倾向于选择在岸服务外包,将服务生产的核心环节保留在本国内部,从而控制服务外包网络化的关键环节,维持竞争力。鉴于发展中国家以及新兴经济体的崛起,其作为全球服务外包不可忽视的承接国,为增强承接服务外包的竞争力，应致力于提升技术能力及服务标准，从而更好地承接来自欧盟各国的服务外包需求。而全球服务外包标准的提高及技术水平的提升，使来自欧盟的发包国与以新兴经济体为代表的接包国之间的联系日益紧密，从而在全球价值链基础上，形成密切相关的以欧盟各国为核心主导的服务外包网络体系。

三、欧盟服务外包发展展望

（一）服务外包发展势头良好

欧洲经济近十年来，经历了从低谷逐渐复苏到平稳增长的过程。在此期间，债务危机、乌克兰危机、难民危机以及英国脱欧等事件都给欧洲经济的发展蒙上一层阴影。但自2017年以来，欧盟各国已恢复了增长势头，具体如图4-9所示。从图中可看出，自2016年开始，欧盟各国经济增长较为平稳，其中爱尔兰经济增长势头最为迅猛，GDP增长率从2016年的4.97%增长到2017年的7.80%，随后在2018年略降为6.70%。奥地利、荷兰、西班牙和瑞典在2018年的GDP增长率都保持在2.40%以上。比利时、丹麦、法国、德国在2018年的GDP增长率也都保持在1.40%以上，仅意大利2018年GDP增长率为0.90%。欧盟各国经济增长势头总体较好。虽然2020年初的新冠肺炎疫情严重影响了欧盟的经济发展，但这种影响是暂时的、可恢复的。因此，从长期来看，欧盟内部货物贸易及服务贸易的需求量将保持相对稳定，甚至增长。

欧盟各成员国间同心协力，致力于将欧盟建设成可持续、有竞争力的联盟，在国际竞争及全球化进程中保持步调一致，继续发挥更大的作用与力量，促使国际新规则、新秩序的形成与实施，进一步强调欧洲一体化的重要意义，也将致力于欧盟整体的团结、稳定及发展。这一共识为欧盟经济进一步发展和服务外包规则建立、生产网络构建创造了有利条件。未来欧盟各国紧密合作，有助于欧盟服务业在全球范围内竞争力的进一步提升，有助于服务外包的全球化，有助于服务外包形成良好的发展势头。

专题二 欧盟服务外包行业发展现状及展望

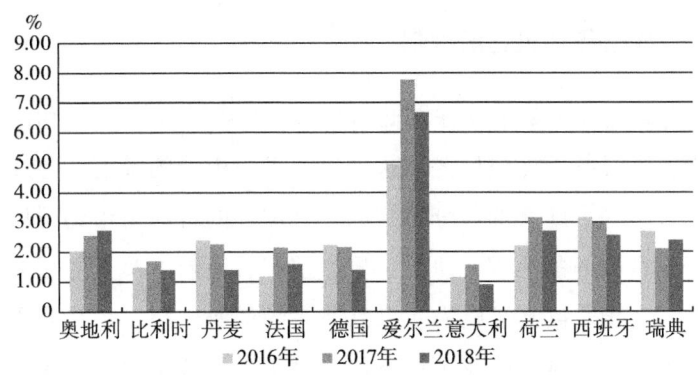

图 4-9　2016—2018 年欧盟各国 GDP 增长率

资料来源：UNCTAD。

（二）服务外包区位选择趋于分散

多年来，欧盟各国在服务贸易及外包发展中已形成较为稳定的区位选择。但世界经济形势瞬息万变，随着经济的迅猛发展，部分发展中国家既有的人口红利等低成本优势逐渐消失，还有部分发展中国家因本国经济政策的转变对发包国更具吸引力。这些变化使欧盟各国在进行服务外包区位选择时注重充分了解各国情况，以作出最具优势的决策。特别是 2013 年"一带一路"倡议的提出，推动了"一带一路"沿线多个国家的经济发展，欧盟部分国家也参与到"一带一路"合作中。若欧盟成员国在 2020 年充分借助"一带一路"相关的利好政策，在沿线国家选取服务外包适宜的东道国，则会有力推动本国的经济发展。多年贸易实践显示，当一国在服务贸易进程中过于依赖某个或某几个伙伴国，即区位选择较为集中时，则该国较难掌握贸易中的主动权。因此，欧盟各国在 2020 年对承包国进行选择时，应更趋于分散，从而降低风险，提高预期收益。2020 年初在全球蔓延的新冠肺炎疫情阻碍了世界经济的复苏与发展，国与国之间的政治、经济关系也会发生一定改变。因此，疫情在全球范围内得到控制之后，欧盟各个国家服务外包的区位选择也会发生一定变化。

（三）在线服务外包逐渐崛起

在线外包是指通过基于互联网的市场或平台与第三方员工和供应商签订合同，从而提供服务的外包形式。这种以技术为中介的渠道，允许客户将他们的工作外包给一个庞大的、分布式的、全球性的劳动力市场，从而在网络上完成对于该类服务的实现、协调、质量控制、运输以及支付行为。在当今的数字时代，在线外包已经成为一个有前途的就业选择，它改变了传统意义上的工作地点、工作时间以及工作方式。对于招聘者来说，在线外包能够接触到高端熟练技能更广的渠道，以及更具有弹性和更迅速的招聘流程。对于求职者来说，在线外包创造了进入全球就业市场的新路径及新机会，只要他们能使用电脑和互联网，便可以随时随地进入全球就业市场并参与竞争。

在当前数字经济背景下，在线外包为全球价值链的构建及服务外包全球生产网络的完善提供了新的路径。欧盟作为服务外包全球生产网络的核心环节控制者，可借助在线外包的形式，扩大服务外包的输出途径，在全球互联网范围内寻求更优匹配接包方，从而实现资源最优配置。

（四）数字经济与服务外包融合程度逐渐加深

世界经济格局及贸易形势日趋复杂，全球产业链及价值链的形成使各国相关产业及经济形势紧密结合，任何一个国家都难以孤立存在。数字技术推动了新一轮的技术革命，也推动了世界范围内的经济发展与转型，促使全球产业结构深入调整与变革。近年来，大数据、云服务、区块链和人工智能等技术的运用，不仅为包括金融服务、信息服务、计算机服务和电信服务在内的知识性服务产业的发展提供了新的动力，也为服务贸易及服务外包提供了更有效率的途径。这一途径以数字化技术为依托，虽然提高了贸易效率，但同时也增加了服务贸易的复杂性。金融服务、信息服务、计算机服务和电信服务产业中的细分领域在运作及贸易过程中产生大量数据，不仅为服务贸易转型提供基础，同时也大大增加了服务贸易、服务外包通过与数字经济紧密结合从而实现转型的可能性。当前，数字经济盛行已是大势所趋，欧盟若想保持其在服务外包领域的主动权，需顺应数字经济蓬勃发展之势，深化数字经济与服务外包的融合程度，推动服务外包转型升级。

（五）服务外包国际规则面临重构

1995 年 1 月 1 日生效的世界贸易组织框架下的《服务贸易总协定》是世界上第一套规制服务贸易的多边协定。随后，多个国家签订了区域贸易协定，如《全面与进步跨太平洋伙伴关系协定》（CPTPP）、《跨大西洋贸易与投资伙伴关系协定》（TTIP）和《区域性全面经济伙伴关系协定》（RCEP）等多边协定，以及美韩 FTA（KORUS）、被称为"RTAs 黄金标准"的欧盟—加拿大全面经济贸易协定（CETA）等双边协定，里面都涉及了服务贸易规则的新动态。特别是从 2013 年 3 月至 2016 年进行谈判的《服务贸易协定》（*Trade in Services Agreement*，TISA），以服务贸易为谈判对象，涉及成员包括美国、欧盟和澳大利亚等 20 多个 WTO 成员、50 多个国家，涉及服务贸易总量占全球服务贸易总量的 2/3。

在当前国际形势日趋复杂、贸易保护主义逐渐抬头的现实背景下，国际竞争日趋激烈，制造业服务化的发展，使服务业乃至服务贸易成为提振各国经济发展潜力的重要支点。服务业的迅猛发展，特别是与数字经济融合程度的提升，使当前国际服务贸易的规则在服务贸易及服务外包实践过程中面临一定挑战，服务业本身的隐形性、数据的流动性以及无国界性，都会使服务贸易实践面临监管的困难。这一现实使当前服务贸易急需设定新的国际规则及标准，也使服务外包国际规则有重构的必要性和可能性。

主要参考文献

[1] 邵学言,朱昭瑜.欧盟金融服务离岸外包:现状、特点与趋势[J].国际经贸探索,2008,24(4):54-59.

[2] 尚庆琛.中国离岸服务外包的影响因素研究:基于欧盟国家截面数据的实证分析[J].亚太经济,2017(2):52-57,176.

[3] 王晓红,于倩.全球经济治理视野的服务外包产业转型[J].改革,2016(4):54-63.

[4] 王永贵,马双,杨宏恩.服务外包中创新能力的测量、提升与绩效影响研

究:基于发包与承包双方知识转移视角的分析[J].管理世界,2015(6):85-98.

[5]许和连,成丽红,孙天阳.离岸服务外包网络与服务业全球价值链提升[J].世界经济,2018,478(6):79-103.

[6]李惠娟,蔡伟宏.离岸生产性服务外包与东道国产业结构升级:基于跨国面板数据的中介效应实证分析[J].国际贸易问题,2018(3):113-123.

[7]陈启斐,李伟军.逆向金融服务外包战略能否提高制造业增长质量:基于投入产出表的分析[J].南开经济研究,2017(2):96-111.

[8]杨慧梅,李平,刘利利.国际外包的就业效应研究:基于区域差异的视角[J].亚太经济,2018(4):36-46.

[9]敬艳辉.全球服务外包产业发展现状和趋势[J].全球化,2018(12):41-51.

[10]陈启斐,张为付.中国离岸外包和在岸外包的核算研究[J].数量经济技术经济研究,2017(7):93-108.

[11]申亮,王玉燕.公共服务外包中的协作机制研究:一个演化博弈分析[J].管理评论,2017,29(3):219-230.

[12]WILLCOCKS L,LACITY M,FIZGERALD G. Information Technology Outsourcing in Europe and the USA:Assessment Issues[J]. International Journal of Information Management,1995,15(5):333-351.

[13]SASS, MAGDOLNA, FIFEKOVA, MARTINA. Offshoring and Outsourcing Business Services to Central and Eastern Europe:Some Empirical and Conceptual Considerations[J]. European Planning Studies,2011,19(9):1593-1609.

[14]BEREGSZASZI J,HACK-POLAY D. Off the Overload:The Growing HR Outsourcing Industry in Emerging European Economies—The Case of Hungary[J]. European Journal of International Management,2015,9(4):409-424.

[15]SCHWORER T. Offshoring, Domestic Outsourcing and Productivity:Evidence for a Number of European Countries[J]. Review of World Economics,2013,149(1):131-149.

[16]KIM, GYEUNG-MIN. E-business Strategy in Western Europe:Offshore

BPO Model Perspective[J]. Business Process Management Journal, 2008, 14(6): 813-828.

[17] AKSIN O Z, MASINI A. Effective Strategies for Internal Outsourcing and Offshoring of Business Services: An Empirical Investigation[J]. Journal of Operations Management, 2008, 26(2):239-256.

[18] GAZLEY A, SIMMONDS H. When Service Providers Fail: Outsourcing Help and Consumer Attitudes[J]. Journal of Business Strategy, 2018, 39(5):103-121.

[19] RAZA B, CLEAR T, MACDONELL S G. Continuous Transition in Outsourcing: A Case Study[C]// 2017 IEEE 12th International Conference on Global Software Engineering (ICGSE). IEEE, 2017.

[20] LIONEL FONTAGNÉ, ANN HARRISON. The Factory-Free Economy: Outsourcing, Servitization and the Future of Industry[R]. Nber Working Papers, 2017.

专题三　日本服务外包行业发展现状及展望

周宏燕　谷祖莎①

2019年，世界经济持续下行，贸易紧张局势加剧，数字经济发展不均衡。在这种复杂多变的形势下，日本的服务贸易和服务外包也呈现了许多新特点，其动向值得关注。

一、日本服务贸易的发展状况

图4-10展示了2005—2018年日本服务贸易进出口额变动状况。由图可知，日本服务贸易的进出口规模均有所增长，但从出口额和进口额的变化态势来看，出口的增长速度要略快于进口的增长速度，进出口之间的差额在逐步缩小。2005年，服务业的出口额为1020.29亿美元，进口额为1390.30亿美元，差额为370.01亿美元。2018年，服务业的出口额为1920.06亿美元，进口额为2000.47亿美元，差额仅为80.41亿美元。

尽管日本服务业进出口规模有所增长，但其在全球服务业进出口中所占的比重却不断下降。图4-11展示了2005—2018年日本服务业进出口额占全球服务业进出口额比重的变化趋势。由图可知，日本服务贸易的进出口占比均处于下降趋势。但从出口占比和进口占比的变化态势来看，出口占比只是略有降低，进口占比下降的速度比较快。这说明尽管2018年日本全年经济增长率为0.70%，实现了自2012年以来连续7年持续增长，但少子老龄化、总人口下降、劳动生产率不高等痼疾的存在，使其进口需求仍然低迷。2005年，

---

① 周宏燕，山东大学(威海)商学院副教授；谷祖莎，山东大学(威海)商学院教授、硕士生导师。

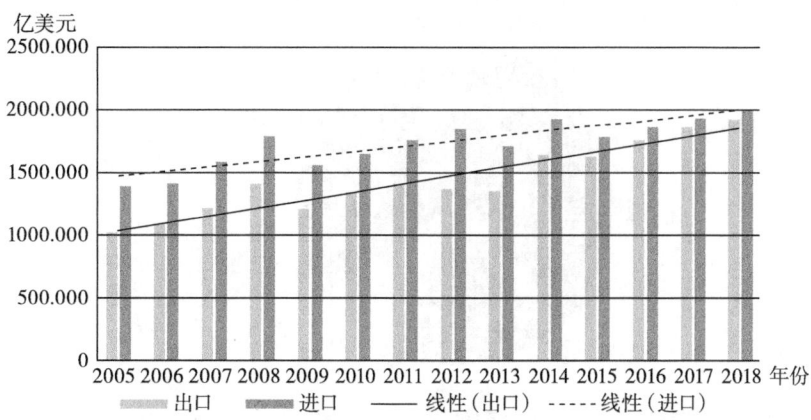

图 4-10 2005—2018 年日本服务贸易进出口额变动状况
资料来源：WTO statistics Database。

服务业进口占比为 5.33%，出口占比为 3.84%。2018 年，服务业进口占比降为 3.57%，出口占比降为 3.17%。

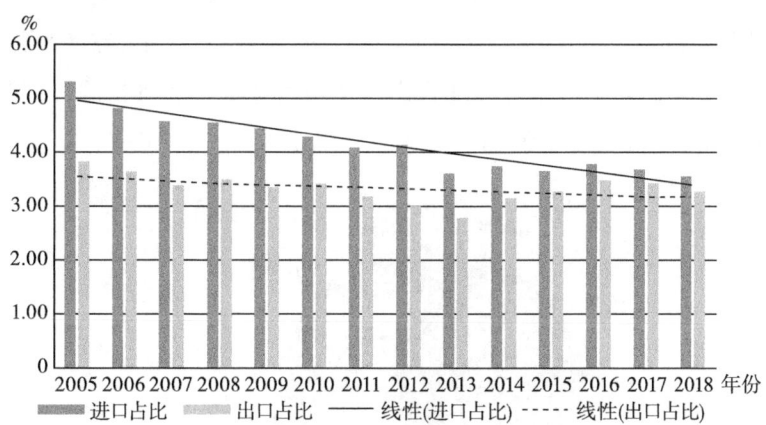

图 4-11 2005—2018 年日本服务业进出口额占全球服务业进出口额比重的变化趋势
资料来源：WTO statistics Database。

图 4-12 展示了 2018 年日本服务业的进口结构。可以发现，传统服务行业，如加工贸易服务、运输、旅游和建筑等的进口占比约为 33.33%。高附加值的新兴服务，如金融服务、知识产权使用费以及通信、计算机和信息服务所占比重仍不是很高，其进口结构仍有待进一步优化。

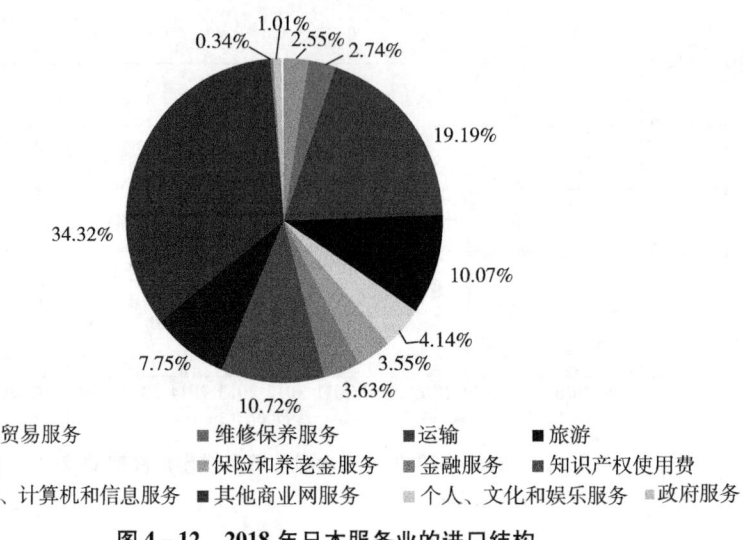

图4-12 2018年日本服务业的进口结构

资料来源：WTO statistics Database。

图4-13展示了2018年日本服务业的出口结构。可以发现，传统服务行业，如加工贸易服务、运输、旅游和建筑等的出口所占比重仍然较高。高附加值的新兴服务，如金融服务、知识产权使用费等尽管表现抢眼，但其专业服务领域竞争力仍有待继续提升。

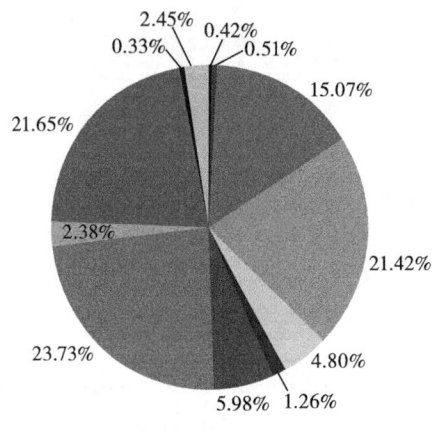

图4-13 2018年日本服务业的出口结构

资料来源：WTO statistics Database。

图 4-14 展示了 2005—2018 年日本知识产权使用费进出口额的变动状况。由图中可知,日本知识产权使用费的进出口规模均有所增长,但从出口额和进口额的变化态势来看,出口的增长速度要显著快于进口的增长速度。所以,知识产权使用费存在着持续的顺差,且顺差不断扩大。2005 年知识产权使用费的出口额为 176.18 亿美元,进口额为 146.34 亿美元,差额为 29.84 亿美元。2018 年,知识产权使用费的出口额为 455.6 亿美元,进口额为 214.42 亿美元,顺差为 241.18 亿美元。

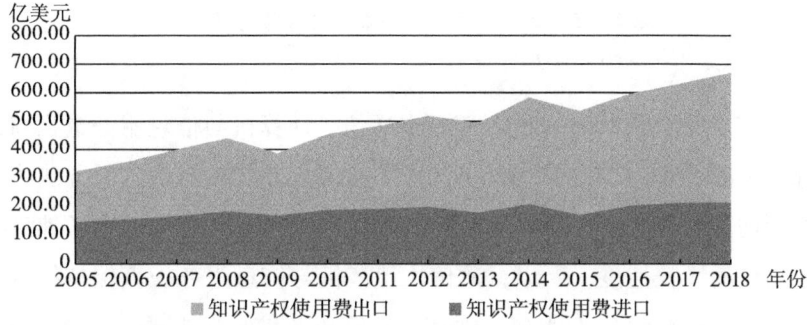

图 4-14　2005—2018 年日本知识产权使用费进出口额

资料来源：WTO statistics Database。

知识产权使用费在一定程度上反映的是企业乃至产业的市场竞争能力。日本在人工智能、量子计算、信息通信、基础研究等领域都拥有一定的技术实力,在全球科技版图中占据重要位置,知识产权使用费的高顺差源自日本的技术在海外被接受的结果,说明日本获取收入的能力正在提高。

图 4-15 展示了 2005—2018 年日本金融服务进出口的变动状况。由图中可知,2005—2018 年,日本金融服务贸易一直保持顺差情况,且进出口规模均有所增长,但从出口额和进口额的变化态势来看,出口的增长速度明显要快于进口的增长速度,所以,金融服务进出口之间的差额在逐步扩大。2005 年,金融服务的出口额为 50.71 亿美元,进口额为 27.05 亿美元,顺差额仅为 23.66 亿美元。2018 年,金融服务的出口额为 114.74 亿美元,进口额为 72.63 亿美元,顺差额为 42.11 亿美元。

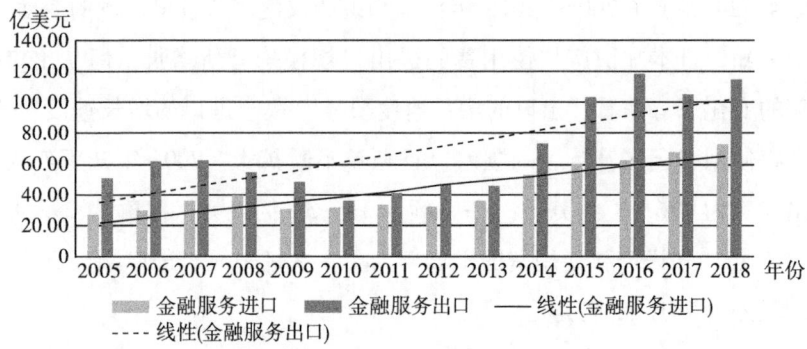

图4-15　2005—2018年日本金融服务进出口额

资料来源：WTO statistics Database。

图4-16展示了2005—2018年日本通信、计算机与信息服务进出口的变动状况。由图可知，2005—2018年，日本通信、计算机与信息服务进出口规模均有所增长，但从出口额和进口额的变化态势来看，进口的增长速度要明显快于出口的增长速度。所以，通信、计算机与信息服务一直保持持续的逆差且差额在逐步扩大。2005年，通信、计算机与信息服务的出口额为15.22亿美元，进口额为30.59亿美元，逆差额仅为15.37亿美元。2018年，通信、计算机与信息服务业的出口额为45.66亿美元，进口额为154.98亿美元，逆差额为109.32亿美元。

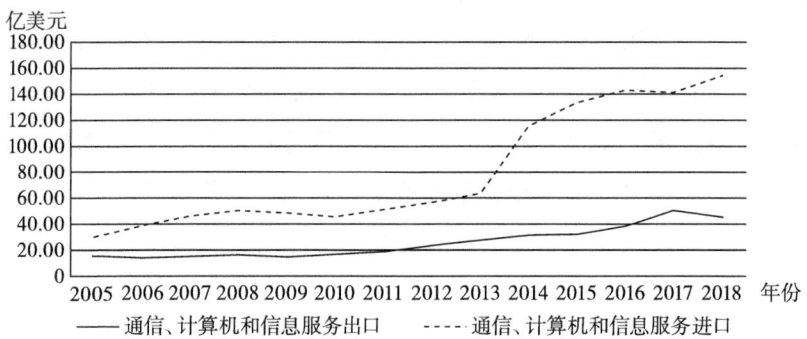

图4-16　2005—2018年日本通信、计算机与信息服务进出口额

资料来源：WTO statistics Database。

二、日本服务外包贸易的新特点

（一）高端服务提供商所占份额下降

与美国的整体外包不同，日本的外包受到日本文化和公司治理结构的深刻影响，也呈现出一种"金字塔形"的外包模式。

位于"金字塔"顶端的企业处于支配地位，与它形成直接供给关系的企业称为一级接包商或总接包商。一级接包商承接项目、进行总体设计和任务切割后，将各模块工作再分包给若干个二级接包企业，二级接包企业还会再寻找三级或四级接包企业。日本的最终用户在发包的时候，不仅希望总接包商有很深的行业知识和很强的业务咨询能力，并与本企业有良好的信任关系，而且希望它有足够的资金抗风险能力和在日本本地承担法律责任的能力。因此，总接包商一般都是日本本地规模较大的企业。在日本能够作为总接包商承接大型客户系统开发的企业数量不多，如 NTT Data、NRI、NEC、SONY 和富士通等，这些企业往往控制着软件设计等高端业务，在对整个项目过程进行认真切割后，再将那些技术含量较小的低端业务外包给中国等邻近国家。因此，日本服务外包单量规模普遍不大。

但这一状况最近开始有了变化，高端服务提供商所占份额有所下降。IDC Japan 于 2019 年 8 月 1 日发表了 2018 年日本国内 IT 服务市场的服务提供商销售额排行榜，前 5 位依次为富士通、NEC、日立制作所、NTT 数据、IBM，2013 年以来这个排名都没有变动过，但最近前 5 名所占份额正在逐渐减少。同时，NEC、日立制作所、NTT 数据 3 家公司之间在销售额上的差距变小，在 2018 年几乎呈水平增长的状态。

（二）ICT 服务提供商积极进行数字化转型

2019 年 12 月，IDC 发布的一份报告称，随着大批企业开始数字化转型，到 2023 年，预计全球超过一半的 GDP 将由数字化转型行业的产品和服务推动。如此大规模的数字整合表明全球经济将在未来几年出现数字霸权。

据 IDC Japan 预计，2020 年日本 IT 市场规模将比 2019 年下降 1.3%。但日本国内 IT 服务市场的主要服务提供商，如富士通、NEC、日立制作所和 NTT 数据等，在数字转型上的投资正在稳步增加，以寻求组织全体最优化。

面对汹涌而来的数字化浪潮，全球领先的 ICT 服务公司富士通正在启动全面的商业模式转型，从一家传统的 IT 公司转变为一家数字化转型（DX）公司，通过自身积累的创新技术与丰富实践，为客户的数字化转型提供端到端的支撑，帮助客户进行业务改善及创新的数字化转型。富士通也对全球 IT 市场趋势进行了预测：传统系统集成服务的市场，包括企业内部部署的关键 IT 系统的市场规模正呈现逐步收缩的趋势。而企业为了提升系统的效率，对原有系统进行改造的支出正在稳步增长。更重要的是，在新兴的数字化转型领域，包括数据驱动、人工智能和物联网等新技术的投资正在迅速扩大。

为了应对数字化浪潮，NEC 将公司范围的知识整合组成数字框架，将数字平台系统化，为客户创造价值。它通过提供 MES、IoT 等解决方案，全面支持制造企业的产品制造高度化、数字化和智能化，助力制造企业实现数字化转型升级，提升核心竞争力。在 NEC 集团 2020 年中期经营计划中，他们已将 AI 技术纳入重点业务，并创立了自己的 AI 品牌"NEC the WISE"，意为人与 AI 协同合作，共同解决复杂而高深的课题。

（三）服务外包企业致力于使用区块链实现更安全的数据共享

数据安全性与业务稳定性成为服务外包买家考虑的第一要素，也是他们对供应商的第一要求。买家一旦觉得供应商任何一条不符合要求，都不再有耐心等待修改或者提高。反过来说，只要能够保证服务外包业务的安全性与稳定性，哪怕经济上不划算或交付延期，供应商也会愿意承受。所以，确保数据安全是服务外包企业竞争力的保障。

数据共享和安全认证是目前区块链最主要的落地价值，服务外包企业纷纷致力于使用区块链实现更安全的数据共享。据互联网数据中心 IDC Japan 公布的对区块链相关市场的预测，到 2022 年，全世界与区块链有关的支出额将达到 117 亿美元。IDC Japan 预测，对区块链的支出在 2017—2022 年将持续增加，平均增长率约为 73.2%。2019 年，前九大区块链应用国家是美国、韩国、日本、英国、德国、俄罗斯、印度、法国、瑞士,各自落地的应用数量为 95 项、46 项、40 项、27 项、17 项、16 项、16 项、14 项、12 项。由此可见,日本已经在区块链领域取得了较大优势。

丰田研究所(TRI)与合作伙伴正致力于运用开源区块链技术,加速自驾技术发展,促进数据共享及服务交易的安全性,协助车主从车辆共乘或共享中获利,降低交易成本及车主保费,实现自驾车的舒适、安全及效益。

据日本日经新闻报 2019 年 6 月 17 日报道,一项涉及日本最大公司的数据共享计划使用区块链来保障其安全性。该项目于 2020 年春季开始,旨在让参与者分享生产数据,以提高整体效率。

(四)服务外包企业致力于 AI 人才培养

从服务细分领域看,服务外包既涵盖数据录入、软件编码测试等中低端领域,也包括研发设计、供应链管理、专业咨询、系统解决方案等高附加值领域。面对服务需求数字化、多样化、个性化、高端化发展的新趋势,服务供应商既要满足客户的简单需求,也要充分挖掘客户的深层次潜在需求;既要创新服务模式提高需求响应速度,也要整合优势资源加强定制化、专业化服务供给能力;既要具备软件及信息技术服务能力,又要使行业专属经验和知识成为满足客户需求的前提和基础。因此,面临激烈的市场竞争,服务外包行业对从业人员的工作环境、知识结构和基本素质都要求较高,急需从尖端的科技研发到基础研究以及实际应用的各级各类人才。

据日本时事通讯社报道,日本对 AI 人才的培养远远落后于欧美和中国,日本经济产业省预测,到 2030 年,日本将会缺少 55 万 IT 高端人才。为开发尖端技术和产业,一方面,日本政府加强 AI 技术方面的教育;另一方面,企业也加快了人才培养。

据日本经济新闻 2019 年 3 月 27 日报道,日本文部科学省 26 日公布新教科书审定结果,要求从 2020 年 4 月起,将编程作为必修内容加入小学算术和理科教科书中。8 月 29 日的报道中又进一步提到,为了增加制造业、零售及服务业、医学、农业等各领域熟练运用人工智能技术的人才,日本文部科学省将与全国的大学共同制定新的人才培养课程。

另外，考虑到具备人工智能和物联网相关知识的技术型人才的不足，日本一些大型企业开始着重于有关人才的培养。

2019 年，日立通过统合集团旗下的三家研修公司，在 4 月 1 日成立了日立研究所。信息通信部门以数字化教育为基础，面向进入日立的新人进行 AI 最新动向的教育，同时还向 IT 相关部门以外的员工提供"重修"的课程。日立研究所的社长迫田雷藏表示："将着力于人才培养，以取得进一步成长。"

2019 年 11 月，日本东芝集团宣布，计划将公司内部的人工智能技术人才增加 2 倍左右。到 2022 年，公司内部的 AI 技术人才将从 750 人扩大至 2000 人，旨在加快 AI 技术的研究与开发、推进大数据的应用等。12 月，为了让学员学习知识，并且将东芝所拥有的制造工厂的大数据当作教材使用，东芝集团将引入与东京大学大学院信息理工学系研究科共同开发的教育程序。

为了提升与谷歌、苹果等大公司竞争的能力，2019 年 11 月日本 NTT（日本电信电话）以高达 100 万美元的年薪招募优秀人才，该金额甚至超过许多公司 CEO 的薪水。NTT 想要招募人才的领域主要为密码学、量子电脑、医学信息学等，希望能够在 5 年左右的时间出现突破。

三、日本服务外包市场展望

（一）5.0 视野下的"互联工业"，将构筑新型产业生态

日本首相安倍晋三在 2019 年达沃斯论坛上，提出了"5.0 社会"的概念，这一概念与德国提出的"工业 4.0"有着直接的对应关系。"5.0 社会"的英文表述是 Society 5.0，日本政府把它直接命名为"未来社会"——虚拟空间与现实空间的高度融合。

安倍晋三认为，在"5.0 社会"，利用人工智能、物联网和机器人等技术，数据将取代资本，连接并驱动万物，帮助人们不断缩小贫富差距。而要实现"5.0 社会"，产业所面临的最重要的方向，就是要定位于互相连接的制造。

2017 年 3 月，安倍首相在德国汉诺威召开的信息通信展览会上发表了

"互联工业：日本产业新未来的愿景"的演讲，明确提出"互联工业"的概念，其三个主要核心就是：人与设备和系统的相互交互的新型数字社会，通过合作与协调解决工业新挑战，积极推动培养适应数字技术的高级人才。随后，日本经济产业省大臣和德国经济能源部部长联合发表了德日共同声明——"汉诺威宣言"，宣布推进"通过连接人、设备、技术等实现价值创造的互联工业"。

2018年6月，日本经济产业省发布的《日本制造白皮书》强调"通过连接人、设备、系统、技术等创造新的附加值"，正式明确将互联工业作为制造业发展的战略目标，并通过推进"5.0社会"建设，抢抓产业创新和社会转型的先机。

作为日本国家战略层面的产业愿景，"互联工业"强调"通过各种关联，创造新的附加值的产业社会"。在工业领域，生产基础设施在不断转移，互联式生产系统及其编排需要新的专业知识，各种资源必须贯穿整条价值创造链，始终处于可用状态，才能规划和掌握错综复杂的"工业4.0"。数字化开辟了一个以智能化和可移动工厂为主要特征的新型工业化时代。在这个时代，具有自主学习能力和数字化联网的系统越来越成为工业生产和价值创造的主要驱动力。"互联工业"通过企业、人、数据、机械相互连接，产生新的价值，同时不断催生新模式、新业态和新服务，为服务外包行业提供了广泛的空间和众多的机会。

以奥林巴斯为例，其传统的主业影像业务已经急剧萎缩，医疗事业已成为企业发展的主要方向，从数据来看，目前医疗领域所占的公司净销售额比重已经超过70%。2019年2月，奥林巴斯宣布将人工智能技术导入医疗内窥镜检查。同年7月，奥林巴斯发布了搭载AI技术的显微镜系统。人工智能技术的引进显示了奥林巴斯对技术变革的敏锐把握和对行业趋势的深刻理解。

汽车行业正在迅速推进CASE（连接、自动驾驶、共享、电动化），亦面临产业结构的变化。如何收集和分析海量驾驶数据是提高自动驾驶准确性的关键，将影响未来的竞争。2019年，包括马自达和铃木在内的五大汽车公司，参与由丰田汽车公司和软银公司牵头的下一代移动服务业务联盟。该联盟内共有八家汽车制造商，达到日本四轮汽车新车销售份额的80%。公司之间在收集和分析与旅行相关的数据方面展开合作。

作为推动数字经济与实体经济深度融合的关键路径，互联工业涵盖了工业数字化转型的各个方面，加速了工业数字化、网络化、智能化转型升级的历史进程，呈现出难以估量的潜力空间。在互联工业时代，外包服务提供商将率先成为数字服务提供商，以技术创新应用为核心驱动力的服务外包产业将成为发展数字经济、实现创新增长的重要引擎。

（二）"数字新政"驱动服务外包转型

世界银行发布的《2019年世界发展报告》指出，企业的运营边界不断扩展，企业不再是自己生产一切，而是将更多的任务外包给国外市场，建立全球交易网络。从单一的IT技术到如今数字技术的加码，服务外包早已不是单纯的IT技术外包服务，而是通过数据的流通、产业链数字化含量的提升、企业的数字化转型，提供综合型数字化的解决方案。云计算、大数据、人工智能、区块链以及商用5G等新技术，将加快服务外包从"成本节约"向"价值创造"转型的速度。

数字化与智能化推动经济社会变革，离不开服务外包的有效支撑，数字产业化和产业数字化亦将加速释放服务外包发展动能。数字化技术作为所有产业的共同底层基础，制造业服务化、服务业工业化、服务数字化、数字可贸易化交替进发，服务外包供应商也迎来了数字化转型的重大机遇。预计到2021年，全球数字经济规模将达45万亿美元，占全球经济的50%，数字技术将全面渗透各个行业，并实现跨界融合和倍增创新。"数字化"或者说数字经济已经成为服务外包产业下一个阶段的重点转型方向。

日本数字经济起步较早，但发展速度和市场规模相对滞后。在这样的背景下，日本政府在数字经济方面也频频发力，将其视为实现经济复苏和推动可持续发展的关键依托。

早在2019年初的达沃斯经济论坛上，安倍晋三就向全世界提出日本对数字经济发展的理念与构想。之后，在6月末的大阪G20峰会上，日本牵头就全球数字经济治理达成以"大阪轨道"为标志的多边共识，希望以此推动全球数字经济发展。

2019年12月9日，日本政府决定在2019年度补充预算案中，列入超过9550亿日元（100日元约合6.47元人民币）的"数字新政"相关预算，以推动实施人工智能和5G通信网络，并实现经济增长。这一预算内容主要包括向中小企业的信息化投入3090亿日元，向学校的ICT（信息通信）应用投入2318亿日元，向加强"后5G"时代信息通信基础投入约1100亿日元，还包括给年轻科研骨干最多10年、平均每年约700万日元的研究经费支持，以及对量子研究机构和超级计算机领域的投资等。从预算投向上不难看出，日本的目标是在信息化、智能化和基础研究等领域跟上世界潮流。

时任日本首相安倍晋三在2019年12月9日的记者会上表示，"数字技术的快速进步，为世界带来堪称第四次工业革命的变化。这一领域中的技术革新成败，不仅直接关系到国家的竞争力，还会给安保等社会所有领域带来巨大影响"。他强调说，这是"国家的百年大计"。

由此可见，实施"数字新政"、发展数字经济被视为日本企业实现生产率革命，从而提升日本国际竞争力的关键途径，是继"日本制造""改造式创新"之后又一新的变革标志。在数字化的潮流下，日本服务外包行业拥有巨大的空间，在政府陆续出台支持政策、人才培养体系日益完善等利好条件共同作用的大环境下，结合时代潮流顺势转型融合，其服务外包行业将迎来更好的前景。

（三）服务外包受国际政治、地缘风险的影响将进一步增大

发展服务外包，必须考虑地缘性因素。因为一个国家所处的地理位置决定着一个国家在历史、社会文化、语言环境等方面特定的亲和力，这种亲和力会形成一种特定的区位优势。除此以外，如同某个贸易协定的成员之间更有利于进行一些双边的贸易活动一样，某些国际组织的成员资格也可以成为影响服务外包区位优势的"地缘性因素"。例如，从2012年开始，韩国在政府层面就确立了吸引国际组织的政策，希望以此为契机促进对外服务业的发展。媒体曾援引韩国《中央日报》分析文章认为，一个国际组织总部带来的经济效益相当于3~4个跨国企业。

2019年世界经济持续下行，贸易紧张局势加剧，下行压力和消极因素交

织，全球贸易陷入疲软态势。在单边主义和保护主义抬头、贸易摩擦升级、英国脱欧、非关税措施激增、大宗商品依赖度加重、数字经济发展不均衡、地缘政治局势紧张、气候危机迫近和世界贸易组织陷入改革纷争等复杂多变的形势下，无论是服务外包买家还是卖家都将更关注政治风险、市场稳定性和企业安全性，价格和成本都将让位于最新国际政治及各国对应政策下企业的生存力。国际政治、地缘风险对服务外包的影响，无论是深度还是广度，都是前所未有的。

早在2017年10月，日本央行行长就发出警告，不应忽视地缘政治风险。所以，日本亦在积极寻求应对之策，在现存的国际多边秩序中深耕，努力寻求突破，以图增加其国际话语权。据日本外务省数据，截至2016年底，有820名日本人在联合国有关组织担任国际公务员，其中担任高级职务的只有77人。2018年，日本外务省发布新计划，称日本政府希望通过在国际组织增加高级官员人数，强化日本在国际社会的话语权。与过往主要招聘35岁及以下的年轻人不同，日本政府转而对私人企业的中年及老年资深高管和曾有帮助发展中国家经验的人士求贤若渴，对他们重用、培养，以图使之成为联合国及其他国际组织的高级官员乃至最高官员。

专题四　韩国服务外包行业发展现状及展望

沈君[①]

作为中国的近邻,韩国是一个发达的资本主义国家,也是近年来崛起的制造业大国,在智能信息服务产业也拥有强大实力。从20世纪90年代到21世纪初,韩国进入了以脱工业化为特点的服务经济时代,其信息技术产业、软件、通信业等现代服务业为韩国国民经济的发展做出了突出贡献。同时,这些服务外包贸易密集产业的快速发展使韩国外包贸易量增加明显。虽然韩国服务贸易出口额在2015—2017年连续出现负增长,2018年也只有小幅回升,但随着韩国与中国、东盟等国家和地区经济贸易合作的深入开展,加之第四次工业革命的深入,促进了韩国信息服务产业的发展,其现代服务业和服务外包业都呈现新的态势。作为中国重要的贸易伙伴,韩国服务外包行业的发展值得关注。

一、韩国服务贸易的发展状况

图4-17展示了2012—2018年韩国服务业进出口贸易额的变动情况。由图可知,韩国服务业总出口额呈现下降趋势,出口额由2012年的1022.98亿美元减至2018年的954.48亿美元,下降了6.70%。相比之下,韩国总进口额却总体呈现上升态势,由2012年的1077.94亿美元增至2018年的1227.94亿美元,增加了13.92%。从出口额与进口额的一降一增可以看出,韩国服务业近年来正加快海外布局的步伐。

---

① 沈君,山东大学(威海)商学院副教授、硕士生导师。

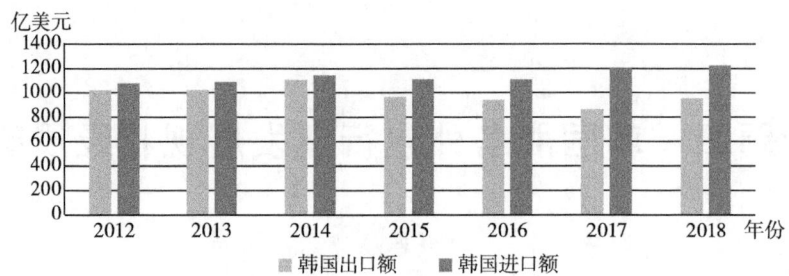

图 4-17　2012—2018 年韩国服务业进出口贸易额
资料来源：WTO statisticsdatabase。

图 4-18 展示了 2012—2018 年韩国在电信服务、金融服务和计算机与信息服务三个传统的服务外包密集产业的进口贸易额。整体来看，韩国计算机与信息服务进口额经历了迅速增长的过程，由 2012 年的 5.62 亿美元增至 2018 年的 20.07 亿美元，其中 2012—2015 年的增长尤为明显。在这 4 年间，韩国计算机与信息服务的进口额增长了近 3 倍，这种进口额快速增长的趋势与美国、日本的计算机与信息服务的情况类似。但需要注意的是，最近两年，韩国在计算机与信息服务领域的进口额却呈现下降趋势，2018 年比 2017 年下降 4.53 亿美元。但其出口额却维持平稳甚至略有上升。说明近两年来韩国在计算机与信息服务方面的服务外包已经明显减少，而采取了其他生产模式。

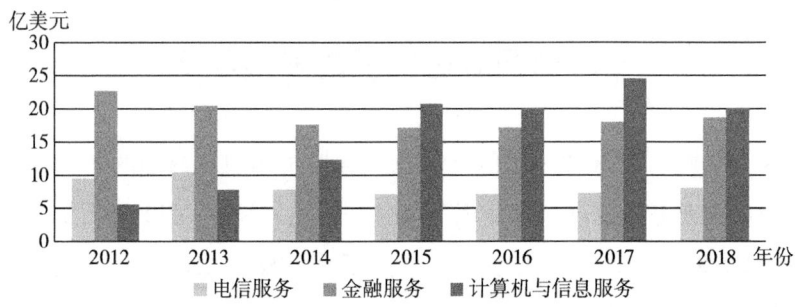

图 4-18　2012—2018 年韩国电信服务、金融服务和计算机与信息服务产业的进口贸易额
资料来源：WTO statistics database。

韩国金融服务进口额呈波动趋势。2012—2015 年，进口额连年下降，从 2012 年的 22.74 亿美元下降到 2015 年的 17.15 亿美元，下降幅度超过 1/4。在此之后又呈平稳态势，2017 年到 2018 年金融服务进口额增加了 0.66 亿美元,但整体仍呈下降趋势。这与美国、日本金融服务进口额近年来连续增长的趋势相反,说明韩国的金融服务外包并不如美国、日本发达。同时也说明,韩国的服务外包产业与上述两个发达国家有显著差异,传统服务外包发达的金融业并非韩国服务外包的重点产业。

表4-3展示了2018年韩国电信、计算机和信息服务部分进口来源地及进口额。从表中可以看出,韩国最主要的电信、计算机和信息服务的来源国是计算机信息技术强国——美国。2018年,美国向韩国出口了12.60亿美元的电信、计算机和信息服务。此外,信息技术产业同样发展成熟的欧盟国家也是韩国该产业的主要进口来源地。2018年,欧盟国家向韩出口金额达7.00亿美元的电信、计算机和信息服务,仅次于美国。美国、欧盟国家等信息技术发展程度较高的西方国家向韩国出口的大多为计算机软件等终端产品。中国及中东地区的大多发展中国家向韩国出口这类产业的服务仍主要依靠承接外包合同。由于地理位置原因,作为韩国邻国的中国和日本也成了韩国电信、计算机和信息服务外包合同的重要承接国,韩国从中国、日本两国进口的电信、计算机和信息服务分别达到1.06亿美元和0.96亿美元。

表4-3 2018年韩国电信、计算机和信息服务部分进口来源地及进口额

单位:亿美元

国家和地区	进口额
日本	0.96
美国	12.60
欧盟	7.00
中东	0.22
中国	1.06

资料来源:OECD。

二、韩国服务外包的特点

(一) 产业特点

1. 传统产业：电信行业外包规模不断扩大

自20世纪80年代以来，电子行业创造出了其他传统行业难以比拟的发展速度，电子信息产业呈现出规模化、标准化、规划化的特点，电信外包行业已经出现规模巨大的市场。电子信息产业在韩国经济发展中扮演着重要的角色，已经成为其国民经济的支柱性产业。近几年来，在全球电子信息市场，韩国所占的份额越来越大，竞争力也越来越强，尤其是在硬件产品领域，韩国在世界市场越发重要。

韩国电信行业的发展一直走在时代前列。自1984年启动韩国第一代模拟网（1G），SK电讯一直引领移动电信服务的普及；1996年在全球率先商业化CDMA（2G）；2000年商业化CDMA2000 1X，推出视频电话服务；2006年商业化HSDPA技术，率先在全球WCDMA 3G网络中实现手机应用；2011年推出韩国首个4G LTE；2018年4月10日，是德科技与韩国电信签署谅解备忘录（MoU），携手开发5G新空口（NR）技术和演进版的4G技术，加速5G的商业化部署，进一步提高了韩国电信行业的竞争力；2019年，韩国成为全球第一个大规模使用商用5G通信网络的国家。截至2020年2月，韩国三大移动运营商的5G用户已经超过了530万人，较前一个月增长了8.1%。可以说，韩国是全球第一个运营商集体买进5G服务的国家，也是全球公认在电信、科技领域处于领先地位的国家。韩国电信市场的成功主要归功于政府的政策制度。韩国通信委员会（前身为韩国信息通信部）通过实施非对称管制，压制垄断，实现某种程度的自由竞争。

在这样的大环境下，韩国国内大批电子信息中小型企业快速发展，进而带动韩国电子信息行业的蓬勃发展。韩国电信产业生产规模仍在不断扩大，在满足国内市场需求的同时，产品还在国际上拥有巨大的市场。要提供数量如此庞大的产品和服务，韩国电子信息公司必须将目光由国内转向国外的供给商。因此,韩国电信产业对外包的需要越来越大。早在2005年,三星、LG等公司就有缩小韩国的印度员工规模并将软件的研发生产等工程外包到印度的倾向,而这也开启了韩国电信产业的服务外包之路。其实,三星这一韩国电信巨头早在十余年前就将其手机的维修等售后服务外包给了中国企业。而到2019年,三星在中国大量裁员、关闭中国工厂,由此启动其产品的中国制造,将部分手机业务的生产、售后完全外包给中国承包商。由此看来,服务外包对于韩国电信产业发展的意义将愈加凸显,韩国电信产业在中国及其他国家的服务外包规模也将继续扩大。

2. 特色产业:动画、漫画等视听服务业外包蓬勃发展

根据《中国制造业服务外包发展报告2019》,2018年中国服务外包企业承接的制造业服务外包合同主要来自美国、欧盟、日本等国家和地区。而韩国不在其中的重要原因之一是韩国服务外包发达的产业与别国有一定差异。虽然服务外包已成为中韩经贸合作的重要方式,但不同于美国、欧盟、日本等国家和地区的服务外包业务主要集中于制造业的特征,韩国在动画、漫画等视听服务产业的服务外包规模十分可观,且近年来持续蓬勃发展。韩国漫画、动画产业起步于20世纪80年代,相对晚于日本、美国,但其率先采用了三维图发展漫画并快速加入网络、光盘,发展迅速。进入21世纪之后发展势头更猛,韩国借鉴美国、日本等国先进经验的同时注重将动漫、动画与自己的优势产业结合,在网络与IT基础上发展数码动画,互联网漫画也成为韩国漫画的主要形式。近年来,韩国政府的扶持配合其独特的发展路径使韩国漫画、动画等文化娱乐产业开始在海外市场占据一席之地,成为亚洲第二、全球第三的动漫产业大国,而动漫产业也成为韩国国民经济的六大支柱产业之一。韩国文化产业振兴院发布的报告数据显示,2017年韩国动画产业销售额约为7000亿韩元(约合41亿元人民币),出口规模为1.4亿美元(约合9亿元人民币),漫画产业销售额约10000亿韩元(约合60亿元人民币),而这一数据估计在2020年可达到10000亿韩元。

巨大的国内外市场迫使韩国动画、漫画等视听服务业的对外投资规模和服务外包规模不断扩大。中韩在动画、漫画等产业的服务外包合作,可追溯至十余年前。早在2008年,韩国大型动漫出版商凯帝斯株式会社就曾与武汉卡普士动画制作公司签订长期漫画电子上色服务外包合同。此后，韩国动画、漫画产业对华发包数量和金额均逐年增加。从2018年开始，随着中韩自贸区的深入建设，知合动画、约克动漫等国内知名动画、动漫制作公司都与韩国签订了服务外包合同，业务涉及领域也越发广泛，设计研发、电子上色等环节都有中国动漫公司的参与。随着韩国漫画、动画等产业的持续向好发展，韩国在中国及东南亚各国的服务外包比重还会日益扩大。

（二）模式特点

从外包的规模和产业选择来看：在整个亚洲地区，日本仍是主要的发包地，而韩国的服务外包规模并不大，且韩国在IT、ICT等产业，由十余年前的进口大国转变为出口大国；在电信、计算机和信息服务产业，韩国由2006年5.18亿美元的贸易逆差转变为2018年21.07亿美元的贸易顺差，体现了韩国在服务外包方面规模有限及对进行服务外包的产业的严格选择。由于全球价值链的延伸，对于发展程度较高的企业来说，保留附加值较高的生产和服务环节，而将其他基础性的、一般性的、利润率低的非核心环节从自身生产经营中剔除是提高利润率的不二选择。在亚洲地区，对于日韩等软件信息技术较为发达的国家来说，劳动力价格高、土地成本高，剥离部分非核心的生产环节，能大大降低企业生产成本。但韩国十分注重外包环节的选择，大部分公司在制定外包方案时即开始梳理公司业务，明确哪些业务为公司核心业务不能外包，并根据其他业务与核心主业的关联度、对外包业务的控制程度以及外部市场成熟度等标准，合理确定业务外包的范围。

从对承接地区和接包商的选择来看，由于地理位置、文化背景联系紧密，韩国在中国、日本及东南亚地区的跨国公司数量和FDI都比较大；由于劳动力价格的影响，韩国服务外包正在由东亚向东南亚延伸，且主要承接地区多集中于沿海城市。以中韩服务外包合作为例，中国对韩国发包的主要承接地区多为长春、烟台、威海这样的东部沿海城市，且很多是省级服务外包示范城市。除了交通运输的便利，这些城市在政府的扶植下建立产业园区，构建服务外包产业体系，园区内企业在接包规模、业务专业程度、相关人才数量与质量等方面都达到了较高水准，能够高效、高质满足发包商的要求。

从外包范围与外包自由度来看，不同于日本公司外包范围相对固定、自由度较低的外包模式，大部分韩国公司的外包范围比较广，但外包业务的边界清晰，其对外包业务进行合理划分后分别选择承包商，并结合本部人员对外包业务进行监督。这使得承接韩国服务外包的接包商要有较高的专业水平，但并不一定需要非常强的资金实力和十分庞大的公司规模。

（三）中韩服务外包合作的特点

1. 一般特点

中韩服务外包合作的最主要产业仍是电信、计算机和信息服务等传统的服务外包合作密集的产业，发包商多为三星、LG 这样的通信业巨头，其发包的主要原因：一是除了国内外市场的需求量大外，还包括降低生产成本、开拓中国市场以及与其他同类品牌产品在中国市场上进行竞争等。接包商的业务范围也由少量的价值链低端环节延伸到设计与研发等价值链中高端环节。最近两年更是发展到笔记本电脑、智能手机等智能产品的生产外包，其接包商多为如闻泰科技（Wingtech）这样的有一定生产经营规模、有大量外包服务经验与相当的外包人才储备的较成熟的服务商。而动漫产业发包的主要原因和动机则是海外市场需求量大，单纯依靠本土生产难以满足市场需求。二是通过剥离部分生产环节，从而专注于创意这样的核心环节，有利于动漫企业创新并提高生产效率，接包商多为在东部沿海城市有一定发展基础、业务能力较强的动漫制作公司。近年来，随着中韩自贸区谈判的深入，中韩服务外包合作呈现多样化、深入化发展的态势，由最初单一的信息技术外包已逐渐发展到包括信息技术外包、业务流程外包以及知识流程外包在内的服务外包产业体系。

2. 加工贸易与服务外包相互促进

中国是传统的加工贸易大国，韩国也是中国加工贸易的重要客户来源，由于国内加工贸易转型升级的要求，生产性服务外包顺势在国内迅速发展。尤其是近年来，中韩自贸协定谈判深入开展，中韩经贸合作深化，政府对国际服务外包经济管制放松，两国原本采用传统加工贸易合作的企业有了拓展合作的可能。对于韩国企业来说，生产性服务外包对降低生产成本、促进企业创新和提高生产效率等方面有显著影响；对于中国接包企业来说，学习效应、人才交流、技术进步、扩大利润空间等都是促进企业承接外包业务的原因。中韩两国的生产性服务外包合作规模因此得以快速发展。2018年以来，长春、烟台、延边等城市都借助中韩产业园或中韩合作示范区的建设，加快构建服务外包体系，引导传统加工贸易企业发展生产性服务外包，促进加工贸易转型升级和制造业的服务化。如烟台市中韩产业园区的东方电子、华东电子等制造企业接包韩国业务数量、金额迅速增加，也带动了当地传统加工贸易的转型升级。在中韩经贸合作的推动下，中韩传统加工贸易转型升级，从而诱发了两国企业之间的生产性服务外包，而服务外包带来的技术支撑和人才支持，则促进了中国加工贸易接包企业向"服务型"转变，取得技术进步，迈向国际化。同时，也为韩国的加工贸易发包企业节约了成本、提高了效率。

3. 中韩服务外包合作面临的问题与挑战

中韩两国在电信产业、计算机与信息产业、制造业以及动画漫画等文化娱乐产业上的服务外包合作范围与深度都在迅速扩大。但不可忽视的是，中韩两国的服务外包合作还面临诸多挑战，尤其是中国存在劳动力成本上升、科研投入偏低、知识产权保护缺位等问题。这些都制约着中韩两国在各个产业的服务外包合作及其深入。

劳动力成本上升。中国劳动力价格相对低廉，是韩国企业对中国发包的重要原因之一。但近年来，我国劳动力的年均工资不断上涨，根据国家统计局数据，我国城镇单位就业人员的平均工资由2017年的74318元上升至2018年的82413元，名义增长率达到10.89%。而根据OECD的统计，韩国劳动力的年均工资从2017年的35490433韩元上升至2018年的37495204韩元，名义增长率只有5.65%。可见，在不考虑价格指数的情况下，中国劳动力价格的增长速度几乎是韩国的两倍，中韩劳动力成本之间的差距正在显著缩小。这样的现象在工资水平高、工资增长速度快的信息和计算机产业、文化产业以及技术服务产业尤为明显，而这些产业也恰恰是中韩两国服务外包合作程度最高的产业，中国劳动力成本的显著提升，中韩两国在上述产业中劳动力成本差距的缩小，使韩国对华发包的必要性降低，中韩两国服务外包合作受阻。

科研投入相对偏低。国家统计局数据显示，我国在 2017 年、2018 年和 2019 年的科学研究经费投入分别为 17606.13 亿元、19677.93 亿元和 21737.00 亿元，分别占当年国民生产总值的 2.12%、2.14% 和 2.19%，与发达国家相比，我国的科研投入金额相对较少，占国民生产总值的比例也相对较小，但要深化中韩在电信、计算机和信息等知识密集型产业的服务外包合作，必须提高我国在上述产业的竞争力，提升创新能力和技术发展水平。科研投入不足会降低我国上述产业的接包能力和竞争力，不利于中韩两国服务外包合作的深入。但通过数据也可以看出，我国科研投入的绝对值和占 GDP 的比重都在增加，这对上述产业的发展会有促进作用，也会减少中韩上述产业进行服务外包合作的困难。

知识产权保护缺位。长期以来，由于我国对知识产权保护的重视程度不够，盗版侵权现象一度泛滥，但软件等电子信息产业以及漫画、动画等文化娱乐产业的发展对知识产权保护的要求很高，随着中韩在上述产业中的服务外包业务增加，知识产权保护缺位成为中国与韩国加强服务外包合作的一大障碍。近年来，我国大力加强对知识产权的保护，在加强知识产权保护国际合作的同时，也在努力完善知识产权保护法律体系。如在 2019 年出台《反不正当竞争法》，在同年 4 月正式启动中国（徐州）知识产权保护中心的建设。以上种种举措使中国知识产权保护的形势向好发展。随着中国知识产权保护缺位情况得到改善，中韩两国在知识产权重要程度高的产业中的服务外包合作还会有所突破。

三、韩国服务外包市场展望

（一）第四次工业革命（4IR）带来的机遇与挑战

1. 4IR 促使韩国 ICT 产业服务外包

近年来，第四次工业革命（4IR）已经吸引了世界各国的注意。第四次工业革命建立在科学技术和 ICT 进步的基础上，其核心技术是一大批以 ICT 为基础的智能信息技术，如人工智能、物联网、大数据、信息物理系统（CPS）

等。这些产业的崛起，带来了新兴制造业和传统制造业的生产方式及服务方式的变革，并迅速影响着人们的生活方式和对产品与服务的需求，而将ICT产业作为国民经济支柱产业的韩国必须快速做出反应，加快以ICT产业为基础的各类智能信息技术的发展。

国内外市场需求与国际潮流要求韩国专注于ICT产业的核心环节。第四次工业革命促使市场需求不断扩大。OECD数据显示，2018年，有超过82.0%的韩国居民利用网络查找产品和服务的信息。这反映出韩国国民对于网络和信息技术的依赖程度很高，且这种数字化趋势不可逆转。国内需求可观，海外市场发展速度更快。2018年，全球半导体市场达到4688.0亿美元，增长速度达到13.7%，而作为韩国邻国的中国市场规模最大。国内外需求的扩大，成为促使韩国ICT产业迅速发展的重要驱动力。美国、日本、欧盟国家等传统ICT产业强国和近年来异军突起的中国、印度等新兴ICT产业大国都在加速发展，抢占国际市场。这种国际形势下，资源有限的韩国要想提高国内外市场份额、追赶国际潮流就必须将优势资源集中在ICT产业的创意、研发等核心环节，剥离附加价值相对较低的环节，在这样的要求下，服务外包显得尤为重要。

国内劳动力储备不足要求韩国持续扩大服务外包规模。一直以来，韩国先进信息技术产业的发展在亚洲处于优势地位。韩国传统四大跨国企业中，三星、LG、SK都在亚洲乃至世界信息通信、电子等高新科技产业中领跑。但近年来韩国人才外流严重，《2018年韩国ICT行业报告》显示，在2017年，韩国ICT产业的熟练工人和高素质工程师两项指标在OECD成员国中分别排第26位和第27位，这使得韩国应对第四次工业革命的高素质人才和熟练工人储备十分不足，劳动力的短缺势必严重影响韩国信息技术、电信等产业的供给。针对这样的问题，韩国要调整发展策略。除了积极引进海外高素质人才和熟练劳动力外，也有必要有选择地减少本土生产的环节和领域，将部分生产和服务从本土生产中剥离，这就使得韩国可能将大量业务发包给海外的供给商。这也是近年来韩国对中国与东南亚各国海外投资额持续增长的重要原因。2019年，韩国对外投资达到618.5亿美元，涨幅为21.0%，分别有9.4%和7.2%的资金流向中国和越南，并计划2022年竣工在越南河内建设的三星研发中心。这预示着韩国将会有越来越多的生产、销售、售后环节转移至中国和东南亚各国。在国内劳动力储备有缺、ICT产业本土发展后劲不足的情况下，为迎头赶上第四次工业革命潮流，韩国不得不在未来继续扩大服务外包的规模。

2. 4IR 对韩国服务外包各方面提出新要求

第四次工业革命要求各国在发展高水平智能化IT的同时，也加速智能信息技术与制造业融合，以全新智能模式经营传统制造业，将工业智能化延伸到产业整体价值链。这就要求以ICT产业为基础的高端科技产业的各个生产环节趋向智能化，也对接包商提出了更高要求，不仅要有较高的劳动性价比，还要能提供高质量、智能化的产品和服务。这也使得韩国企业未来对发包业务范围的界定、接包商的选择都将更加谨慎，以保证产品和服务质量达到国际标准。相应地，东亚及东南亚各接包国之间的竞争，也会从传统的劳动力价格与产品质量转向劳动力素质与开发和组织能力。

（二）韩国与中国、东盟国家加强经贸合作带来的机遇

虽然近年来受到政治局势和国际关系的影响，韩国的服务贸易形势不容乐观，但随着韩国与中国、东盟各国经贸合作的深入展开，韩国服务外包很有可能会迎来新的发展机遇。

1. 中韩自贸区建设促进中韩服务外包合作

广阔的中国市场为中韩服务外包合作深化提供可能。中国已经成为韩国第一大贸易伙伴，且近年来中韩两国促进区域经济一体化步伐加快。2012年5月，中韩自贸区谈判正式启动；2015年6月，中韩自贸协定正式签署；2018年3月，中韩自贸协定第二阶段首轮谈判进行；2019年11月，中韩自贸协定第二阶段第六轮谈判进行。自中韩自贸区成立以来，中韩之间的服务外包合作日趋密切。其中，广阔的中国市场是韩国将大量业务外包给中国的重要原因，在2018年，中国成为全球最大的半导体市场，与庞大的市场规模相对应的还有中国市场的增长潜力。同年，中国半导体市场增速达到20.5%，高于全球6.8个百分点。巨大的市场使韩国对华发包日益增加。例如，三星在2020年将6000万部手机外包给中国企业生产，其主要目的也是降低生产

成本，同友商在中国市场进行竞争。

中韩产业园为中韩服务外包合作提供平台。在一段时间内，受到地缘政治等因素冲击，中韩两国的贸易受到不利影响。但从2018年至今，随着中韩自贸协定第二阶段谈判的深入开展，中韩两国经贸合作向好发展。目前，中韩（盐城）产业园、中韩（烟台）产业园、中韩（惠州）产业园等中韩产业园已成为两国地方经济合作和高端产业合作的重要高地，产业园区内的诸多企业承接大量来自韩国的服务外包合同，中韩两国也积极抢抓"一带一路"、中韩自贸区建设等机遇，规模化服务外包载体平台，加强中韩人才交流、促进服务外包人才培养工作顺利进行。结合前文已分析的中韩服务外包合作的特点来看，在中韩产业园建设的推动下，中国将出现大量具有较高专业化水平的接包商、大量经专业培训的服务外包人才和熟练工人以及完善的服务外包体系。

诸多问题的解决为中韩服务外包深入合作开辟道路。在2014年召开的延吉·图们江地区国际投资洽谈会上，韩国东北亚信息研究所所长崔星说，软件、动画等信息服务外包为中韩两国企业带来了巨大的发展机遇。近年来，中韩在这些产业上的交流合作也是日益深化。前文提到中韩服务外包合作面临诸多问题与挑战，随着中国劳动力成本的上升，韩国大有将劳动密集型制造业服务外包业务转移至东南亚各国的趋势。但随着中韩经贸合作的深入展开，中韩技术与人才交流日趋频繁，韩国对中国发包的业务将主要集中于电信、电子和信息服务、动漫、动画等知识密集型产业，外包业务也将向价值链高端延伸。随着我国科研投入加大、知识产权保护程度加深，中韩在这些知识密集型产业上的合作将会更加顺利。

2. 韩国与东盟国家服务外包业务量将持续增长

韩国与东盟国家的经贸合作将继续深入展开。除了同中国加强经贸合作外，韩国正不断加强与东盟国家的经贸合作。作为东亚地区建立时间最早的区域合作组织，东盟在推动东亚区域经济合作中发挥举足轻重的作用。目前，东盟已与中国、日本、韩国、澳大利亚、新西兰和印度分别达成了自由贸易协定（FTA），已经成长为亚洲区域经济合作的中心。2014年12月，在釜山举行的第二次韩国—东盟特别峰会上，《韩国—东盟面向未来特别声明》发表。该声明旨在进一步加强韩国与东盟各领域的联系与合作，并强调双方将积极利用和不断完善韩国—东盟自由贸易协定机制，争取在2020年底前将双方贸易规模扩大至2000亿美元，极大地促进了韩国与东盟区域经济一体化的进程。由此也可以看出，韩国高度重视同东盟发展经济合作关系。2018年11月，韩国总统文在寅呼吁要加强韩国与东盟之间的关系，认为目前东盟是世界第二大经济市场，仅次于中国，韩国将进一步加强与东盟国家的经贸合作。

劳动力成本优势将促进东盟各国在劳动密集型产业的接包。随着中国这一重要接包国的劳动力成本上升，大量韩国制造业发包企业急需寻找劳动力成本低廉的国家来承接价值链低端环节业务。越南、菲律宾等东盟成员国的劳动力成本具有明显优势，虽然这些国家的市场规模有限，劳动力素质与中国、印度这些传统服务外包大国相比也有差距，但人口红利是这些国家最大的接包优势。韩国ICT、电子信息、智能手机等产业快速发展，迫切要求自身专注于核心环节，而将附加价值低的生产环节剥离至劳动力成本更低的国家，东盟各国是不二选择。以菲律宾为例，自2001年发展服务外包以来，菲律宾凭借低廉的劳动力成本和较高的英语水平，成为各国发包企业的第一选择，在菲律宾投资服务外包企业的国家主要是美国、日本、韩国等传统的发包大国，服务外包也成为菲律宾近年来发展最快的行业之一。2010年，菲律宾共有52.5万人从事服务外包工作，该行业的就业人数年增长24%。国际数据公司（IDC）的数据显示，到2021年，菲律宾的企业进行数字化转型将创造5亿美元的外包服务总额。

韩国与东盟各国之间的服务外包合作还将主要集中于价值链低端环节。虽然菲律宾、越南等东盟国家具有突出的劳动力成本优势，但劳动力素质较低、高端科技的发展相对落后仍是制约这些国家服务外包发展的因素。因此，短期内韩国对东盟各国的发包业务还主要集中于附加值较低的价值链低端环节。以韩国与越南的合作为例，2019年前11个月，韩国对越南投资额位居越南外资第二，但当越南向三星发出邀请希望三星在越南建立芯片制造厂时，三星没有对此表现出任何兴趣，主要是考虑到芯片制造需要国际一流人才，而越南国内的实际情况显然还达不到这一要求。韩国与越南的服务外包合作仍集中在劳动密集型产业，并且短期内不会有太大变化。

专题五 "一带一路"服务外包不断迈向高质量发展之路

朱福林[①]

引 言

2019年11月,《中共中央国务院关于推进贸易高质量发展的指导意见》指出,要加快服务外包转型升级,坚持共商、共建、共享,深化"一带一路"经贸合作。作为"一带一路"建设"五通"中的组成部分,贸易畅通是推进"一带一路"建设的重点内容。与"一带一路"沿线国家发展对外贸易是"一带一路"建设的重要落脚点。服务外包是我国与"一带一路"国家和地区开展对外贸易的重要方式,"一带一路"沿线新兴市场成为我国服务外包增长的新引擎。近年来,我国服务外包快速发展,已成为我国生产性服务出口的主要途径,推动我国在全球价值链中的地位不断稳步提升。发展服务外包日益成为我国产业结构转型升级、吸纳中高端人才就业、培育国际竞争新优势与提升全球价值链地位的重要路径。在加快推进与沿线国家和地区互联互通、开展国际产能合作的背景下,发展面向"一带一路"的服务外包有助于我国服务外包产业开展全球布局、提升中国服务外包的国际影响力与品牌竞争力。

新冠肺炎疫情对我国承接国际服务外包造成巨大影响,也对我国承接"一带一路"沿线国家和地区服务外包造成巨大影响。据商务部中国服务外包

[①] 朱福林,商务部研究院副研究员。

研究中心《中国服务外包景气指数报告》，2020年第一季度，中国服务外包企业家信心指数和企业综合生产经营景气指数均低于100枯荣线，分别为89.00和93.67。从分项指标看，所有指标均低于100枯荣线，其中合同数量、合同金额和企业营业收入指标垫底，表明受新冠肺炎疫情影响，中国服务外包企业接单量显著下滑，企业营收受到巨大影响。新冠肺炎疫情暴发于春节期间，正值服务外包企业开拓国际市场、续签或新签合同为全年业绩打牢基础的关键时期，新冠肺炎疫情的全球蔓延严重打乱了国际服务外包业务的正常节奏。更糟糕的是，很多国际业务一旦失去则意味着可能永久流失。新冠肺炎疫情初期，全国性隔离措施导致企业员工返工受阻，相当数量的服务外包企业反映难以按照合同、按时保质地履约。随着新冠肺炎疫情肆虐全球，很多国家和地区采取严格的限入措施，导致全球要素流动中断和经贸活动锐减，全球多地失业率飙升，全球服务发包市场大幅萎缩。我国服务外包面临的困境由初期的供给侧复工难转变为目前的需求侧订单难。"一带一路"沿线不少国家和地区是新冠肺炎疫情的重灾区，其医疗卫生条件相对落后，医护与救治资源严重短缺，疫情防控面临相当严峻的挑战，疫情冲击存在反复的可能。这些因素都导致我国与"一带一路"之间经贸与人员往来严重受限，造成"一带一路"服务外包市场面临严重困局。此外，受新冠肺炎疫情影响，我国部分"一带一路"项目与工程暂缓，对我国来自"一带一路"沿线的跟随型服务外包造成重创。

一、"一带一路"倡议持续推进为我国服务外包不断创造新空间

习近平主席提出"一带一路"倡议是在2013年下半年。2013年9月，习近平主席在哈萨克斯坦发表重要演讲，首次发出了共同建设"丝绸之路经济带"的倡议；同年10月，习近平主席在印度尼西亚国会发表演讲，首次提出与东盟国家共同建设"21世纪海上丝绸之路"的美好愿景；同年11月党的十八届三中全会上通过《中共中央关于全面深化改革若干重大问题的决定》，明确提出"推进丝绸之路经济带、海上丝绸之路建设"的新任务。"一

带一路"建设正式拉开序幕，在开创对外开放新格局的同时，也为我国拓展"一带一路"服务外包市场提供了重大历史机遇。

2014年底，"一带一路"专项投资基金——丝路基金正式启动运作。2015年2月1日，推进"一带一路"建设工作领导小组正式成立；同年3月，国家发展改革委、外交部、商务部联合发布《推动共建丝绸之路经济带和21世纪海上丝绸之路的愿景与行动》，这是中国发布的首份关于"一带一路"的政府白皮书。2017年5月，推进"一带一路"建设工作领导小组办公室发布了《共建"一带一路"：理念、实践与中国的贡献》，总结了3年以来的工作成果；同年5月14日至15日，首届"一带一路"国际合作高峰论坛在北京举行，来自130多个国家和70多个国际组织的1500多名代表参会，形成了76大项、270多项具体成果，成为该年中国最大规模主场外交。随着"一带一路"建设框架不断建立与完善，各项互联互通项目及建设工程不断推进，由此产生出大量跟随型服务外包需求，为我国外包企业"走出去"创造出一片蓝海。

2018年8月27日，习近平主席出席推进"一带一路"建设工作5周年座谈会并发表重要讲话，提出了"一带一路"建设要向高质量发展转变。2019年，是"一带一路"不断迈向高质量发展的一年，又有16个国家和国际组织同中国签署共建"一带一路"合作文件，使文件总数上升至199份①。2019年4月，共有39位外方领导人、150个国家、92个国际组织、6000多位外宾出席第二届"一带一路"国际合作高峰论坛。7年以来经过各方的不懈努力，"一带一路"建设已成为当今世界各国欢迎并参与的重要国际经贸合作平台。"一带一路"建设的深入推进为我国服务外包产业转型不断创造市场新空间和新动力，为我国服务外包产业高质量发展提供了强有力的支撑。

2020年，政府工作报告指出，高质量共建"一带一路"，要坚持共商、共建、共享，遵循市场原则和国际通行规则，发挥企业主体作用，开展互惠互利合作。"一带一路"高质量推进，为中国"一带一路"服务外包高质量发展创造了条件。2020年1月，商务部等八部门联合发布《关于推动服务外包加快转型升级的指导意见》，构建全球服务网络体系，鼓励向"一带一路"

---

① 中国"一带一路"战略研究院. 数观2019年"一带一路"：成果斐然[Z]. 2020-01-01.

沿线国家和地区市场发包,支持中国技术和标准"走出去"。随着我国服务外包企业实力的增强,未来不仅要继续承接"一带一路"服务外包,也要向"一带一路"国家和地区发包,将中国服务标准、技术、规范等扩散出去,不断提高中国经贸规则制定话语权。

二、"一带一路"服务外包发展现状与特征

在"一带一路"建设的推动下,中国"一带一路"服务外包规模不断增加,其在中国离岸服务外包中的重要性逐渐提高。"一带一路"服务外包的发展促进中国离岸服务外包市场多元化趋势日益增强,并为中国服务外包企业国际化提供巨大舞台。

(一)"一带一路"服务外包规模不断扩大

随着"一带一路"建设的不断推进,我国承接"一带一路"服务外包规模总体上呈现不断扩大态势。2014—2019年,我国承接"一带一路"服务外包执行额由98.4亿美元增长至185.0亿美元,增至近两倍。从执行额来看,"一带一路"服务外包占我国离岸服务外包的比重由2014年的17.60%提高至2019年的19.10%(见图4-19)。近年来,我国承接的"一带一路"服务外

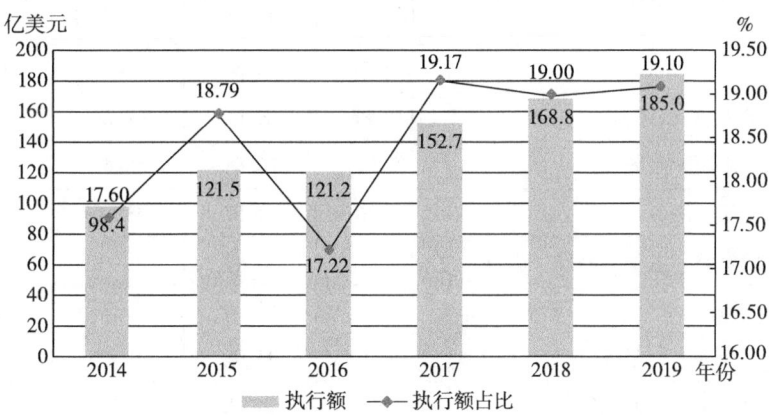

图4-19 我国承接"一带一路"服务外包规模与占比
资料来源:商务部。

包在我国整体离岸服务外包中保持较为稳定的地位，占比维持在 19.00% 左右。承接"一带一路"服务外包已成为我国离岸服务外包的重要组成部分，对我国服务外包产业发展起到重要的推动作用。

（二）"一带一路"服务外包结构呈现高端化特征

2019 年，我国承接"一带一路"服务外包结构高端化特征显著，如表 4-4 所示。在协议金额方面，信息技术外包为 118.86 亿美元，同比增长 9.68%，占协议总金额的 37.46%；业务流程外包为 37.97 亿美元，同比增长 11.56%，占协议总金额的 11.97%；知识流程外包高达 160.45 亿美元，同比增长 28.79%，占协议总金额的比重高达 50.57%。知识流程服务外包不仅占比最高，增速也是三者中最快的。在执行金额方面，信息技术外包为 69.26 亿美元，同比增长 1.73%，占执行总金额的 37.44%；业务流程外包为 26.18 亿美元，同比增长 32.68%，占执行总金额的 14.15%；知识流程外包为 89.54 亿美元，同比增长 11.70%，占执行总金额的 48.41%。协议额与执行额数据都显示，知识流程服务外包在我国"一带一路"服务外包中占比最高，说明"一带一路"服务外包结构具有高端化特征。

表 4-4　2019 年我国承接"一带一路"服务外包按出口方式分类情况

项目	协议金额（亿美元）	同比增长（%）	执行金额（亿美元）	同比增长（%）
总计	317.28	18.84	184.97	10.12
信息技术外包（ITO）	118.86	9.68	69.26	1.73
信息技术研发服务	85.60	16.81	46.40	-15.44
软件研发服务	54.26	14.57	33.85	-18.96
集成电路和电子电路设计服务	8.56	31.49	6.44	0.45
测试服务	1.95	16.64	1.56	11.33
电子商务平台服务	0.81	93.01	0.73	77.57
信息技术解决方案服务	0.88	128.82	0.56	105.94
其他信息技术研发服务	19.14	13.02	3.26	-29.27

续表

项目	协议金额（亿美元）	同比增长（%）	执行金额（亿美元）	同比增长（%）
信息技术运营和维护服务	29.98	-8.49	19.76	81.24
信息技术运营和维护服务	29.27	-8.54	19.13	86.33
其他运营和维护服务	0.66	-11.98	0.58	-7.70
新一代信息技术开发应用服务	3.28	41.29	3.10	34.42
云计算服务	0.09	-96.28	0.05	-97.79
业务流程外包（BPO）	37.97	11.56	26.18	32.68
内部管理服务	2.67	85.18	1.63	57.19
人力资源管理服务	0.85	91.49	0.87	470.47
财务与会计管理服务	0.97	101.54	0.25	-32.66
法律流程服务	0.00	-73.22	0	-73.56
其他内部管理服务	0.85	72.47	0.49	0.14
业务运营服务	22.16	6.00	15.69	34.91
互联网营销推广服务	0.36	97.64	0.22	29.90
呼叫中心服务	1.06	-39.79	0.93	-24.49
供应链管理服务	10.71	-2.65	6.73	43.02
采购外包服务	4.94	30.95	3.21	-3.02
其他业务运营服务	4.19	0.06	3.89	79.44
维修维护服务	13.10	12.30	8.86	25.46
知识流程外包（KPO）	160.45	28.79	89.54	11.70
商务服务	3.13	-65.40	2.13	-57.69
知识产权服务	0.14	-74.19	0.08	-68.74
大数据服务	1.02	-82.01	0.89	-72.79
管理咨询服务	0.83	-57.11	0.44	-47.76
检验检测服务	1.02	20.28	0.67	6.77
其他商务服务	0.12	152.04	0.06	18.63
设计服务	138.21	40.95	72.53	19.06
工业设计服务	48.38	43.15	35.41	24.24

续表

项目	协议金额（亿美元）	同比增长（%）	执行金额（亿美元）	同比增长（%）
工程技术服务	82.48	43.13	33.81	22.77
文化创意服务	0.58	-35.16	0.30	-7.51
其他技术服务	4.57	-20.28	2.21	-51.29
研发服务	19.03	9.96	14.79	7.39
医药和生物技术研发服务	4.74	-17.42	3.98	7.56
其他研发服务	13.78	19.17	10.32	2.50

资料来源：商务部。

（三）"一带一路"服务外包促进市场多元化

随着中国跻身世界第二大服务外包大国，中国服务外包企业国际化经营能力大大增强，推动中国离岸服务外包业务市场覆盖范围不断拓展。特别是随着"一带一路"倡议的落实及"五通"的不断推进，中国与"一带一路"沿线国家和地区的经贸交流合作不断加深，中国离岸服务外包在传统主要来源国外不断开辟"一带一路"新兴市场，市场多元化趋势日益显著。在欧美等服务外包市场增长放缓的情况下，"一带一路"服务外包成为我国承接离岸服务外包的重要稳定器。2018 年，武汉市承接"一带一路"沿线国家服务外包合同执行额为 2.96 亿美元，同比增长 32.19%，占武汉市离岸服务外包总额的 38.44%[1]。2019 年，南京市离岸服务外包"一带一路"市场迅速扩大，共有 127 家企业分别承接俄罗斯、以色列、巴基斯坦等 37 个国家和地区的服务外包业务。其中，有 8 个国家和地区增幅超过 100%，俄罗斯增幅更是高达 258.90%。随着共建"一带一路"进入高质量发展新阶段，中国将进一步加强与相关国家和地区在数字技术、工业设计、工程建设、电子商务、文化创意等服务领域的国际合作，进一步带动中国高铁、核电、通信、移动支付等领域技术和标准加快"走出去"。"一带一路"市场将为中国服务外包产业转

---

[1] 商务部研究院. 中国服务外包品牌报告[R]. 2019.

型升级注入持久新动力,在我国服务外包产业格局中的地位也将不断提高。

(四)"一带一路"服务外包企业实力不断壮大

"一带一路"为包括服务外包企业在内的中国企业"走出去"、国际化运营提供了巨大的试验舞台,对提升我国企业国际竞争力具有重大意义。国际化一直是我国企业的短板,借助"一带一路"建设这一历史机遇,通过国际化经营的亲身实践,我国企业在"走出去"过程中不断深化体制改革,提升管理水平,逐步建立规范有序的现代企业管理体系,不断迈向国际化现代企业集团。"一带一路"基础设施投资与建设过程中产生的大量生产性服务需求,带动我国生产性服务企业"走出去"。"一带一路"建设项目创造了大量建筑工程设计需求,为中国建筑设计研究院等相关企业"走出去"提供了良好契机。目前,中国建筑设计研究院境外员工达2000多人。随着"一带一路"服务外包市场的不断拓展,中国数字企业经过深耕细作,不断积累实力,涌现出一批优秀的服务外包企业。如浩鲸科技获"2018年度中国服务外包一带一路领军企业",在全球多地拥有十几个能力中心,业务范围覆盖全球80多个国家和地区的电信、政府领域及其他行业客户,作为智慧城市领军企业之一,深度参与了全球100多座城市的新型智慧城市建设。

三、我国"一带一路"服务外包迈向高质量发展面临的主要问题

虽然中国"一带一路"服务外包在规模上获得快速发展,但由于"一带一路"沿线大多数国家和地区经济发展水平偏低,导致"一带一路"服务外包技术含量不高。由于"一带一路"沿线内生性服务外包需求量有限,很多跟随型服务外包主要来源于中国企业在当地的"一带一路"工程项目。从自身角度来看,中国服务外包企业竞争优势不足也是制约其承接高技术含量服务外包的主要障碍。

（一）"一带一路"服务外包知识技术含量相对较低

目前，我国离岸服务外包来源地仍较为集中。据商务部数据，2019年，美国、欧盟和中国香港仍是我国内地前三大发包市场，合计占发包总额的54.5%[①]。虽然"一带一路"沿线国家和地区数量众多，但大部分经济、科技及产业发展水平不高，服务外包需求规模相对较小，高科技服务发包需求更少。事实上，我国内地承接的"一带一路"服务外包大多来自东南亚发达经济体，如中国香港、新加坡等。与欧美国家的服务外包相比，"一带一路"沿线国家和地区的服务外包技术含量总体相对不高，因而很难从其服务外包业务中获得可观的技术溢出效应。另外，从服务贸易结构上也可以看出"一带一路"沿线国家和地区服务外包技术含量偏低，相互之间服务贸易合作仍集中在旅游、运输、建筑三大传统领域，2017年这三方面的总占比高达75.5%，而金融服务、计算机和信息服务、专利服务等高附加值的新兴服务贸易虽然增速较快，但是整体占比较低，不足1/4[②]。此外，从自身因素来看，虽然我国拥有大量服务外包企业，但所承接的国际外包业务整体上仍相对低端，外包业务的技术含量不是很高，且仍处于各自为战的国际化初级阶段，尚未形成出海合力、规模经济和品牌效应，从而限制了我国服务外包企业与印度等服务外包强国企业争夺"一带一路"沿线高质量服务外包的能力。

（二）我国"一带一路"服务外包过多依赖"一带一路"项目

来自"一带一路"沿线国家和地区的服务外包业务，相当一部分源于我国在当地投资建设项目催生的服务外包需求，"一带一路"服务外包对"一带一路"建设项目的依赖较为严重。虽然数据显示，在我国"一带一路"服务外包中，知识流程外包占比最高，但实际上，在知识流程外包中占很大比重的是工业设计服务与工程设计服务，两者加在一起共占到知识流程外包的77.3%，这两项服务很大比例应是来自我国在"一带一路"沿线国家和地区

[①] 中国商务部发布2019年全国服务外包发展情况[EB/OL]. 中国商务部网站. 2020-02-21.
[②] 张琼. 服务贸易助推"一带一路"高质量合作的思路与对策[J]. 国际经济合作,2019(6):62-70.

的投资建设项目,而由其自身经济发展所释放出来的对我国外包服务的内在需求相对较小。在这种情况下,倘若受政治、地缘等因素影响,我国缩减对其投资规模或压缩建设项目,将直接导致我国"一带一路"外包服务规模减小。自新冠肺炎疫情暴发以来,我国与"一带一路"国家和地区的投资项目严重受阻,导致短期内我国"一带一路"服务外包大幅萎缩。因此,如何保证"一带一路"沿线国家和地区对我国外包服务需求具有持续性内生需求,是中国服务外包企业和相关部门需要重视的一个问题。

(三) 我国服务外包竞争新优势还有待提高

从总体规模来看,我国已是仅次于印度的全球服务外包第二承接大国。但与印度、爱尔兰等世界服务外包强国相比,我国服务外包国际竞争力还存在一定差距。印度具备天然的英语语言及文化制度优势,语言是离岸服务外包的门槛性因素,印度人的英语能力极其有效地克服了服务外包过程中最基本的沟通障碍问题。印度从事服务外包的时间较早,已形成相当成熟的流程运作与质量管理体系,可以实现高度精细化交付。印度长期以来深耕欧美市场,参与程度较深,且多以离岸服务外包为主,从承接数量与质量来看,其获得的服务外包合同均强于中国。而目前,我国服务外包仍处于大而不强、体系全而不精、结构优而不坚等阶段,以中小企业居多,还未能产生像印度塔塔、Infosys、Wipro 这样的全球性服务外包超级知名企业。我国很多服务外包企业的发展理念也较为落后,仍停留于生产产品的思维模式上,而未能转向服务思维的模式。另外,随着国内人力成本的上升,我国在劳动力成本上的优势也逐渐消失。据相关测算,目前印度劳动力成本约为中国的 1/3 ~ 1/4[①],东部地区的工资成本接近或达到发达经济体水平。另外,虽然我国数字经济企业在国内市场发展强劲,但国际化经营能力较弱。据国际权威监测机构 Sensor Tower 数据,2020 年 5 月抖音 89% 的营收来自国内,国外营收占比相对较小。

---

① 杨虹."一带一路"促服务外包跨进黄金新十年[N].中国经济导报,2017 - 09 - 20(B03).

四、"一带一路"服务外包高质量发展潜力与风险分析

近年来,"一带一路"沿线所有地区对中国服务外包需求呈较为明显的增长趋势,反映出服务外包在这些地区具备稳定的增长潜力。在中国内地离岸服务外包来源地方面,"一带一路"服务外包市场已经成为仅次于美国、欧盟、中国香港的第四大市场。随着美国、欧盟贸易保护主义的抬头和"一带一路"建设合作的深入,"一带一路"服务外包市场对于我国构建全面开放新格局的重要性将愈加显著。为此,应在识别风险的基础上充分挖掘"一带一路"服务外包市场潜力。

(一)"一带一路"服务外包增长潜力分析

1. "一带一路"服务外包潜在需求较为可观

随着我国与"一带一路"沿线经贸合作的加深,"一带一路"服务外包潜在需求将得到进一步释放。相较于大多数"一带一路"沿线国家和地区,我国在互联网、信息及通信技术及产业应用方面拥有较为显著的比较优势,不少沿线国家和地区对我国高质量互联网及信息通信服务存在长期需求。另外,"一带一路"较为发达的地区,如新加坡、中国香港等,受限于自身人力成本高等因素,是中国内地"一带一路"服务外包的主要来源地。其中,2019年中国香港是仅次于美国和欧盟地区的第三大服务发包市场。对于一些经济欠发达地区,如南亚、北非、西亚等,目前对我国的服务外包需求虽然总量较小,但呈现稳步增长的趋势。目前中东欧在我国服务外包来源地中占比也不大,但随着"一带一路"建设合作的深入及当地经济的振兴,其服务外包业务量增长率有望是未来"一带一路"沿线地区的佼佼者。

2. "一带一路"深入合作推动服务外包扩张

得益于合作机制的不断深入,"一带一路"国家和地区对于中国的服务外包需求将在未来一段时间内保持稳定增长。"一带一路"沿线国家和地区对我国的服务外包需求有相当一部分是与中国对当地的投资相伴而产生的。政府间双多边协议合作共识不断达成,合作项目实施经验不断积累,不断推动

"一带一路"沿线跟随型服务外包需求的增长。国内相关重大利好政策的不断出台也为我国发展"一带一路"服务外包打开新局面。2019年,国务院发布《西部陆海新通道总体规划》,该通道位于我国西部地区腹地,北接"丝绸之路经济带",南连"21世纪海上丝绸之路",对我国西部地区与"一带一路"沿线国家和地区深化国际经贸合作与开拓服务外包新领域起到重要促进作用。我国与"一带一路"合作机制的细化也为高质量服务外包创造利好条件。例如,我国发布《标准联通共建"一带一路"行动计划(2018—2020年)》,与49个国家和地区签署85份标准化合作协议;组织召开"一带一路"税收合作会议,发布《阿斯塔纳"一带一路"税收合作倡议》,税收协定合作网络延伸至111个国家和地区,"一带一路"税收合作长效机制日趋成熟;与49个沿线国家联合发布《关于进一步推进"一带一路"国家知识产权务实合作的联合声明》;2019年4月,在第二届"一带一路"国际合作高峰论坛上,中国财政部部长刘昆指出,在各方努力下,多元、包容、可持续的"一带一路"融资体系初步建立;等等。

3. 数字化趋势不断扩大"一带一路"服务外包新空间

新冠肺炎疫情对全球贸易模式产生深刻影响,凸显数字贸易重要性并加速贸易数字化趋势。一定程度上,此次疫情将整个世界推向数字网络,各个国家和企业都在极力加强数字化转型,客观上进一步助推全球数字经济与数字贸易的大发展。新冠肺炎疫情的全球蔓延及对数字贸易的影响可能转化为多边数字贸易谈判的动力,鼓励各国加强国际合作,不断促进数字贸易合作及消除数字贸易壁垒。数字化原本就是服务外包发展的重要趋势,新冠肺炎疫情进一步加速服务外包数字化转型。中国积极倡导连接"21世纪数字丝绸之路",不断推进通信、基础设施、电子商务、智慧城市等数字经济领域的国际合作,"数字丝绸之路"建设已成为共建"一带一路"的重要组成部分。截至2018年12月,中国与埃及、老挝、沙特阿拉伯、塞尔维亚、泰国、土耳其、阿联酋等国家共同发起《"一带一路"数字经济国际合作倡议》,与16个国家签署"数字丝绸之路"建设合作谅解备忘录。2019年,李克强总理与东盟国家领导人将2020年确定为中国—东盟数字经济合作年。在"一带一路"数字经济合作机制建设日益完善的前提下,数字技术的不断普及,将极大地推动"一带一路"服务外包新业态、新模式的形成，原先不可外包的服务逐渐具备"可外包性"，服务企业外包过程更具效率，从而为我国与"一带一路"沿线国家和地区开展服务外包合作创造新机遇。

（二）"一带一路"服务外包风险分析

虽然"一带一路"沿线可以成为中国服务外包的新蓝海，但各国经济发展、人文环境、法律体系以及交通运输条件差异较大，对服务外包企业开拓新市场提出了很多新难题。"一带一路"沿线65个国家中，12个是发达国家，占比为18%，53个为发展中国家，占比为82%，各国经济发展阶段不尽相同，对服务外包的需求差异性也很大，无法形成协同效应。同时，"一带一路"国家涉及多个民族、多个种族、多个宗教，从而进一步增加了市场的复杂度。我国服务外包企业在沿线国家拓展新市场时需要对当地的法律法规、风土人情、物流条件、产业基础进行深度考察，这也增加了市场进入的难度。尤其是对于中小型服务外包企业而言，开拓沿线国家市场对其自身实力提出更大挑战。

1. 经济层面的风险

总体来看，大多数"一带一路"国家和地区利润空间有限。例如，抖音的印度下载量占其海外的20%，但抖音海外营收最大来源地是美国，第二是土耳其，印度的下载量与营收贡献度严重不相称。从"一带一路"沿线国家（地区）自身经济发展状态来看，除了中国香港、新加坡等个别发达地区外，"一带一路"沿线国家和地区绝大多数都是发展中经济体，目前大多数国家和地区仍面临产业结构单一、金融服务不成熟、国际合作经验相对匮乏等发展难题，对我国与这些国家和地区开展服务外包合作造成一定的限制和阻碍。另外，除少数几个发达经济体之外，大部分国家（地区）法治化营商环境、法律制度等较为落后，中国服务外包企业承接这些国家和地区的服务外包时，一旦遇到法务方面的问题，解决起来往往难度较大，从而影响服务外包效率。除单个国家和地区法律法规发展滞后之外，沿线国家和地区之间在国际贸易相关制度层面存在不小差异，在承接不同国家和地区的服务外包时，我国企业须熟悉和区别不同的经济制度与环境，这有碍于我国服务外包获得国际业务的规模经济效应。

2. 政治层面的风险

很多"一带一路"沿线国家和地区位于众多世界主要经济体（如中国、欧盟以及俄罗斯）的邻边位置，历来具备重要的地缘战略价值，其中一些地区一直是大国进行政治角力的"主战场"，美国出于其全球利益格局的考虑也"不远万里"地介入"一带一路"沿线地区的国际事务中。各大国的参与将明显地影响着当地政治局势和对外政策，势必给相关的服务外包产业带来风险。除了外部势力的介入之外，"一带一路"沿线部分国家和地区内部经常出现政局不稳状况，如泰国的军政冲突、印度复杂的政党冲突等。一些沿线国家和地区边境也存在着难以调和的长期摩擦，比如巴以冲突、印巴冲突等。这些问题的存在对其本土服务外包产业发展造成很大的负面影响，其发包业务的稳定性也存在较大的风险，不利于我国服务外包企业通过承接其服务外包实现利润保障，大大影响我国企业与这些国家和地区开展服务外包的积极性。印度作为一个超级人口大国，近年来经济快速增长，展现出较大的合作潜力，但中印边境角逐态势给中印经贸合作带来了挑战。

3. 认知层面的风险

虽然我国与"一带一路"沿线国家和地区的合作总体上较为顺利，但部分"一带一路"国家和地区出于各自考虑，对与中国的经贸合作持保守态度，认为中国的投资建设会破坏当地的生态环境，中国提供的商品服务会打压当地同行业企业的发展。出于保护主义意识，部分国家和地区对与中国开展服务外包合作也持谨慎态度，从而不利于"一带一路"建设和中国服务外包产业的发展。有些"一带一路"国家和地区存在明显的地域倾向性和内向性，如东欧国家在民族、习俗及意识形态等方面更接近西欧，很多东欧国家已经或正在酝酿加入欧盟，东欧诸国在进行国际合作或选择合作伙伴时，更倾向于西欧等发达国家，而对中国提出的合作倡议表现出较为消极的不信任态度。虽然近年来东欧地区与我国服务外包的增速较快，但总量与占比依然很小。事实上，目前除塞尔维亚之外，东欧地区大多数国家与我国的合作进展均比较缓慢。

4. 人文层面的风险

我国与"一带一路"沿线国家和地区在语言、文化习俗、宗教信仰等方面都存在明显差异。我国服务外包企业在承接其相关业务时，将面临由此带来的潜在风险。由于观念上的差异导致合作双方对一些具体环节落实的态度不同，双方合作过程不顺畅。我国与"一带一路"沿线国家和地区语言差异也较大，除了新加坡、马来西亚等东南亚国家之外，其他地区的汉语普及程度并不理想，因此跨越语言障碍存在很大困难。在很多"一带一路"沿线国家和地区英语具有较高的普及率，对我国与印度竞争"一带一路"服务外包市场形成不利影响。中东地区伊斯兰教盛行，其观念与我国差异较大，在合作过程中受到宗教因素的影响非常明显，很多合作在伊斯兰教义的影响下很难进行甚至无从开展。

五、"一带一路"服务外包高质量发展战略对策

习近平总书记在推进"一带一路"建设工作 5 周年座谈会上指出，经过夯基垒台、立柱加梁的 5 年，共建"一带一路"正在向落地生根、持久发展的阶段迈进。"一带一路"建设成功抵抗住新冠肺炎疫情带来的负面冲击，进一步说明"一带一路"建设具有强大的生命力。在全球经济面临巨大下行压力情况下，中国的"一带一路"为世界经济注入了一剂强心针。面临新冠肺炎疫情的不利影响，2020 年第一季度我国与"一带一路"沿线国家和地区的贸易仍实现 3.2% 的增长。7 年来不断完善的日益牢固的"一带一路"合作机制，为我国服务外包产业转型提供了重大机遇。随着"一带一路"合作逐渐向高质量发展转变，"一带一路"服务外包也将迈向高质量发展之路。

（一）加强互信，推动经济一体化，助力服务外包

经济合作的前提与基础是互信，如果不具有信任基础，经济合作即使能取得一时收益也很难长久。2020 年 5 月 28 日，世界贸易组织发布年度工作报告，世贸组织总干事罗伯托·阿泽维多在报告的前言中指出，在新冠肺炎大流行以及巨大的经济影响下，国际贸易面临前所未有的不确定性。在此局面

下，各国政府和国际组织之间的合作与团结至关重要，世界各国必须团结起来应对病毒大流行，为经济复苏奠定基础。由于"一带一路"沿线国家和地区制度、文化、发展水平差异性很大，各国及区域间信任水平不高，在"一带一路"如此众多国家和地区之间构建多边互信更是难度巨大。信任缺失也是导致长期以来亚太地区经济一体化举步维艰的关键因素。因此，未来"一带一路"深度合作若想取得重大进展，必须建立充分而全面的信任关系。在增强信任的基础上，通过机制化建设不断加强经济一体化，为要素、资源、投资等创造自由化、便利化流动的制度环境。在"一带一路"沿线经济一体化程度不断加深的前提下，服务外包自然也能得到长足发展。

（二）大力发展"一带一路"数字服务外包

在全球数字贸易迅猛发展势头的带动下，数字化将成为"一带一路"沿线国际贸易发展的重要趋势之一，服务外包在沿线国家和地区经济数字化水平不断提高的过程中也将日趋数字化。通过贸易方式与内容的数字化变革可以大大节约交易成本，可以避免因类似新冠肺炎疫情导致贸易中断的不利影响。因此，应积极推动"一带一路"服务外包数字化转型，通过多边及双边谈判机制不断加强"一带一路"数字贸易规则的制定。目前，全球数字贸易新规则仍处于激烈博弈阶段，一旦形成，将增强跨国企业全球发包的意愿，推动全球服务外包数字化发展。面对数字化浪潮，我国服务外包企业应紧跟数字化技术前沿，不断加强数字技术应用与开发能力，提高数字化环境下接包与交付本领，加强数字化转型，为服务外包数字化发展大势做积极准备。在"一带一路"沿线国家和地区，数字技术应用及数字经济发展水平落差很大，一些国家和地区的经济数字化水平较落后，而另一些国家和地区数字经济发展较好，因此针对数字化水平不同的国家和地区应采取差异化策略。对于数字经济落后的国家和地区，虽一时难以与其开展数字贸易，但可通过参与其数字基础设施建设，不断输出中国技术与标准，提高中国数字软硬件的国际占有率，为将来我国服务外包开拓市场打基础。对数字经济基础较好的沿线国家和地区，应积极与其发展数字服务外包，不断获得数字技术溢出效应。

（三）实行"分区分策"的推动路线

由于"一带一路"沿线地区经济发展阶段差异很大，应对不同地区实施不同的对策。相关研究提出，综合评估"一带一路"沿线国家和地区的经济基础、市场条件及合作意向，将"一带一路"服务外包市场目的地按优先、鼓励、关注三个层次予以有序推进①。东盟作为共建"一带一路"特别是"21世纪海上丝绸之路"的重点地区，可作为"一带一路"服务外包的优先发展区域。首先，东盟拥有较大经济体量，具有服务外包发展空间。据《东盟融合报告》报道，2019年东盟以3.0万亿美元的体量跃升为全球第五大经济体，东盟对外贸易规模达2.8万亿美元，吸引外国直接投资规模达1547.0亿美元②。其次，东盟与我国密切的经贸关系为我国与东盟开展服务外包合作提供了优良条件。中国已连续10年成为东盟第一大贸易伙伴，2019年东盟超越美国上升为中国第二大贸易伙伴，与中国的贸易额在东盟对外贸易总额中的占比超过两成。中国企业在东盟累计投资已突破1000亿美元，共建有25个经贸合作区。最后，东盟内部区域一体化进程加快，不断促进统一内部市场的形成，有利于我国服务外包企业横向开拓东盟市场。东盟部分成员国同时也是高标准国际协定CPTPP的成员，其他成员国也表达出加入意向。2019年，《区域全面经济伙伴关系协定》取得重大实质性进展。这些区域协定的形成和出台，将推进东盟市场准入规则的统一化，从而节约我国服务外包等企业进入东盟的交易成本。对于"一带一路"沿线服务外包不发达的国家和地区可以采取鼓励、关注等策略，通过加强通信、信息技术合作不断培育有效市场。

（四）充分发挥国际商务促进机构的作用

国际经验表明，发展国际经济合作离不开各类政府及非政府中介机构的推动。在我国开拓"一带一路"服务外包市场时，应注重发挥不同类型中介

---

① 构建面向"一带一路"服务外包合作新体系(上)[N].国际商报,2016-06-24(A06).
② 东盟将加速推进区域一体化建设[N].经济日报,2020-01-09(08).

机构的商务促进作用并形成强大合力。"一带一路"沿线部分国家和地区面临政局不稳、地缘危机、恐怖主义等不同类型的高风险。因此，在合作之前必须进行充分的风险评估。驻地使领馆应积极发挥政府间的联结纽带作用，及时向国内传递当地政经局势变动、产业投资机会等信息并提供风险预警，为有志于开拓国际市场的服务外包企业提供与国外企业和机构对接的渠道。我国在"一带一路"沿线国家拥有大量的使领馆机构，调动其能动性，可加速促进我国服务外包走向"一带一路"。具有强大组织能力的中介机构如贸促会、商会、协会、论坛等是推动国际贸易合作的重要力量。2019年，中国贸促会充分调动工商界力量参与共建"一带一路"，成功举办"一带一路"企业家大会，会上中外企业签署125项协议，总金额达640多亿美元[①]。应充分发挥"一带一路"沿线国家和地区中国商会的协调作用，为我国与当地企业、行业之间信息交流和资源共享搭建平台，帮助进入该地市场的中国企业架设与当地政府部门、相关机构、媒体、公众开展交流沟通的桥梁。对于我国企业在双边经贸活动中遇到的涉及面较广的难题，商会应积极深入了解情况，出面与当地各有关方面进行协商、谈判，探讨解决问题的方法，充分运用商会的影响力，发挥集体的力量，为中国企业会员争取应有的利益。

（五）加大中西部地区与"一带一路"的对接力度

近几年，中西部地区在国家政策的指导下，积极结合自身条件，经济建设与产业发展都取得了很大进步。但与发达省市相比，中西部地区仍有很大的进步空间与潜力。未来一段时间内，西部大开发与中部崛起仍将是我国大力推进的重大战略，从而使中西部地区具有长期政策优势，服务外包产业因而获得发展空间。另外，数字贸易摒弃面对面特征，可实现远程无接触交付，因而使中西部地区具有发展数字贸易的巨大潜力，在解决好人才这一关键性问题基础上，中西部地区完全可以实现数字贸易的追赶。近年来，中西部地区不少省市获得国家服务贸易和服务外包相关政策试验资格，许多中西部地区试点城市的服务贸易和服务外包发展环境得到大幅优化，大大提升了中西

---

① 申铖.中国贸促会:更加广泛调动工商界力量参与共建"一带一路"[N].新华社,2020-01-08.

部地区一些主要城市承接服务外包的能力。一些中西部地区服务外包示范城市也是"一带一路"倡议持续推进的重要节点城市,不少发展较好的城市拥有四通八达的交通网络体系,与"一带一路"沿线国家和地区的国际通道不断完善。总之,中西部地区具有发展面向"一带一路"服务外包的潜力和条件,应积极发挥中西部地区重要城市节点作用,发展面向"一带一路"的高质量服务外包。

主要参考文献

[1]王晓红. 我国服务外包产业的转型升级与创新发展[J]. 中国社会科学院研究生院学报,2019(1):35-51.

[2]姜荣春."一带一路"下我国服务外包产业创新转型的路径[J]. 人民论坛,2017(21):92-93.

[3]朱福林. 我国承接"一带一路"服务外包助推服务业开放新格局[J]. 全球化,2018(10):74-88.

[4]张琼. 服务贸易助推"一带一路"高质量合作的思路与对策[J]. 国际经济合作,2019(6):62-70.

V 区域篇

专题一　2019年度徐州市服务外包产业发展报告

沙琦[①]

作为全国重要的综合性交通枢纽、国家历史文化名城，徐州是国内较早推动服务外包产业发展的城市之一。自20世纪90年代初期以来，徐州市服务外包产业发展历经萌芽期（20世纪90年代初至2005年）、起步期（2006—2015年）和加速期（2016—2018年）等几个重要阶段。2016年12月，徐州市被江苏省商务厅正式认定为"江苏省服务外包示范城市"。2019年，徐州市以创建中国服务外包示范城市为目标，紧紧抓住全球数字经济发展新趋势和新机遇，把发展服务外包作为推动徐州市高质量发展、建设淮海经济区中心城市、推进双向开放、引领现代高端服务业集聚发展的重要抓手，整合资源，开拓创新，举全市之力加以推进，产业发展取得了显著成果。

一、徐州市服务外包产业发展总体情况

（一）外包规模迅速扩大，居淮海经济区首位

近年来，徐州市服务外包产业规模迅速扩大，淮海经济区服务外包领军城市地位进一步巩固。根据商务部服务外包统计平台数据，2019年全市服务外包合同额为47.08亿美元，同比增长23.62%；执行额为40.00亿美元，同比增长22.40%（见图5-1）。服务外包业务总量居江苏省第五位、淮海经济区首位，产业增幅居全省前列。

[①] 沙琦，鼎韬产业研究院副院长。

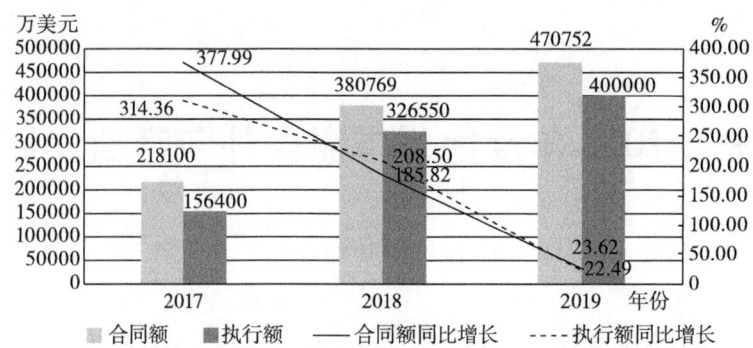

图 5-1 2017—2019 年徐州市服务外包产业规模及增长率
资料来源：徐州市商务局。

（二）离岸外包加速增长，全球市场多点覆盖

离岸服务外包产业规模进一步提升。2019 年，徐州市离岸服务外包合同金额为 7.75 亿美元，同比增长 50.28%，执行金额为 7.00 亿美元，同比增长 66.58%（见图 5-2）。全市开展离岸业务的服务外包企业共有 306 家，占全市服务外包企业总数的 16.00%，并培育出徐矿集团、海派科技、徐软信息、凯信电子、星星家电、康力源器材、精创电气、网博信息、星系文化传媒、黑丑文化、盛凡科技等一批离岸外包代表企业。

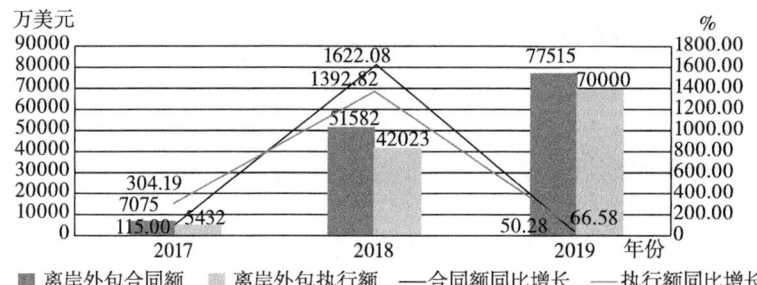

图 5-2 2017—2019 年徐州市离岸服务外包产业规模及增长率
资料来源：徐州市商务局。

离岸服务外包市场覆盖面进一步扩大。截至 2019 年底，徐州离岸服务外包市场已经覆盖全球 98 个国家和地区。其中，中国香港、美国、欧盟、中国台湾和日本等地为徐州市排名前五的离岸外包市场目的地，五个国家和地区

的服务外包业务总额约占2019年全市离岸外包业务总额的65%。

(三) 产业结构持续优化, 特色领域快速发展

服务外包产业结构持续优化。2019年,徐州市ITO、BPO、KPO执行额占比分别为23.63%、35.53%、40.84%,其中ITO、BPO、KPO离岸外包执行额占比分别为24.12%、20.04%、55.94%,产业结构进一步趋于平衡。

同时,徐州市服务外包业务正在逐步向软件和信息技术、人力资源、管理咨询、检验检测等现代服务外包高端价值链延伸。目前,徐州市已经基本形成了以徐工研究院、江苏新希望等为代表的软件研发外包,以徐工信息、瑞马智能等为代表的信息技术服务外包,以徐州福网信息技术有限公司、徐州威客天下文化传媒有限公司、徐州慧搜网络科技有限公司等为代表的互联网营销推广服务外包,以江苏星系文化传媒股份有限公司、江苏文旭信息技术有限公司等为代表的客户服务外包,以博才人力资源、徐州市友谊外事服务有限公司等为代表的人力资源管理服务外包,以徐州市万惠汇宇网络科技有限公司、徐州水清企业管理咨询有限公司等为代表的管理咨询外包,以徐州市产品质量监督检验中心、江苏通标环保科技发展有限公司为代表的检验检测外包服务等七大服务外包特色领域。

(四) 载体建设加快推进, 平台功能逐渐完善

近年来,徐州市着重推动省级服务外包示范城市发展,重点培育特色服务外包新园区建设与发展,全市服务外包产业载体设施逐步完备。截至2019年底,徐州市共建成服务外包载体建设面积超过300万平方米,产业集群效应逐步显现。目前,徐州市已拥有徐州经济技术开发区、徐州软件园、徐州高新区、淮海文化科技产业园和新沂互联网产业园等五个省级国际服务外包示范区,以及徐州市大学生创业园、江苏师范大学科技园等十个市级服务外包示范区。

2019年,徐州市开通了40G互联网国际通信专用通道,一大批公共服务平台相继建成,如徐工汉云工业物联网平台、软件测试平台、微软云暨移动应用孵化平台、SAP全球供应链综合服务平台、华为大数据服务平台、跨境

电商服务平台等，功能逐步完善，发挥作用突出，为企业承接服务外包业务提供了良好的服务保障。

（五）市场主体迅速成长，龙头企业相继入驻

截至 2019 年底，徐州市开展服务外包业务的企业总数达到 2333 家。微软、IBM、SAP、贝塔思曼等国际巨头，以及软通动力、华为、博彦科技、南大富士通、浪潮、猪八戒网等国内服务外包领军企业相继落户徐州。其中，贝塔思曼建设了共享服务中心、后台支持中心和营销服务中心；SAP 开展软件培训和供应链管理服务；软通动力建设大数据公共服务平台，开展智慧城市业务；华为建立了云计算数据中心，建设了淮海大数据产业园；华道数据开展金融呼叫外包，已达 3000 座席；中印 IT 走廊数字化合作平台上线，已经有 5 家企业落户。除此之外，徐工信息、徐矿集团、徐工电商、盛凡知识产权、精创电气等本土企业实力也快速增强。

（六）人才供给体系完善，培训机构逐渐增多

徐州市高度重视人才问题，依托本市教育资源优势，针对服务外包产业人才需求变化，加强人才引进与培养，提升人才服务水平，逐步建成完善的服务外包产业人才供给链条。截至 2019 年底，徐州市服务外包从业人员总数已达 122824 人。

徐州市科教资源丰富，高校数量和规模居全国地级市前列、淮海经济区首位。全市共有高等院校 14 所，年在校大学生达 20 万人，校内开设计算机、软件开发、文化创意、动漫、工业设计、建筑设计等服务外包相关专业，每年毕业生 5 万人左右。此外，国内英才网、北大青鸟等在徐州市均设立分支机构。目前，全市分别拥有 2 家省级和 9 家市级服务外包人才培训基地，还成立了淮海服务外包职教集团。各培训机构采取"高校＋企业""高校＋实训基地＋企业""培训基地＋企业"等模式，开展专业培训和定制培养，积极满足全市服务外包企业人才需求，每年为全市企业培养服务外包相关专业人才 10000 人次以上。

（七）强化外包政策扶持，全力推进产业做大

"十三五"期间，徐州市下发了《市政府关于加快服务外包产业发展的实施意见》和《徐州市服务外包专项资金管理办法（试行）》等政策文件，明确目标任务、发展重点和奖励措施，注重加强对服务外包园区、基地和企业的政策支持，形成了较为完善的促进产业发展的政策体系。

市级财政每年安排专项资金，在示范创建、平台建设、招大引强、人才培训、资质认证、市场开拓、企业房租等方面进行扶持。2017—2019 年，县区除外，共为主城区企业争取国家和省市服务外包专项扶持资金近 3100 万元。在江苏省和淮海经济区打造了发展服务外包政策洼地，极大地调动了企业积极性。

二、徐州市服务外包产业的特点和优势

作为国家现代服务业综合改革试点城市，徐州市发展服务外包产业具有独特的优势和广阔的前景。徐州市正在构建新时期的服务外包产业发展结构，依托制造业的服务化，通过把握数字经济和数字贸易机遇，推动淮海服务外包产业集群化发展，走出一条特色发展道路。

（一）以制造业服务化孕育服务新业态，以服务外包反推制造业转型升级

作为资源型城市和老工业基地，制造业的服务化是徐州市服务外包发展的根基和特色，工业设计成为新时期徐州服务外包升级发展的新引擎。2016年，江苏省委、省政府出台了《关于全面振兴徐州老工业基地，加快建设"一带一路"重要节点城市的意见》，明确提出建设"区域性产业科技创新中心、先进制造业基地、现代服务业高地"的要求。区域性产业科技创新中心建设将汇聚各方力量推进协同创新，构建更具竞争力的科技创新生态系统和服务环境，从而激发设计研发、大数据分析、文化创意等知识流程外包的需求和业务发展，提升软件开发、云计算信息技术外包的发展能力。同时，服

务外包的发展也凭借其技术学习、流程优化、信息化程度提升和人才交流等效应，反哺推动传统制造业转型升级。

目前，徐州市已经形成以徐工国家级中心为龙头的工业设计集群。截至 2019 年底，徐州市已有 1 家国家级工业设计中心（徐工集团）、10 家省级工业设计中心和 24 家市级工业设计中心，涵盖装备制造、消费品、电子信息等多个行业领域。2019 年，省级以上工业设计中心所在单位实现营业收入 614.8 亿元。其中，工业设计创新产品收入 347.0 亿元，占营业收入比重为 56.4%。

（二）立足服务业综合改革试点，探索服务外包创新发展

作为全省唯一一家获批开展国家"十三五"服务业综合改革试点的城市，徐州市大力探索，推出一系列改革举措，为服务外包产业发展带来新活力。如通过建设区域创新研发集聚中心，推动研发外包的发展；通过推进新技术在传统服务业中的应用，推动软件研发及开发服务、电子商务平台服务等信息技术外包的发展；通过引导制造业企业外包非核心业务，分离发展生产性服务业，推进金融、财务、维修等专业业务服务，互联网营销推广服务，人力资源服务等业务流程外包的发展；通过推进"智慧徐州"建设，加快发展以云计算、物联网、大数据等为代表的信息服务业；通过实施"文化+产业"行动计划，促进数据分析服务、文化创意服务等知识流程外包的发展；等等。

（三）淮海经济区中心城市定位赋予服务外包新定位与新空间

2017 年 6 月 16 日，国务院正式批复《徐州市城市总体规划（2007—2020 年）》（2017 年修订），将徐州定位为国家历史文化名城、全国重要的综合性交通枢纽、淮海经济区中心城市，要求进一步加强与淮海经济区相关城市的联动，服务江苏省域整体发展。淮海经济区的联动发展对于区域服务外包产业发展具有促进作用，将为服务外包产业集群和城市集群发展带来动能，进一步拓宽服务外包发展市场空间。徐州作为淮海经济区中心城市，在服务外包产业发展方面将发挥引领作用，推动区域服务外包产业集群化、业务集成化、平台集约化发展，形成江苏省服务外包新的增长点。

(四)徐州市服务外包创新产业要素及环境优势推动服务外包产业转型升级

徐州市区位交通优势明显,科教资源丰富,成本相对较低,具备发展服务外包产业的良好环境和基础。尤其是近年来,在各级政府部门的大力推动下,出台多项产业扶持政策,加强线上线下多个渠道的产业资源对接,深刻把握产业变化趋势下影响服务外包产业发展的新要素和新需求,构建符合产业新标准的人才培养体系、金融服务体系、技术发展体系,打造新时代的"九通一平"产业发展生态体系,吸引国内外知名服务外包企业来徐投资,提升区域服务外包产业综合竞争力,打造徐州市特色服务外包品牌,为徐州市服务外包产业的进一步升级发展奠定了坚实的基础。

三、徐州市服务外包产业创新发展体系

近年来,徐州市以"两化"深度融合为发力点,以新技术、新业态、新产品、新模式"四新"为特点,抢抓数字经济变革的时间窗口,积极营造数字经济的产业生态,从体制创新、政策创新、技术创新、人才创新、服务创新和金融创新等多个维度,全面加速徐州市服务外包产业创新要素聚集,构筑产业创新发展环境。在以数字技术、数字经济为代表的新一轮科技革命和产业变革推动下,外包服务新业态、新模式不断涌现。

(一)体制创新

2018年,徐州市委、市政府出台《关于大力优化营商环境的工作意见》,提出"全国一流、对标国际"的发展理念和目标,从标准和体制层面加强创新探索。坚持对标国际标准,树立现代理念,借鉴先进经验,建立健全与国际接轨的营商规则体系,建设充满活力、富有效率、更加开放的法治化、国际化、便利化营商环境。

找准问题,补短、补软、补缺。全面梳理营商环境建设中的薄弱环节和工作短板,直面市场主体反映强烈的突出问题,以更优举措和更实作风打造

吸引集聚优质要素的"引力场"。徐州市将打通制度瓶颈和解决体制机制问题作为营商环境建设的重要内容，依靠改革破障碍、去烦苛、筑坦途。全面加强督查督导、跟踪问效、考核奖惩，建立健全持续发力、久久为功的长效机制。

在政府审批流程方面，近年来，徐州市突破试点限制，破除体制障碍，创新建立"三集中、三分开、四保障"集中高效审批的"徐州模式"。

（二）政策创新

以政策为推动产业发展的核心抓手，近年来，徐州市及各区出台了一系列针对服务外包产业发展的专项政策。深入考察本地服务外包产业发展和企业经营的实际需求，从外汇补贴、研发补贴、认证补贴、会展补贴和人才补贴等多个层面制定相关的支持举措，全面支持产业和企业的创新发展。

2016年4月，徐州市发布《徐州市服务外包专项资金管理办法（试行）》，明确服务外包产业载体建设、企业发展、人才引进与培育、项目招引等层面的政策支持。除市级政策外，为加大服务外包创新财政扶持、提高科研支出中在财政支出中的比重，徐州市各区也出台了相关政策激励服务外包产业更好、更快地发展。

（三）技术创新

在数字经济与垂直行业深度融合发展的浪潮下，技术创新成为推动新时期产业升级和发展的关键。徐州市积极完善科技创新生态系统，改革财政科技资金管理制度，建设高水平创新载体，争创一批国家重点实验室、国家工程研究中心、国家技术中心等国家级创新平台，加快产学研协同创新，充分发挥企业创新主体作用，全面落实科技人才支持等税收优惠政策，强化创新创业鼓励支持，打造"双创"全程服务平台，大力推广众创、众包、众扶、众筹等新型创新创业模式，完善促进新经济发展的相关政策，建立新经济统计跟踪评估机制。

加快淮海科技城规划建设，完善基础设施、组织机构和运营平台，打造融众创空间、产业研发加速器、科技成果孵化器、科技金融集聚区等创新容器为一体的孵化基地。大力推进科技创新谷建设，重点围绕主导产业和战略性新兴产业，集聚配置全球优势创新资源，构建区域性高新技术产业发展高端平台。高标准规划建设潘安湖科教创新区，加快江苏师大科文学院迁建，打造产学研一体、学城融合、智慧生态的综合型科教创新基地。抓好产业技术研究院建设，建立健全配套服务功能模块，形成以产业前瞻性技术、共性技术和关键技术为研究重点的"1+N"式产业研究集群。

（四）人才创新

人才是服务外包产业发展的核心动力和资源。徐州市秉承"高端人才靠引进、中端人才靠专培、普通人才靠职训"的人才培养模式和理念，深入实施"彭城英才"计划，全力聚集一批领军人才和团队，以更加优惠的政策、更加优质的服务留住人才并激励人才发挥作用，力争年内引进20名左右"诺贝尔奖"获得者、"两院"及外籍院士等国家级领军人才，引进约200名海内外高层次人才、2000名硕士博士来徐就业、创业。用好科技企业贷款风险补偿基金，探索建立科技与金融服务中心，推动徐州市高新区科技金融合作创新示范区建设。2018年8月，徐州市人才工作领导小组办公室下发《关于加快建设淮海经济区人才高地的意见》，全面加强人才引进政策与模式创新，为服务外包产业发展提供人才保障。

（五）服务创新

聚焦守信践诺，推动政策加快落地。一是开展"送政策上门"活动。全面梳理招商引资优惠政策以及支持外经贸发展的13项涉企优惠政策，组织编写《外贸促进政策文件汇编》《对外贸易业务指南》《"一带一路"国家和地区投资指南》等宣传手册，深入徐工集团、中能硅业等重点企业，开展广泛对外宣传，使企业熟知惠企政策，提高政策执行力，增强企业扎根徐州、壮大发展的信心。二是会同相关部门先后出台了《关于开展政府和企业守信践诺专项行动的实施方案》《开展招商引资领域"守信践诺"专项行动的实施方案》，着力整治政府在招商引资、产业扶持、科技创新、人才引进中不兑现承诺、政策落实不到位等问题。建立了政策落地"回头看"机制，强化行政问责,确保各项优惠政策执行"不打折"、落实"不走样"。目前,各地已按要求完成自查工作,正在开展集中整治专项活动。三是修改完善了徐州市招商引资考核办法,将兑现招商引资优惠政策或履行签订合同作为重要考核内容,明确规定若出现不兑现、不履行情况,将取消奖励资格。

加强商务诚信建设,构建商务诚信体系。一是研究制定了《商务行政管理中实行信用报告信用承诺和信用审查实施办法》《徐州市商务领域行政许可和行政处罚等信用信息公示工作实施方案》等政策文件,建立了信用审查、信用产品使用、"红黑名单"、"双公示"等相关制度。二是强化信用信息归集,有效整合商务领域信用信息,及时准确上报商务领域 13 项信用数据,共组织企业签署 200 余份信用承诺,督促企业守信经营。三是实行失信惩戒。在单用途商业预付卡管理工作方面,强化市区发卡企业备案、公告公示、"三项制度"的执行,依法查处违规发卡的失信行为,增强发卡企业的诚信意识,维护购卡人的权益。四是以"弘扬诚信理念、优化营商环境"为主题,开展商务诚信宣传月活动,引导企业提高诚信意识,营造诚信营商的良好氛围。

(六) 金融创新

近年来,徐州市积极探索金融服务创新,拓宽服务外包企业的融资渠道。鼓励金融机构积极创新服务外包相关的金融产品和服务,开展供应链融资、仓单质押贷款、融资租赁、知识产权质押融资等业务。按照风险可控、商业可持续的原则,推动普惠金融体系建设,积极为"轻资产"服务外包企业提供融资便利。探索运用大数据、人工智能等金融科技手段创新服务贸易企业信用等级评定方法,创造更有利的融资条件。

支持一批有实力、发展前景好、创新能力强的服务外包企业在中小企业板、创业板、新三板融资,充分运用短期融资债券、中期票据、中小企业集合债券等融资渠道,搭建服务贸易企业与风险投资基金以及科技金融体系的有效对接桥梁。

发挥政策性、开发性金融机构的作用,支持服务外包企业开拓国际市场,开展跨国并购等,提供损失补偿和增信融资等服务。对符合条件的重点服务外包项目,研究制定"绿色通道"审批机制,提高审批效率。

四、徐州市服务外包发展展望

展望未来,徐州市将以创建国家服务外包示范城市为目标,牢牢把握国际数字经济与现代服务业快速发展的机遇,通过不断招引优势企业、做大产业规模、拓展接包领域,全力推动徐州市服务外包产业快速发展。同时,通过打响"徐州服务"品牌、拓展产业发展空间、主动参与国际合作、加快构建服务平台等方式,加强服务外包产业辐射带动效应,牵头构建"淮海服务外包产业带"。

(一)加强市场宣传推广,打响"徐州服务"品牌

实施服务外包城市品牌战略,依托装备制造、矿山设备、电子商务等产业基础,着力打造一批工业设计、检验检测、矿山物联网、电商服务等服务外包知名企业和服务品牌;积极支持和鼓励服务外包骨干企业申请国际资质认证和技术先进型服务企业认证;通过引进和培育一批国际服务外包企业品牌,不断提升"徐州服务"品牌知名度和影响力。

(二)立足淮海市场需求,拓展产业发展空间

立足淮海经济区外包市场,聚焦"两化"融合与二、三产业融合,深入挖掘高端装备制造、"智慧城市"建设发展需求,广泛开展研发设计、检验检测、供应链管理、互联网营销等生产性服务外包业务,鼓励政府及公共事业单位将信息化基础设施服务、信息安全、大数据、云计算等业务发包,推动全市服务外包产业向更高水平、更深层次、更宽领域发展。

(三)主动参与国际合作,对接"一带一路"市场

积极对接"一带一路"沿线国家和地区,充分发挥徐州市在建筑、工程、矿山、智能装备等行业的综合优势,推动"装备+服务""工程+服务"和中国标准的国际化进程,开展装备制造、软件和信息技术、金融等领域的跟随服务。引导和组织企业"走出去",鼓励龙头企业在海外设立研发基地和离

岸交付中心，积极开展多元化定制服务，主动参与国家和省级服务外包企业国际化布局。

（四）加快构建服务平台，提升公共服务能力

注重发挥平台的"生态圈"作用，大力整合业务服务平台、技术支持平台、实验共享平台和其他现有平台的功能，推动组建淮海经济区服务外包产业联盟。鼓励高校、科研机构和大型企业将专业技术平台、重点实验室等资源向社会开放。建设淮海经济区服务外包接发包中心，搭建外包需求对接平台。打破行业壁垒、区域限制，促进跨地区、跨行业的整合与协作，推动产业集群化发展。通过实施一系列措施，力争到 2020 年，全市服务外包合同额、执行额分别突破 30 亿美元和 25 亿美元，将徐州建设成为国家服务外包示范城市和淮海经济区服务外包首位城市。

（五）继续举办第四届服务外包大会

积极贯彻"一带一路"倡议，准确把握国际服务外包发展的新特点、新趋势、新机遇、新挑战，围绕服务外包如何创新发展、实现共享合作、推进制造业服务化及工业经济高质量发展等热点话题，精心谋划论坛活动，邀请国际、国内服务外包百强企业高管参会，通过举办高层峰会、专题论坛、对接交流等活动，努力促进服务外包业务向徐州市集聚和转移，不断增强徐州市服务外包的竞争力，扩大徐州市的知名度和影响力，助推徐州市服务外包高质量发展，为建设淮海经济区中心城市夯实基础。

专题二 2019年度上海市服务外包产业发展报告

盛宝富[①]

2019年以来,上海商务领域认真贯彻《国务院关于同意深化服务贸易创新发展试点的批复》(国函〔2018〕79号)、《国务院关于促进服务外包产业加快发展的意见》(国发〔2014〕67号),围绕国际经济、金融、航运、贸易、科技创新中心建设,打造服务贸易核心功能,以服务贸易创新工作带动服务外包转型升级,在加快发展高技术、高附加值服务外包产业,推动从主要依靠低成本竞争向更多以智力投入取胜转变,加快推进结构调整,扩大离岸服务外包规模,推进相关企业"走出去",提高服务外包企业便利化水平等方面都取得了积极成效。据商务部业务系统统一平台初步统计,2019年,上海离岸服务外包合同和执行金额分别为134.98亿美元和94.78亿美元,比上年分别增长22.23%和14.79%。

一、2019年上海服务外包发展情况

(一) 上海服务外包呈现新变化、新特点

1. 业务集聚度不断提升,区域布局渐趋完善

全市5个服务外包示范区(浦东新区、长宁区、静安区、黄浦区和漕河泾新兴技术开发区)和16个服务外包专业园区,集中了全市60%左右的企业和超过75%的离岸服务外包执行金额,业务类型覆盖软件信息技术、生物医

---

① 盛宝富,上海市商务发展研究中心副主任。

药研发、金融服务、人力资源、工业研发设计等服务外包重点领域，初步形成高集聚度、高覆盖率的离岸服务外包全产业链。

2. 转型升级效应明显，产业结构不断优化

上海服务外包开始逐步从劳动密集型的低端业务向智力密集型的高端业务转型升级。2019 年，业务流程外包执行金额达 23.54 亿美元，增幅为 39.30%。大数据市场营销、共享经济服务、基于区块链技术的智能服务、基因测序和分析等新模式、新业态层出不穷。此外，截至 2019 年，上海已拥有 216 家技术先进型服务企业，数量和规模均居示范城市首位。

3. 主体规模持续增长，吸纳就业能力增强

截至 2019 年底，全市共有服务外包企业 2284 家，比 2018 年新增 137 家。《财富》世界 500 强企业中有近 40 家从事服务外包业务，其中通用汽车、福特汽车、飞利浦、西门子、汇丰、花旗和 SAP 等企业在沪设立了全球或亚太业务流程共享中心和数据处理中心。IBM、英特尔、联合技术、辉瑞、惠与、思科和惠普等企业也将全球研发中心或重要研发基地设在上海。药明康德、海隆软件、易保网络、万得数据、睿泰集团等本土品牌企业不断成长，在金融数据、数字教育、基因测序等知识密集型领域形成先发优势。同时，与高端业务相匹配的服务外包人才结构也逐步形成。截至 2019 年，全市服务外包企业已经吸纳就业人员 44.57 万人，其中 88.24% 为大学学历，学历层次高于全国平均水平。

4. 政策力度逐步加大，带动效应日益明显

在国家原有支持服务外包政策的基础上，上海率先发布《上海服务贸易（含服务外包）产业重点发展领域指导目录》，并进一步加大国家服务外包专项资金的配套力度，对纳入指导目录的企业首次给予研发投入和海外并购的资金支持。同时，扩大上海服务贸易专项资金支持范围，除原有的海外设点、促进活动、实训体系、总部建设等项目外，将中高级人才培训、聘请境外专家及设立国际市场网络营销平台等内容纳入支持范围，帮助企业做大做强。2019 年，离岸业务额超 1 亿美元及 1000 万美元的服务外包重点企业数量分别达到 15 家和 178 家。

5. 离岸市场呈多元化发展，辐射联动功能加强

2019年，上海的主要发包地包括美国、中国香港、新加坡、瑞士、日本、德国、爱尔兰等，离岸执行金额占比分别为38.45%、11.08%、8.33%、7.18%、6.16%、5.62%和5.51%，合计占82.33%。其中，美国发包执行额增长率达到31.62%，爱尔兰发包执行额增长率达到60.60%。"一带一路"沿线国家和地区对上海的发包执行金额为10.04亿美元。上海服务外包交易促进中心等公共服务平台的功能也进一步完善，辐射带动长三角乃至中西部地区承接全球服务外包业务。

（二）打造服务贸易核心功能，以服务贸易创新工作带动服务外包转型升级

围绕习近平总书记对上海提出的推动经济高质量发展、推动改革开放向纵深发展的工作要求，上海聚焦上海自贸试验区新片区建设、"一带一路"建设以及长三角一体化等重要战略，以"一轴三区三联动"为核心工作，全力打造新型服务贸易管理体制和促进体系。

1. 打造以负面清单为核心的横向开放主轴，为服务贸易开放赋能

发布《中国（上海）自由贸易试验区跨境服务贸易特别管理措施（负面清单）（2018）》，完善跨境支付、境外消费、自然人移动等模式下服务贸易市场准入制度，在金融、电信、互联网、旅行、航运服务、专业服务等领域逐步放宽和取消一批限制性措施，进一步缩减负面清单。同时，加快推进服务贸易便利化，在技术贸易无纸化受理、生物医药全球协同研发、与服务贸易相关的货物暂时进口、飞机融资租赁海关异地委托监管等方面探索推出一系列便利化举措。

2. 打造纵向开放的三个核心功能区，为服务贸易高质量发展赋能

一是设立数字贸易跨境服务功能区，实现"基础设施完善＋数据自由流动"的功能架构，积极搭建数字贸易基础设施，探索允许符合条件的境外数字贸易企业在新片区内提供数字内容、在线交易、搜索引擎、社交媒体等平台服务，并建立相匹配的数字贸易监管机构和监管体系。二是设立跨境生物医药保税研发区，探索创新保税研发监管模式，对研发材料、设备进口给予

保税优惠，支持使用保税状态下的试剂、样品、材料进行全程实验研发作业。建立生物医药研发公共保税仓库，可先出库再办结海关手续，随要随出，为企业提供仓储便利，对有大批原料、设备进口需求的企业，支持其建立嵌入式保税仓库。三是设立文化旅游创新发展区，探索优化技术先进型服务企业认定条件中离岸业务的认定模式，对新片区内离岸业务规模较大的文化贸易企业给予政策支持。加快发展医疗保健旅游项目，允许医疗机构与国际商业健康保险公司合作开展国际医疗保险结算试点，允许新片区内符合条件的医疗机构签发外国人来华就医的证明。

3. 推动"三个联动"，为服务贸易创新发展赋能

一是做好传统产业和新兴领域的联动。大力发展数字内容产业，建设数字贸易交易促进平台，拓展与国际标准接轨的数字版权确权、估价和交易流程服务功能，建设数字内容和产品资源库；对接国家服务贸易创新发展引导基金，探索设立数字贸易创新发展基金，引导社会资金进入数字贸易领域，支持数字贸易重大项目，全面推动传统服务贸易领域的数字化转型。大力发展邮轮旅游，全面深化混合验放和邮轮船票等模式创新；发挥"上海市邮轮供应协会"的作用，建立高效便利的邮轮船供体系；支持上海港邮轮口岸设立出境和入境免税店，打造邮轮跨境购物平台。大力发展中医药服务贸易，支持上海中医药国际服务贸易促进中心建立海外分中心，打造海外中医药服务和促进网络，探索推进全球中医药服务标准化工作，研究在"一带一路"沿线国家和地区设立中外合作的中医医院。二是做好重点领域和重点市场的联动，为重点市场开拓赋能。完善上海服务贸易全球促进联盟功能，建设服务外包、技术贸易、文化贸易等重点领域服务贸易境外促进中心。2019年6月14日，首个上海服务贸易海外促进中心在比利时布鲁塞尔揭牌，并正式启动运行，推动了上海和欧洲企业合作，为上海服务贸易打开了面向欧盟广阔市场的窗口。发布印尼、阿联酋、巴西、波兰等国服务贸易海外重点市场拓展指南，开展"上海服务贸易海外行"，在英国、美国、巴西等国举办"上海服务贸易海外展"。开展"上海—以色列"技术贸易合作，建设"国际创新港"等公共服务新载体，设立一批技术贸易孵化中心，聚焦生物医药、人工智能、大数据等领域的技术研发，研究设定上海重点引进与消化输出的技术领域,强化与"一带一路"沿线国家和地区的高端技术项目合作。开展"上海—瑞士"服务外包合作,抓住瑞士服务外包业务不断扩大的机遇,建立和瑞士创新科技园区合作的广泛渠道,深耕瑞士等欧洲国家的服务外包市场。开展"上海—伦敦"文化贸易合作,全面落实中英服务贸易合作备忘录,推动国家对外文化贸易基地(上海)、国家文化出口基地(徐汇)和伦敦西区文化艺术聚集区、伦敦SOHO传媒产业聚集区在文化创意、影视创作、演出经纪等领域开展广泛合作。三是做好提升城市竞争力和长三角一体化的联动。探索建立长三角服务贸易一体化发展机制,开展服务贸易长三角一体化发展模式研究,探索打造长三角服务贸易项目对接、信息共享、合作交流平台,推动上海自贸试验区服务贸易相关经验向长三角区域复制推广,加快形成长三角服务贸易优势互补、联动发展的格局。

二、上海服务外包存在的主要问题

上海服务外包存在"五个不足",即龙头企业集聚度不足、高端业务发展不足、上规模园区数量不足、各类要素成本竞争力不足和基层政府推动力不足。

(一)龙头企业集聚度不足

一是当前上海在全球有较高知名度和市场影响力的企业还不多,二是信息技术外包中外资企业占比较低。在龙头企业的集聚度方面不及大连和北京,公司规模较小是目前上海服务外包向更高层次发展必须解决的问题。虽然上海共有7家企业跻身于"跨国20强服务外包企业",但是这些企业与国际化的企业相比仍有相当大的差距。企业规模限制了公司持续开发项目的进展,弱化了企业竞争优势,难以与外包发达国家相抗衡。在信息技术外包中,外资企业的核心竞争力大于内资企业,上海市所有企业中超过70%的是内资企业。

（二）高端业务发展不足

上海服务外包金额处于全国领先地位，但是业务仍然以最基础的信息技术外包为主，即主要集中在数据采集、加工处理、结果分析等外包产业链低端业务上，而处在更高层次服务外包业务范畴的业务流程外包、知识流程外包两者的占比较少。即使上海也承接了有关业务流程外包、知识流程外包的业务，但却很少看到高端软件外包、呼叫中心外包。目前，上海外包业务仍然处于初级阶段。虽然上海的业务流程外包和知识流程外包的增长速度大于信息技术外包，但两者比重仅占服务外包总量的35%左右，远小于信息技术外包。

（三）上规模园区数量不足

当前，上海着重打造的服务外包示范区都集中在中心城区，并且发展规模与苏州、无锡、杭州等周边地区服务外包集聚区相比并不占优势，一些郊县地区尚没有发展服务外包方面的相关规划布局。2015年，鼎韬产业研究院（中国服务外包网）联手全球最具权威性的七大行业组织机构及国际服务外包领域三大顶级咨询机构、四大著名研究机构共同发起的面向全球的"2015年度全球最佳服务外包园区——中国十强"（TGOTP China Top10）榜单中，上海只有浦东软件园入围。

（四）各类要素成本竞争力不足

一是人力资源成本高。上海职工的最低工资不断上调，2019年为2480元，且不分档，高于北京、深圳等地。企业和个人社保成本居全国首位（企业负担比例为31.2%），在国际上也是相当高的。二是受要素成本上涨影响，一些企业考虑或已经搬往长三角其他城市。另外，土地成本也高。2014年起，上海工业土地出让年限从50年缩减为20年（广东、江苏等地保持50年不变），企业普遍认为土地使用年限缩短，会使用地成本提高，同时还担心拿地成本不能收回，到期后不能续约。三是高端人才匮乏。虽有大量人才资源，但高端人才缺口较大。如上海服务外包所需的科技英语等专业人才相对缺乏，并且专业外语人才体系不够完善,人才的质量很难适应当前的软件外包要求,这些都对上海承接高端业务造成了消极影响。

(五) 基层政府推动力不足

虽然上海对服务外包产业的研究和推动工作起步早,也出台了专项支持政策,同时上海是我国首批服务外包基地城市之一,也是首批"信息化与工业化融合试点城市"之一。但是,由于基层政府对服务外包的发展意义、发展形势认识不够,对服务外包发展的推动不足,在专项资金、税收优惠、财政支持、金融支持、人才培训支持、开拓国际市场支持、招商引资力度、园区基础设施建设支持等方面,已被苏州、无锡、杭州等周边城市反超。特别是随着商务成本的不断攀升,上海服务外包发展面临严峻挑战。政府服务效率、政府工作透明度也显得越发重要。知识产权的保护力度还需进一步加强,特别是在企业关心的专利保护方面,侵权成本低、维权成本高的状况没有得到根本改变。有企业反映,打专利侵权官司要长达2年,等打完官司,产品的生命周期都已经过了。另外,服务外包在国民经济中的定位要进一步提升,服务外包统计体系也有待进一步完善。此外,上海的跨境支付和云计算虽然在我国处于领先水平,但与印度等服务外包发达国家相比还有很大差距。

三、推动上海服务外包高质量发展

上海发展服务外包具有良好的基础条件。2019年,在服务贸易创新发展试点等政策的激励下,上海服务贸易总体保持平稳上升态势,结构显著优化,高质量发展成效初步显现。全年服务进出口总额达到1843.8亿美元,其中,服务贸易出口总额为626.3亿美元,进口总额为1217.5亿美元,占全国的比重分别达到23.7%、22.3%和24.5%。上海服务贸易在对外贸易中的比重达37.7%。服务贸易结构更趋于合理,跨境服务出口的优势领域以专业服务、软件和信息技术服务、文化等高附加值领域为主,已逐步形成了以高端业务为引领、兼具自身特色的服务贸易结构;数字贸易发展迅速,并在全国率先探索涵盖数字内容和数字服务的数字贸易统计体系,数字贸易出口占服务出口的比重不断提升；跨境服务贸易的制度环境正逐步和国际高标准衔接。上海率先发布了《中国（上海）自由贸易试验区跨境服务贸易负面清单管理模式实施办法》和《中国（上海）自由贸易试验区跨境服务贸易特别管理措施（负面清单）》，在上海自贸试验区内建立了跨境服务贸易负面清单管理模式，明确了负面清单以外按照境内外一致的原则进行管理，并探索设立与负面清单管理模式相匹配的事中事后监管、风险防范与部门联动机制。此外，上海还拥有一定规模的高端人才资源储备，拥有跨国公司地区总部及其共享中心、研发中心的资金和税收优惠政策，国际化、便利化的营商环境，以及越来越开放的跨境人员和要素流动。这些因素助力上海成为全球高端服务资源的主要集聚地之一。2020年，上海商务系统将按照商务部统一部署，积极配合有关部门落实好各项惠企政策，落实好支持服务外包产业加快转型升级的20条政策措施，推动产业向高技术、高附加值、高品质、高效益转型升级。

（一）发挥上海自贸区优势，推进服务贸易发展

一是提升跨境服务贸易开放度。除扩大金融领域开放外，还包括海运、信息通信技术服务、计算机相关服务、邮政与速递服务、文化等领域的开放，推进负面清单的全面清理和缩减，实现服务贸易投资自由，形成高水平开放格局。二是在自贸区新片区内探索开展跨境数据分类监管。对重要数据和个人数据实施分级管理，在出境安全评估基础上配置个人数据出境负面清单，对不同行业、不同类型的数据进行差异化监管。上海自贸区新片区可先行先试试验性立法。三是优化完善跨境服务贸易"负面清单"管理模式。研究设立服务贸易创新发展引导基金，推动文化贸易、技术贸易、专业服务等资本技术密集型服务领域加快发展，培育数字贸易、金融保险、中医药等新增长点。

（二）加快推动服务外包转型升级

一是大力发展众包、云外包和平台分包等新模式。依托5G技术，运用信息技术推进"服务+"，坚持包容审慎原则，支持发展服务外包新模式，重点支持微电子、兆芯等高端制造企业发展服务型制造等新业态。二是积极推动

工业互联网创新与融合应用。培育一批数字化制造外包平台，将运用大数据、人工智能、云计算、物联网等新一代信息技术进行发包的新业态、新模式纳入服务外包业务统计。三是不断提升服务外包能力。采取多种方式拓展服务外包业务渠道，提升医药研发、设计、会计、法律等领域承接服务外包的竞争力，提高"接单"能力和"交单"水平。四是积极培育国内需求市场。以"鼓励采购国内外包服务"的方式，促进服务外包内需市场发展，带动金融、电信、先进制造业等发包领域对国内外包服务的需求，鼓励政府采购和政府服务外包。

（三）完善服务外包园区载体建设

一是进一步加强和完善服务外包示范区、服务外包专业园区、外包企业的管理。从税收优惠、专项扶持、平台建设、员工住房、人才奖励、基础设施配套等方面进行扶持，建立起科学高效的金融服务外包、研发设计外包、物流服务外包、人力资源外包、创意产业外包、信息技术外包等服务外包产业的认定体系。二是促进产业集聚效应的形成。通过科学布局，明确产业定位，树立主体和特色，把培育企业特别是领军企业作为重中之重。加大招商引资力度，努力引进重量级的内外资企业。积极支持已入驻企业做大做强。着力培育若干个具有自主知识产权、自主品牌、高增值服务能力的本土服务外包企业。支持浦东软件园等发展基础较好的园区申报国家数字服务出口基地。三是创新服务外包园区服务支持。改变以往只注重"硬环境"而忽略"软服务"的思路，将提升园区专业服务能力作为核心，与企业发展成长实现全过程对接。努力实现"全方位、专业化、一站式"中介服务，促进和推动中小服务外包企业的快速成长与发展。完善平台建设，通过设立投融资对接、人才培训、技术支撑、信息服务、市场推介、产业联盟等平台满足企业多层次需求。

（四）加强对市场主体的扶持和培育

一是积极培养或引进服务外包企业。鼓励国内外企业前来设立机构，开展服务外包业务。引导大中型企业将非核心职能部门剥离。坚持大小并举的原则，重点扶持、培育龙头企业，鼓励大企业积极承接国际服务外包业务，以建立品牌，扩大影响。同时，鼓励有条件的地方试点，参照承接国际服务外包业务的有关优惠政策，对本市中小企业承接大企业转包的离岸业务给予扶持，以形成服务外包产业和企业集群。二是加大对企业的财税等政策支持，拓展服务外包企业的投融资渠道。安排服务外包工作专项资金。利用与服务外包相关的其他专项资金，给予服务外包企业一定的税收优惠。允许服务外包企业留存部分外汇收入。建立服务外包企业贷款及融资平台。积极探索建立有效的担保机制，鼓励风险投资、民间资本和外商投资服务外包产业，鼓励服务外包企业通过多种方式扩大规模。三是积极鼓励企业提升业务能力和水平。鼓励企业实施品牌战略，推动企业发展离岸外包业务；鼓励企业提高创新和研发能力，开展国际国内资质认证。

（五）做好提升城市竞争力和长三角一体化的联动

一是探索建立长三角服务贸易一体化发展机制。开展服务贸易长三角一体化发展模式研究，探索打造长三角服务贸易项目对接、信息共享、合作交流平台，推动上海自贸试验区服务贸易相关经验向长三角区域复制推广，加快形成长三角服务贸易优势互补、联动发展的格局。二是充分发挥自贸区对长三角的辐射带动效应。利用张江高科技园区、陆家嘴金融区、金桥经济技术开发区等国家级开发区，探索与长三角地区的服务外包企业加强融合或联动，发挥各类资源（研究中心、培训中心、交易中心、企业协会）的集聚效应。三是打造长三角服务外包企业发展联盟。利用长三角地区服务外包资源优势，鼓励和支持长三角服务外包企业一体化合作。鼓励长三角地区有条件的服务外包企业进驻自贸区独立、合作、合资运行。搭建交易促进服务平台，在自贸区内开设服务供需双方的窗口，让自贸区内外的服务外包企业加入享受优质服务的行列。

（六）加强服务外包人才培育和引进

一是完善服务外包人才培养体系。加大服务外包人才培训扶持及高级人才引进力度，加大服务外包高级人才开发信息服务工作，建立有突出贡献的高端服务外包人才奖励制度,加强服务外包职业技术教育体系建设。二是创新服务外包人才培养机制。重点推进高校服务外包人才培养机制创新,深入推进服务外包人才校企合作,做大做强专业培训机构。鼓励培训机构不断扩大适用型人才培训规模,在国家服务外包人才培训资金支持的基础上,市财政对服务外包骨干培训机构予以1∶1的配套政策扶持。建设"上海市服务外包人才信息库"。做好人才储备,扩大大学生就业规模。三是重点解决服务外包人才的生活成本问题,减轻服务外包骨干人才的生活压力。根据新劳动法及服务外包行业实际情况制定相应操作细则,明确人力资源的规划和管理,为企业开展服务外包业务扫除制度障碍。

(七)搭建公共服务平台,健全服务功能

一是加强知识产权保护和信息安全工作,鼓励服务外包承接企业的自主创新,增强企业长期竞争能力。积极利用上海市知识产权联席会议制度,进一步提高本市保护知识产权举报投诉服务中心的质量和水平,加强知识产权保护培训和执法力度,完善服务业知识产权保护法律体系。要引导企业诚实守信,严格履行合同,保守客户商业机密,遵守国际上的信息保密规则。二是搭建法律公共服务平台,消除发包企业顾虑。组织一批既熟悉普通法体系又熟悉业务流程外包/信息技术外包合约事务的法律专家,组建公共法律服务数据库,搭建市、园区两个层面的法律公共服务平台。三是充分发挥中国服务外包研究中心的研究平台功能,加强服务外包领域的调查研究,通过委托中介机构定期调研来了解上海服务外包的不足,逐步提高政府行政服务水平和效率、提高城市管理水平,以利于招商工作的进行。充分发挥"上海软件外包国际峰会""国家软件出口基地软件展示会""金融服务外包国际研讨会"等展会的平台作用,帮助上海服务外包企业开拓国际市场。

专题三　2019 年度深圳市服务外包产业发展报告

焦慧莹　陈能军①

一、深圳服务外包产业总体发展状况

（一）国内服务外包整体发展趋势

近年来，在世界经济全球化的大背景下，全球服务外包产业发展迅速，属于因产业结构调整优化而高速成长的新兴产业之一。中国商务部数据显示，2016 年中国服务外包执行金额为 1064.6 亿美元，占全球服务外包执行金额的 33%，由此可得出，2016 年全球服务外包市场大约在 3326.0 亿美元。而自 21 世纪以来，在国家 GDP 高速增长、技术水平大幅提高、国内外企业服务外包需求增长的背景下，国家出台了一系列政策措施，多方因素共同推动我国服务外包产业的发展，促进产业规模持续扩大，产业结构持续优化。中国离岸外包执行金额由 2009 年的 100.9 亿美元增长至 2018 年的 886.5 亿美元，10 年的时间金额总数增长近 8 倍。目前，我国已经成为除印度以外世界离岸服务外包产业第二大的国家。

图 5-3 为 2015—2019 年中国服务外包执行金额和增速对比。从中可以看出，2015 年以来，我国的服务外包执行金额每年以两位数的增速高速增长。

---

① 焦慧莹，深圳市公平贸易促进署高级经济师，研究方向：国际经济与贸易。陈能军，经济学博士，上海交通大学安泰经济与管理学院应用经济学博士后，研究方向：国际服务贸易、文化创意经济与文化金融。

图 5-3　2015—2019 年中国服务外包执行金额和增速对比

表 5-1 显示了在中国服务外包执行额中离岸服务与在岸服务各自的占比。可以看出，中国服务外包业务主要还是为国外市场服务，尽管占比近年来有所下降，但仍然占服务外包产业的 61.0% 以上；而对内服务外包业务占比则连年增长，说明未来中国本土企业的外包服务需求量稳步上升。

表 5-1　中国服务外包离岸服务与在岸服务产业占比

年份	服务外包（亿美元）	离岸服务（亿美元）	占比（%）	在岸服务（亿美元）	占比（%）
2015	966.9	646.4	66.9	320.5	33.1
2016	1064.6	704.1	66.1	360.5	33.9
2017	1261.4	796.7	63.2	464.7	36.8
2018	1450.3	886.5	61.1	563.8	38.9

中国商务部 2020 年 2 月最新数据显示，中国服务外包产业稳步扩大，产业结构进一步优化，表现为高端生产性服务外包业务高速增长。例如，电子商务平台服务、互联网推广营销服务、检验检测服务以及医药生物技术研发服务，同比分别增长 53.2%、37.1%、20.5% 和 15.3%。从服务外包业务规模来看，中国过半业务集中在美国、欧盟和"一带一路"市场，占整体业务的 54.5%。从区域布局来看，长三角区域是中国服务外包产业的主要集聚区，约占全国的一半。紧随其后的是粤港澳大湾区（12.6%）、京津冀区域（9.8%）和东北三省（3.8%）。另外，在全国推广的服务外包产业政策影响

下，三线、四线城市也加快了业务承接的速度。服务外包产业加快转型升级，新业态、新模式不断涌现，为大学生就业提供了新的空间。据中国商务部统计，全国服务外包产业仅2019年就新增103万从业人员，累计从业人数1172万人，其中，大学包括大专以上学历的从业者占64.0%。

（二）深圳服务外包产业现状

国务院办公厅2009年发布了《关于促进服务外包产业发展问题的复函》，确定了北京、上海、广州、深圳等20个城市为中国第一批服务外包示范城市，2016年增加了沈阳、青岛、长春等数个城市，总数达到31个。2012年6月，深圳政府为了营造良好的服务外包产业发展环境，推出了《关于加快服务外包产业发展的若干规定》，12月底出台了《深圳市服务外包产业发展规划（2012—2015）》。通过一系列政策，深圳为自身的服务外包产业发展找准了定位，还提出了"大力支持服务外包人才培训"等八大措施，为把深圳打造成世界闻名服务外包承接地提供了政策支持。

据"十三五"时期深圳服务外包发展研究统计，2015年，深圳服务外包合同额为62.67亿美元，服务外包合同执行额为47.46亿美元；离岸服务外包合同额为45.32亿美元，离岸服务外包执行额为32.49亿美元。到2019年，深圳服务外包合同执行额增长至78.95亿美元，离岸服务外包合同执行额为49.39亿美元。可以看出，4年时间，深圳服务外包合同执行额增长近1倍，表明深圳服务外包产业发展迅速。据统计，深圳2015年的服务外包企业总数为512家，相关从业人员约16.8万人。

从业务领域的角度来说，服务外包业务可以分为信息技术外包、业务流程外包、知识流程外包。中国商务年鉴显示，2018年，深圳信息技术外包、业务流程外包、知识流程外包的执行金额分别为33.24亿美元、13.75亿美元和1.93亿美元。与此相对应的是，中国离岸服务外包业务中，信息技术外包、业务流程外包、知识流程外包的执行金额分别为401.30亿美元、153.30亿美元和331.90亿美元。

三种业务占比如图5-4所示。由图可知，深圳服务外包业务中，首先是信息技术外包占比高达67.95%，相比全国的信息技术外包占比高出20多个

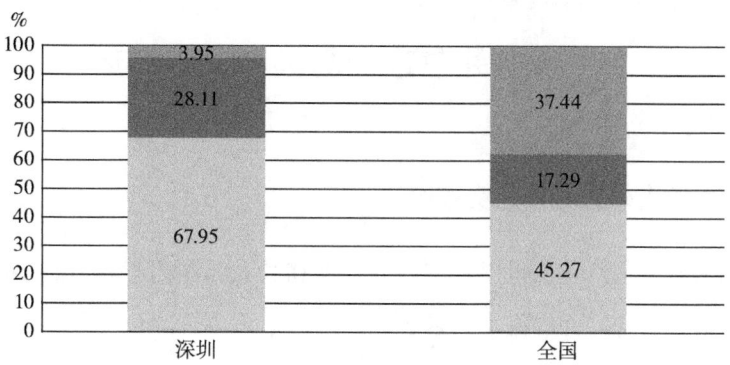

图 5-4　2018 年深圳和全国离岸服务外包业务结构

百分点。其次是深圳业务流程外包占比 28.11%，相比全国的业务流程外包占比高出 10 多个百分点。最后是知识流程外包仅占 3.95%，远低于全国的知识流程外包占比（37.44%）。这些数据说明深圳已形成以信息技术外包（软件研发及外包、信息技术研发等）为主、业务流程外包（企业业务流程设计服务、企业运营数据库服务等）为辅的服务外包特色。知识流程外包（知识产权研究、工业设计、产品技术研发等）方面，全国主要依靠的是设计服务相关业务，占整体知识流程外包业务的 63.50%，这方面深圳则落后于全国平均水平。

深圳之所以会形成以信息技术外包为主的发展格局，很大一部分原因是深圳在软件与信息技术方面拥有较好的基础。作为首批服务外包示范城市之一，深圳 1996 年就开始建设深圳软件园，目前园区已吸引了大批软件企业，形成以 IC 设计、行业应用软件与服务、嵌入式软件系统、互联网服务业与软件出口为主的产业集聚。嵌入式软件的代表性企业有中兴、华为、朗科等；大型的行业应用软件代表企业有腾讯的微信、金蝶的 ERP 管理软件等。深圳软件园在全国的软件行业中拥有举足轻重的地位，它不仅代表了深圳，也是全国的软件产品研发基地、软件企业培育基地、软件服务外包出口基地、行业人才培育基地和国际软件项目孵化基地。

二、服务外包理论基础与文献综述

（一）国内外服务外包文献综述

面对服务外包产业在世界范围内的发展和壮大，国内外越来越多的学者对服务外包展开研究，并取得了一定成就。国外学术界针对服务外包的动因做了大量研究，主流观点认为，服务外包的直接动因是降低成本。Groot（1998）以交易成本理论为基础，构建了模型，找出了企业选择服务外包的关键动因是降低交易成本。Bajpai 等（2004）对使用服务外包的公司展开调查，70%的企业认为降低成本是首要动因，而后依次是提高产量、利用国外劳动力、获取先进技术等。在服务外包的经济效应研究方面。Farrell 等（2005）认为，服务外包为承接国带来的工作岗位收入明显高于承接国的平均工资，可以为承接方创造更高的价值，提供更多的就业机会。而对发达国家来说，有利于提高企业和经济体的整体效益，但对工资和就业的影响较小。

国内许多学者也对服务外包产业做了大量的探索研究。服务外包动因方面，张芬霞等（2005）重点研究了离岸服务外包的发展趋势，得出服务外包的主要动因是经济动因、技术动因以及政策动因的结论。国内专家研究重点大多数放在服务外包产业趋势以及对中国服务外包相关建议对策方面。詹晓宁等（2005）首先分析了服务外包的发展趋势并预测了产业发展前景，讨论了服务外包对东道国的影响，并根据中国自身情况，提出承接服务外包业务的战略对策。刘重等（2006）主要研究了世界范围的服务外包发展新趋势，经过讨论和分析，总结出中国在承接国外服务外包业务上存在哪些主要障碍。在这些问题的基础上，针对中国承接服务外包业务提出了几点建议。陈菲等（2006）分析了 20 世纪 90 年代以来服务外包产业在供给方、需求方以及供需双方关系之间展现出的新的发展趋势，同时认为通过服务外包的模式，企业可以获取先进技术和人才、降低经营成本，最终达到提升企业核心竞争力的目的。

(二) 服务外包的定义和分类

1. 服务外包的定义

Prahalad 和 Hamel 在 1990 年的著作《企业的核心竞争力》中首次提出"外包"这一概念，外包是指企业为了达到降低成本、提高生产效率、充分发挥核心竞争力的目标，将某些生产环节分包给独立的承接方，提高企业对外部环境应变能力的一种管理模式。换句话说，企业专注提升核心竞争力，将一些非核心的业务或生产环节外包给外部第三方专业化的服务机构，整合利用它们自身的专业优势，提高企业整体竞争力。服务外包是一个正在发展壮大的产业，其内涵范围也不停地在延伸。本专题采用中国商务部 2012 年 11 月出台的《中国服务外包统计操作指南》中的定义："企业或者机构将内部的某些流程或职能，转移给外部专业服务提供商，借助网络等方式进行交付的活动。"为了提高企业有限资源的使用效率，一个流程或环节交由独立第三方完成，发包的对象可以是本土或国外企业，也可以是独立企业或母公司的子公司。要注意的是，服务外包不仅仅指代服务业，制造业中的很多环节和流程也属于服务外包产业，因此只要提供的内容是服务，都属于服务外包产业。

2. 服务外包的分类

按地域分类：根据服务发生的地域，服务外包分为在岸服务和离岸服务两种。在岸服务又称境内服务外包，是指发包方将业务交给本国境内独立第三方企业来完成，发包方和承接方来自同一个国家。离岸服务是指发包方将业务交给境外独立第三方企业来完成，发包方和承接方来自不同的国家。

按业务领域分类：按照服务外包业务的内容分为信息技术外包（Information Technology Outsourcing，ITO）、业务流程外包（Business Processing Outsourcing，BPO）、知识流程外包（Knowledge Processing Outsourcing，KPO）三种。ITO 是指信息技术服务提供者利用技术和服务资源提供系统操作服务等信息功能。BPO 是 ITO 的进一步发展，指企业将 IT 业务的多个流程委托给承接方，并由承接方对流程进行重组。ITO 和 BPO 都是建立于 IT 技术基础上的服务外包业务，ITO 更加强调技术，涉及成本和服务；BPO 则强调业务流程，重点解决相关业务效果和运营效益的问题。随着近年来全球知识经济的迅速壮大，KPO 是将处于价值链高端地位的知识创新和研发环节服务外包。从 ITO 到 BPO 再到 KPO，可以看出其业务流程越来越复杂，对整合能力、创新能力、专业技术能力的要求也越来越高，也表现在为承接方带来的附加值越来越高。详见表 5-2。

表 5-2 服务外包按业务领域分类

类别	内容	适用范围
信息技术外包（ITO）	软件研发外包	用于金融、政府、制造业、物流等行业，为用户提供软件开发、测试、嵌入式软件等服务
	信息技术研发服务外包	集成电路产品设计、相关技术支持等服务，为电子贸易服务提供信息平台等
	信息系统运营维护外包	客户内部信息系统集成、网络管理等系统应用服务，以及数据中心等基础信息技术服务
业务流程外包（BPO）	企业业务流程设计服务	为客户企业提供内部管理、业务运作等流程设计服务
	企业内部管理数据库服务	为客户企业提供后台管理、人力资源管理、金融支付、数据挖掘等服务
	企业运营数据库服务	为客户企业提供技术研发服务，为企业经营、销售提供应用客户分析等服务
	企业供应链管理数据库服务	为客户提供采购、物流的整体方案设计及数据库服务
知识流程外包（KPO）		知识产权研究、医药和生物技术研发和测试、工业设计、动漫及网游设计研发等

3. 服务外包的意义

服务外包对于企业个体的好处显而易见，可以帮助企业降低成本，让资源有效流向核心技术部门，最终起到提升企业核心竞争力的作用。从宏观层面来讲，服务外包产业属于现代高端服务业，具有成长空间广、信息技术使用率高、附加值大、吸纳就业能力强、资源消耗低、国际化程度高等特点，成为经济增长的新杠杆。承接国通过服务外包的方式，快速融入全球经济产业链，提高国家核心竞争力，因此服务外包产业可以看作是转型升级的新动力。越来越多的企业倾向于将非核心业务外包给第三方，承接国的服务外包业务量快速增长，一批专业服务供应商企业迅速成长，所以服务外包产业也是开放经济的新支点。"十二五"期间，中国加大力度推进服务外包产业发展，快速成长为全球第二大离岸服务外包承接国，因此服务外包产业也可以看作是服务贸易的新引擎。信息、网络、5G等高科技的发展为远程服务外包业务提供了技术支持，服务外包产业规模迅速壮大，同时提供了高端就业岗位，因此服务外包产业也是经济增长的新杠杆。重点发展服务外包产业，不仅对深圳，而且对于全国来说，都具有提升服务业竞争力、支撑制造业发展、加快与国际接轨、加快产业结构调整优化，从而带动产业转型升级的战略意义。

三、深圳服务外包产业发展优势

（一）部分产业形成集群

目前，深圳最重要的两个服务外包示范基地已经聚集了大批服务外包企业，成为深圳服务外包产业发展的最大动力。其中一家是国家级软件产业基地深圳产业园，占地30万平方米，主园区位于深圳高新区，入驻企业超过750家。另一家是马家龙服务外包示范基地，占地15万平方米，已经入驻60多家集成电路相关企业。此外，宝安互联网产业基地、深圳金融服务技术创新基地、李朗软件园等新的一批服务外包产业园区陆续发展起来，深圳服务外包产业已形成"多方位、多层级、多领域、多基地"的发展格局。同时，为了可以给服务外包企业及时提供企业交换信息和培养行业人才的平台，深圳软件园打造了"国家软件与信息服务外包公共支撑平台"。另外，深圳软件园联合中兴通讯、微软、中软国际、IBM等国内外服务外包知名企业共同成立了行业协会组织——深圳市现代服务外包产业促进会。这些平台与行业协会的设立，促进了软件研发、IT服务等核心产业的发展，提高了企业参与市场经济的效率，也为深圳未来创建服务外包产业智库做好了充足的准备。

值得一提的是，鼎韬公司发布的"2017年中国最具影响力服务外包企业

50强"的榜单中,稳坐第一名的是深圳平安综合金融服务有限公司,排名第十的是深圳银雁金融服务有限公司。深圳服务外包产业还拥有像中兴、华为这种IT服务外包产业的龙头企业,它们既是最大的承接方,也是最大的发包方,行业龙头效应明显。

(二)创新能力全国领先

改革开放以来,深圳一直强调并坚持用创新来驱动城市发展。2019年,国务院印发《粤港澳大湾区发展规划纲要》,提出深圳要发挥国家创新型城市的引领作用,建成创新创意之都,肯定了深圳的创新能力。2016年,中国商务部发起的全国服务外包示范城市发展情况评估显示,尽管深圳综合得分排在北京和上海之后,但是综合创新能力评价这一项位居全国第二,表明深圳服务外包产业的创新能力领先于国内大多数城市,而且深圳对服务外包产业的研发投入也高于全国平均水平。

由图5-5可知,2016年以来,深圳R&D的经费支出一直保持着两位数以上的增长,增速在2018年达到了19.10%的水平。与此同时,全国的R&D经费支出同比增长为11.60%,远低于深圳的增长速度。2016年、2017年和2018年,深圳R&D支出占GDP的比例分别为4.20%、4.34%和4.80%,是全国平均水平2.18%的两倍多,说明深圳在对科技创新方面的投入大幅领先全国其他地区。2018年,深圳PCT国际专利申请达到1.8万件,占全国的33.00%。创新驱动发展,深圳利用强大的创新资源提升产业竞争力,同时吸

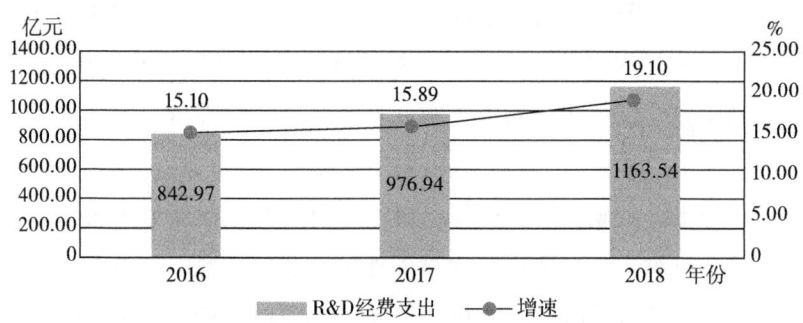

图5-5 深圳R&D经费支出

引人才与资金的聚集,通过产业集聚来推动产业创新。因此,在全国范围内,深圳服务外包产业的创新模式一直名列前茅。统计数据表明,近年来,服务外包企业的平均研发投入保持在 8.00% 左右,而大型龙头企业比如华为和中兴的研发投入和销售收入的比例则维持在 10.00% 以上。

(三) 服务外包市场多元

自深圳设立为经济特区以来,坚持对外开放,努力使深圳发展成包容性强、外资吸引力强、商机无限的城市。深圳现代服务外包产业促进会 2013 年的数据显示,深圳服务外包合同签订额为 41.20 亿美元,其中离岸服务外包为 31.01 亿美元,占整体服务外包业务的 75.3%,高于中国近年来的平均水平 65.0%。说明深圳具备良好的对外贸易环境,有能力承接国际服务外包业务。同时,深圳正在努力完善营商环境建设,加大吸引外商投资的力度,积极为深圳的服务外包企业创造更多的国际业务机会。

2013 年,中国香港、美国、亚洲(除中国香港外)、非洲、欧洲五大来源地的服务外包合同总额为 29.03 亿美元,占整个深圳离岸外包服务合同额的 93.60%。到 2015 年,五大主要来源地的服务外包合同总额为 42.15 亿美元,占整个离岸服务外包合同的 92.99%,说明深圳国际化水平较高,从而能促进服务外包市场多元化发展。图 5-6 显示了中国香港在深圳离岸服务外包市场中占有最高的份额,一直维持 39% 的占比。而对欧洲的服务外包合同额则由 2013 年的 2.90 亿美元迅速增长至 2015 的 5.76 亿美元,超过了非洲,成

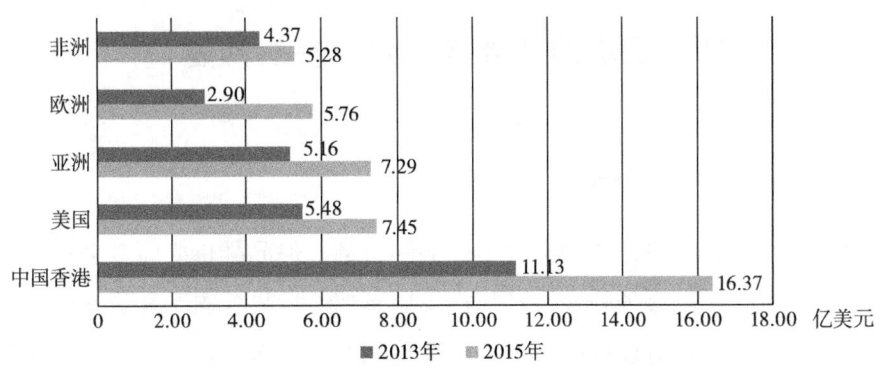

图 5-6 深圳离岸外包服务五大来源地合同签订额

为第四大服务外包来源地。

(四) 宏观环境发展机遇

深圳拥有得天独厚的地理区位优势，不仅与香港、澳门毗邻，也是珠三角地区的核心城市。深圳是东部地区的重要港口城市、沿海城市，也是全国的经济、创新中心城市。深圳交通运输发达，国际化城市建设水平较高，良好的居住环境和现代化基础配套设施吸引了大量国内外高科技企业和高新技术人才来深圳发展定居，为深圳的现代化、国际化建设打下了稳固的基础。2016年，中国商务部对全国31个服务外包示范城市的产业发展情况、公共服务水平、综合创新能力、政策措施保障情况等方面进行了调研，深圳排名仅次于北京和上海，以65.13的综合得分排名全国第三，说明在国际服务外包产业市场的竞争中，深圳有能力争取更多的份额。

国家大力支持粤港澳大湾区的建设，同时也为深圳服务外包产业未来的发展提供了新的机遇。粤港澳大湾区不仅可以深化广东和港澳的合作，完善各地的政府联动机制，也可以推助深圳大力发展服务外包产业，调整自身产业结构。2019年2月，《粤港澳大湾区发展规划纲要》提出"加快发展现代服务业"，构建现代服务业体系，把生产性服务业向价值链高端推进。同时，指出深圳和香港要发挥强强联合的带动作用，实现极点带动的发展策略。因此，建设粤港澳大湾区是国家级战略部署，而作为粤港澳大湾区的中心城市，深圳的服务外包产业必定迎来新的发展机遇。

四、深圳服务外包产业存在的问题

(一) 国际竞争力不强

尽管深圳服务外包产业拥有许多优势和机遇，但同样也要面对来自国内外的巨大挑战。国际服务外包市场规模发展迅速，世界各国尤其是发展中国家积极性高涨，为打造优良的服务外包环境创造了许多有利条件。虽然深圳服务外包产业中涌现出一批龙头企业，但是服务外包行业仍以中小型民营企业为主，大型企业占比较低。统计数据显示，2013年深圳全体服务外包企业中，70%的企业员工人数小于200人。这些中小型企业的国际化程度不太高，离岸服务外包业务承接能力较弱。由于资金和成本的限制，中小型企业在技术升级、吸纳高级人才、创新投入、扩大生产等方面存在着一定瓶颈，也不利于促进整个地区产业的集聚与发展。

以人才吸纳为例，中小型企业对高端人才的吸引力较弱。深圳市统计局数据显示，外来人口占深圳总人口的65%以上，而近年外来人口中，初中及以下学历人口所占比重为57%，说明深圳中高端人才基数不大，人才结构性短缺。而深圳又是许多大型互联网公司的研发中心或总部所在地，中高端人才会首选这些龙头公司而不是中小型服务外包企业。因此，众多因素导致深圳服务外包企业在服务质量、交付能力、技术与经验累积等方面与国际水平差距较大，整体竞争力偏弱。

（二）企业营商成本上升

伴随着深圳近年来的高速发展，企业营商成本也在逐年增加。人工、税负、办公用地等各项成本的增长加重了企业负担，导致企业利润比下降。作为一个拥有庞大经济体量的沿海发达城市，深圳的企业用人成本一直维持在较高水平。

图5-7显示了自2016年以来，深圳职工平均工资一直高于全国平均水平，2018年深圳职工年平均工资达到111709元，而全国工资平均水平为82413元，深圳高出其35%以上。两者之间的差距从2016年的22188元逐渐增加至2018年的29296元，有进一步拉大的趋势。除基本工资以外，企业为员工缴纳的五险一金、其他福利费用等也跟着水涨船高，拉高了企业的整体用人成本。而深圳房价过高也直接导致办公场所的租金上涨，企业商务成本不断提升，挤压了企业的利润空间。

与此同时，中国经济已经从粗放型发展模式进入高质量发展模式，全国各地都在积极推进产业结构优化和转型升级。为了避免职工工资水平上升、人口红利下降、企业各项经营成本加重带来的负面影响，许多服务外包企业会将之前在经济发达城市如深圳和广州开展的业务转移至内陆城市如成都和西安及武

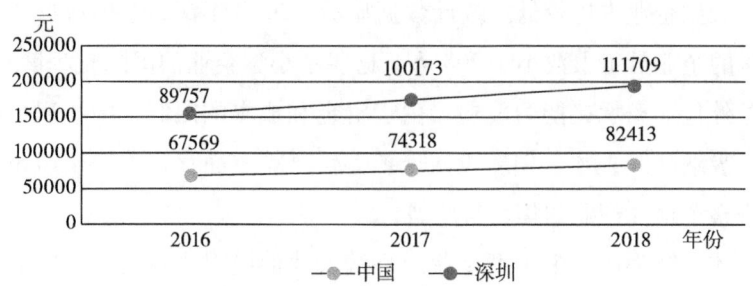

图5-7 深圳职工年平均工资与全国水平对比

资料来源：2019年统计局的统计年鉴。

汉等。因此，企业经营成本上升，导致深圳服务外包产业发展受限。

（三）知识产权保护不足

知识流程外包是企业将位于价值链高端的研发、知识创新、分析、决策等环节外包出去，它是利用承接方的业务技术专长，为客户创造更高的附加值，因此对承接方的知识和经验要求较高，是业务流程外包的高智能延续。从三种服务外包业务分类对比来看，信息技术外包和业务流程外包都是基于IT技术的服务外包，而知识流程外包的业务流程更加复杂，整合程度更高，对专业、创新能力要求更高，同时带来的附加值也会更高。具体服务项目有市场研究、商业研究、股票研究、数据采集和管理、战略咨询、文化创意等。

由表5-3可知，深圳服务外包业务中，排名前五的行业都属于信息技术外包和业务流程外包领域。这五个行业占据了整个离岸服务外包合同总金额的83.25%，说明知识流程外包在深圳服务外包业务中占比较小。再加上图5-4的数据对比显示，深圳服务外包业务中，知识流程外包仅占3.95%，远低于全国的平均水平37.44%，说明深圳的知识流程外包业务还有很大的成长空间。深圳信息安全立法相对滞后是造成这种状况的主要原因之一。缺乏完善的知识产权保护法律，导致包含关键数据和核心知识产权的相关业务难以向深圳转移，企业需要冒巨大的风险开展业务。另外，深圳针对服务外包知识产权相关部分的管理执行能力和研究能力也相对不足，不利于深圳提升自身服务外包品牌价值和国际市场竞争力。

表 5-3　2015 年深圳离岸服务外包合同金额前五行业　　单位：亿美元

排名	行业	合同金额
1	供应链管理服务	17.23
2	软件技术服务	7.90
3	信息系统运营和维护服务	6.47
4	软件研发及开发服务	4.49
5	企业业务流程设计服务	1.76

五、深圳服务外包产业发展建议

（一）优化服务外包产业结构

《国际服务外包产业发展"十三五"规划》中强调了要推动服务外包产业供给侧结构性改革，促进产业优化升级。图 5-4 显示，深圳服务外包业务以信息技术外包和业务流程外包业务为主，具有产业高附加值特点的知识流程外包所占比重仅为 3.95%，低附加值的服务外包业务在现有的业务结构中仍占大头。首先，可以通过释放政策红利，保障服务外包产业规模有序扩大，最终形成规模经济。其次，需要重点培育服务外包产业中的新兴产业、关键环节企业和创新型企业。推动服务外包产业发展模式转型升级，提高服务外包企业的竞争力。同时，加大力度培养高新技术、高端服务的研发业务。再次，要加强服务外包企业与研究机构、高等院校和其他高新技术企业的深度合作，打造产学研协同共进的发展局面。最后，要大力推进知识产权保护的建设。国外企业对服务外包业务的信息安全性要求很高，知识产权保护力度如何成为这些国外企业最关心的问题。深圳要想优化服务外包产业结构，必须调整 KPO 业务的占比，只有努力完善知识产权保护体系，才能吸引更多 KPO 业务在深圳落地。

（二）打造服务外包城市品牌

深圳可以结合自身服务外包产业的实际情况，发挥在 IT 技术方面的优势，突出特色，在软件技术服务、云服务外包、物联网信息服务、供应链管理服务等领域打造世界品牌，打造"深圳服务"的城市形象名片。同时，也要鼓励服务外包企业加强创新研发和自主品牌培育，帮助企业提升服务质量，协助打造企业品牌、服务品牌和产业品牌。深圳可以制定服务外包企业的品牌建设和推广计划，利用毗邻港澳的区位优势，向港澳、欧美、东南亚等地推荐和输送服务外包品牌。长期开展品牌展览、智力成果输出、国内外交流合作等工作，主动对接国际性的服务外包组织与协会，在各类合作交流平台积极推广深圳承接服务外包业务的能力优势和环境优势。利用互联网、交流平台或社交自媒体等渠道，宣传深圳服务外包企业的优秀案例，展现"深圳质量"，提高深圳品牌知名度。

（三）抓住粤港澳大湾区战略机遇

2017年，中国《政府工作报告》中指出，规划和建设粤港澳大湾区正式升级为国家层面的发展战略。建设粤港澳大湾区，不但能推动湾区内部各城市产业转型升级，也能让区域经济得到更深层次的发展。粤港澳大湾区三地产业之间积极的融合协作，也使深圳服务外包产业发展得到良好的契机。大湾区内部强调发展智能装备产业、新兴行业和现代服务业为主的龙头服务外包企业，以点带面，让支柱企业带动整条生产链的升级，用高端业务倒逼低端业务持续转型升级，最终达到服务外包产业综合竞争力提升的目的。只有技术创新才能驱动服务外包产业的发展，粤港澳大湾区内部"广州—深圳—香港—澳门"科技创新走廊的建设为深圳服务外包产业提供了未来发展的基础，技术、人才和各产业的融合为深圳提供了新动能。为了能更好地融入大湾区、对接以及满足大湾区的需求，深圳可以利用自身优势，结合大湾区对深圳的明确分工，专注发展服务外包产业优势领域。

主要参考文献

[1] GROOT H L F D. Macroeconomic Consequences of Outsourcing[J]. SSRN Electronic Journal, 1998, 19(3):331-352.

[2] BAJPAI N, SACHS J D, ARORA R, et al. Global Services Sourcing:

Issues of Cost and Quality[J]. Earth Institute at Columbia University，2004.

[3]FARRELL D ，ROSENFELD J . US Offshoring：Rethinking the Response[J]. McKinsey Global Institute，2005.

[4]张芬霞,刘景江."离岸外包"发展述评[J].经济问题,2005(8).

[5]詹晓宁,邢厚媛.我国承接服务外包的战略思考[J].中国对外贸易,2005(5).

[6]刘重.我国企业承接国际服务外包的问题与对策[J].国际经济合作,2006(4):10-12.

[7]陈菲.服务外包发展新趋势[J].商讯商业经济文荟,2006(4).

专题四 2019 年度天津市服务外包产业发展报告

邓丽[①]

2019 年，天津市认真贯彻落实党中央、国务院关于推进贸易高质量发展的部署要求，坚持新发展理念，积极推进全市服务外包向高技术、高附加值、高品质、高效益转型升级，取得显著成效，服务外包作为天津市生产性服务出口主渠道的作用进一步凸显。

一、服务外包产业总体情况

（一）产业规模持续扩大，离岸外包快速增长

2019 年，天津市实现服务外包合同额 75.0 亿美元，同比增长 59.9%；执行额 36.6 亿美元，同比增长 22.3%。其中，全市承接离岸服务外包合同额 47.6 亿美元，同比增长 103.1%，实现产业规模倍增；离岸外包执行额 19.1 亿美元，同比增长 23.4%，增幅约为全国平均增幅的 2 倍。

服务外包对全市对外贸易的拉动效应进一步增强。2019 年，全市离岸服务外包执行额与货物贸易出口额比例从 2018 年的 3.1∶100 提升到 4.2∶100。

（二）产业结构进一步优化，技术密集型业务快速增长

2019 年，天津市高端知识流程外包继续保持快速增长，执行额为 20.7 亿美元，其中离岸执行额为 12.8 亿美元，同比分别增长 52.0% 和 58.0%，占全

---

① 邓丽，鼎韬产业研究院高级咨询师。

市服务外包总体执行额和离岸执行额比重分别为 56.5% 和 67.0%。以工业研发设计、专业技术服务（航空）、工程技术服务、管理咨询、大数据服务和生物医药研发为代表的技术密集型高端离岸外包业务继续领跑，同比增速分别为 811.5%、282.2%、150.4%、66.7%、33.9% 和 21.2%。

信息技术外包（ITO）业务稳步发展，其中信息技术研发服务业务执行额和离岸执行额同比分别增长 93.6% 和 32.1%；信息技术运营服务业务执行额和离岸执行额同比分别增长 86.3% 和 23.7%。

业务流程外包（BPO）业务重点领域发展突出，法律流程、供应链和金融后台等服务外包业务执行额同比分别增长 106.9%、147.0% 和 894.9%，海外供应链业务同比增长一倍。

（三）企业实力显著增强，创业业务模式持续涌现

2019 年，天津新增备案服务外包企业 80 家，同比增长 8.1%。新增吸纳就业人数 3.55 万人，占全国新增就业人数的 3.4%，同比增长 107.8%。截至 2019 年底，全市备案服务外包企业总计超过 1100 家，从业人员总数超过 23 万人，占全国服务外包总人数的 2.0%。其中，大学（含大专）以上学历 16.4 万人，占从业人员总数的 70.0% 以上。在 2019 年重点监测的 197 家服务外包企业中，外资类企业占 32.0%，按可比数据计算，其累计承接的服务外包执行额和离岸业务执行额较上年分别增长 11.6% 和 5.4%。

依托雄厚的制造业基础，积极推动大数据、云计算、人工智能等新兴技术研发和应用，推动了天津市生产性服务业创新，同时拓宽了特色发展路径。天津市服务外包领域内的数字及社交媒体营销、众包、云外包、平台经济等创新业态不断涌现并快速发展，为大学生提供了更多的就业渠道和创业机遇。

（四）美国、欧盟和"一带一路"市场得到持续拓展

2019 年，天津市承接了 72 个国家和地区的离岸服务外包业务。其中，近 80.0% 的业务集中在中国香港、美国、欧盟和"一带一路"市场。天津企业全年承接美国服务外包业务执行额 2.2 亿美元，同比增长 29.5%，主要集中在集成电路设计、医药研发、工业设计、大数据服务和供应链服务等领域；

承接欧盟国家服务外包业务执行额4.55亿美元，同比增长65.5%；承接中国香港地区服务外包执行额有所下降；向天津市发包的"一带一路"国家和地区比上年增加2个，已累计达28个，全年承接离岸服务外包执行额4.8亿美元，同比增长113.3%，其中增长较快的主要是俄罗斯、马来西亚、菲律宾以及中东欧和北非等国的离岸外包业务。

（五）一批特色及示范园区引领效应逐步凸显

依托"天河三号"超级计算机和"国家生物医药国际创新园"平台打造的"天河科技园"，发挥国际领先的大数据、云计算和医药研发技术优势，加速推进天津经开区服务外包发展，服务外包执行额连续5年突破10亿美元，其离岸业务占全市比重超过50%。作为"国家火炬计划软件产业基地""国家863软件专业孵化器"和"国家软件出口基地"的天津滨海高新区软件园，推动高新区实现全年离岸服务外包执行额同比增长近40%，国家级服务外包园区示范带动作用显著。2019年，天津市3个服务外包示范园区和6个专业园区执行额分别占全市总额的75%和10%，离岸执行额分别占全市总额的77%、13%。

二、服务外包产业主要进展

2019年，天津市以深化服务贸易创新发展试点和服务外包示范城市建设为主线，加强行业规范治理，鼓励数字化技术研发应用，支持企业创新升级，服务外包发展各项重点工作稳步推进，成效显著，为"十四五"期间全市对外贸易高质量发展和服务外包转型升级奠定了坚实的基础。

（一）服务贸易体制创新体系逐步深化

2019年，天津市基本建成合力促进服务贸易创新发展的机制体系。首先，重新梳理联席会成员单位，由过去的51家调整为41家。其次，加强服务贸易统计研究，在与商务部相关统计部门多次沟通的基础上，通过对企业基本信息进行标准化处理、扩大监测样本企业数量、完善区域国际服务贸易统计体系等举措,在全国率先建立了《天津市服务贸易统计监测制度》。截至2019年,天津市进入商务部服务贸易统计监测管理信息系统的企业近400余家。2019年,企业直报数据16000余条,数量居全国前列。最后,多点发力的政策体系初具雏形。2019年,天津市金融、外汇管理、保险、法律、签证、旅游、收费、通关等一系列便利化措施相继落地。其中,由天津市商务局推出的"信用保险支持服务出口政策"已经进入实施阶段。促进技术进出口、提升公共服务能力、促进服务贸易双向开放、增强企业竞争力、提升技术贸易管理水平等政策措施逐步完善,效果也日益显现。自贸区金融创新取得突破,自由贸易(FT)账户政策获批复制、正式上线,天津成为继上海、海南之后,第三个上线FT账户的地区。天津市在全国率先开展飞机离岸租赁对外债权登记业务和共享外债额度便利化试点,有效降低了租赁企业汇兑成本和经营风险。从自贸试验区挂牌到2019年9月末,区内主体累计新开立本外币账户7.7万个;办理跨境收支2029.9亿美元;结售汇892.4亿美元;跨境人民币结算3974.8亿元,占全市的43%;出台全国首个自贸试验区保税租赁业务管理办法和首个商业保理行业监管办法。

本年度全市服务贸易创新发展任务有序推进。2019年统计数据显示,《深化服务贸易创新发展试点实施方案》中明确的40项重点创新任务,已取得初步成果的有33项,占总任务量的83%。其中,探索技术贸易管理模式、拓展单一窗口覆盖面、完善签证便利政策等13项创新任务提前完成;推动区外保税维修、拓展保税维修业务范围、建设一批特色服务出口基地、服务出口信用保险承保模式等创新任务取得积极进展;另外的7项任务也在持续推进中,2020年可全面完成。

(二)服务贸易新业态、新模式不断拓展

租赁、保理、AI、医药、跨境电商等重点服务贸易领域新业态新模式不断涌现。首先,天津制定租赁业升级版工作方案,建成全国首个飞机租赁区,促成全国13个海关进口租赁飞机跨关区监管,首创经营租赁飞机退租等业务模式。2019年1—10月,东疆完成租赁飞机123架、发动机6台、船舶15艘、海上石油钻井平台4座,累计完成租赁飞机1537架、发动机115台、船

舶 165 艘、海上石油钻井平台 19 座，保持全国领先。其次，天津率先开展商业保理试点，积极探索开展国际保理、再保理业务，支持保理企业接入央行征信系统，保理业务规模占全国的 15.0%。再次，天津实施医疗器械注册申请人委托生产模式，开展药品上市许可人制度试点，推进建设京津冀"细胞谷"，汇聚中科院工业生物所、瑞普生物、宝石花医疗等 200 多家生物医药健康企业，产业规模以 31% 的速度增长。最后，聚集一批大型自营电商和公共仓储服务商，制定跨境电子商务海外仓试点认定标准和支持政策，鼓励企业建设出口产品"海外仓"和海外运营中心。认定首批 5 家市级试点企业，布局海外仓 9 个，仓储面积达 3 万平方米。同时，创新信保支持政策，联合中信保为跨境电商提供全流程整体供应链解决方案，对认定的海外仓建设试点予以资金支持。

此外，基于雄厚的制造业基础，天津积极推动高端制造维修业务创新升级，出台鼓励保税维修和再制造产业发展的 10 项措施，开创境外飞机航程内保税维修绿色通道等新模式，在全国率先开展船舶"委外加工"保税维修，累计落户 60 多个航空、船舶制造维修项目。建成运行国内首个平行进口汽车服务中心和首个整备中心，政府服务和管理平台实现与海关数据联网。2019 年 1—10 月，天津口岸以保税物流方式进口汽车 7.2 万辆，占全国进口总量的 61.8%。开展二手车出口试点，完成全国首单二手商用车出口和"融资租赁＋汽车出口"业务，探索平行进口车保税增值出口业务。

（三）特色服务出口集聚区加速建成

小白楼、东疆、于家堡、南疆、北疆航运服务集聚区，空港航空物流服务聚集区，开发区天河科技园，高新区"智慧山"文化创意园，中新生态城国家动漫园，河西区"中国北方设计之都联盟"等一大批特色服务园区初具规模，成为天津市服务贸易出口的主阵地。天津经济技术开发区紧抓数字经济发展重大机遇，加快发展数字服务出口，构建国际竞争新优势，已经形成了以"海陆空"五大数字产业集群为主轴，以软硬两类基础设施为基干，以技术、人才、政策、平台、标准五大优势要素为支撑的"525"数字服务产业发展格局，并于 2020 年入选首批国家数字服务出口基地。此外，天津积极打造国家海外工程出口基地。中交建、中国中铁、中外运长航、中铁建在东疆分别设立了海洋建设开发、盾构机再制造、海上工程公司、电子商务公司等。在港口航道、轨道交通、海上风电、集采平台等领域为"一带一路"沿线国家和地区提供优质服务。依托国家级产业技术创新平台,天津打造了 GE 中国智能制造、科大讯飞等一批智能制造试点示范项目,加快建设人工智能产业研发、制造、检测、应用中心。

(四)港口降费提效、治乱出清工作加速推进

2019 年,天津市积极推进港口降费提效、治乱出清工作,并取得显著成效。一是积极引导和发挥行业协会作用,推动降低货代行业经营服务性收费。在天津国际贸易单一窗口公示最新的《国际货运代理企业进出口收费目录公示单》,通过动态更新收费目录清单为货代企业在天津国际货代行业管理平台创造公平竞争的市场环境,通过竞争降低其收费标准。据天津市价格监测信息报送系统统计,2019 年前三个季度进口常规 20 英尺货运代理费监测平均价格为 251 元,较上年的 437 元降低 42.56%。二是跟踪监测天津港口岸服务价格指数变化情况,健全全流程港口价格监测体系。推动将重点货代企业纳入港口价格监测体系,督促国际货代企业做好数据月报工作。三是推动将货代行业管理(明码标价公示)平台系统全面纳入单一窗口统一管理。2019 年 3 月底前已将天津市国际货运代理行业管理(明码标价公示)平台整体纳入中国(天津)国际贸易单一窗口统一管理。四是积极推动货代企业使用天津市港口统一收费管理服务平台。五是积极推进地方性货代行业支持政策落地,出台了《关于印发〈2019 年度服务出口企业申请财政扶持资金申报指南〉的通知》,对国际货运代理行业降费提效优势企业分别予以 5 万元资金支持,并完成对 34 家国际货运代理行业降费提效优势企业共计 180 万元的资金支持。

(五)加强宣传,积极参加服务贸易展会

天津市积极组织服务贸易与外包重点企业参加各类行业专业展会,注重宣传服务贸易与外包企业优势,参展的重点由宣传城市发展转移到了宣传重点企业,取得了良好效果。2019 年,天津市先后组织企业参加了第四届"海

品会"并荣获最佳展位奖,参加第七届"上交会"并荣获最佳组织奖,参加"京交会"并荣获最佳省市展区奖。在"京交会"上,除参加京津冀联展,天津市还参加了文化贸易专题展区,组织几家重点文化出口企业进行特色展示,受到马耳他等国外参会代表关注。组织全市近30家企业参加第十七届中国国际数字和软件服务交易会展示和论坛,荣获优秀组织奖。2019年该会首次更名为"数交会",天津市展位面积扩大到156平方米,25家企业推出展板和成果。组织10余家企业参加中国国际服务外包博览会交流对接活动,荣获优秀组织奖。组织15家重点服务外包企业参加"2019京津冀服务贸易和服务外包协同发展论坛",推进服务外包京津冀协同发展工作。

(六)深入企业开展调研及认定服务

2019年,天津市积极推动服务贸易与外包企业走访调研及认定工作,全年调研和帮扶服务企业70余次。首先,认真做好企业认定工作。联合市教委,组织全市高校、职业院校及专业培训机构等开展服务外包重点培训机构(2018—2020年)认定工作,经申报评审,全市确定了51家服务外包重点培训机构。持续做好服务外包离岸业务认定工作,全年为天津市60多家企业认定300多单离岸业务,让企业享受税收减免总金额达1.1亿多元。组织和推荐8家企业和3个项目入选"2019—2020年度国家文化出口重点企业和重点项目",并获得2020年度国家文化产业发展专项资金近500万元。其次,扎实开展企业品牌建设。组织企业参加"2018—2019中国数字经济与软件服务业"评选,4家企业荣获数字化转型等5大奖项。组织天津市企业参加"2019年度服务外包领军企业评选",7家企业获11大奖项,凯莱英生物医药成为天津市首次进入中国服务外包十大领军企业行列的企业。

同时,积极开展各类业务培训。组织全市服贸和外包企业、货代企业及重点园区,以及市工信局、市农委等兄弟单位和各区商务主管部门,开展业务和政策宣讲。2019年10月,天津市商务局邀请商务部和业内专家,组织150人规模的专题业务培训,对新版统计制度和年度产业政策申报等事项进行集中培训授课,普及了服务贸易和服务外包业务知识,为更多企业提供了指导。

三、下一步发展重点工作

以深化服务贸易创新发展和推动服务外包转型升级为主线,高标准推进试点示范工作。2020年,天津市持续推动《天津市深化服务贸易创新发展试点实施方案》40项改革创新任务基本落地,争取更多试点经验被商务部转发;服务外包示范城市建设取得新突破,在全国和东部16省份综合评价排名中力争实现新的提升;服务贸易进出口和离岸服务外包执行额均要实现年均10%的增长。围绕以上目标,天津市将重点抓好八个方面的工作。

(一)建立完善"三个机制",高质量推进试点示范工作

一是推动建立服务贸易重点领域促进机制。充分发挥服务贸易联席会议成员单位作用,依据部门职能任务、区域发展重点推动建立数字服务出口、中医药服务出口、文化服务出口、检验检测及维护维修服务出口等服务贸易重点领域发展促进机制,建立服务贸易统计运行机制。二是推动服务贸易高质量发展。围绕推动服务贸易创新工作、招商引资、政策举措、统计及信息报送等方面,形成对各区及各功能区的综合评价,探索建立市、区、功能区三级促进服务贸易发展管理体制;探索服务贸易综合评价指标体系和考核机制,完善促进服务贸易政策体系。三是建立宣传机制。充分利用各种媒体形式,加大天津市在推动试点示范工作中创新做法的宣传力度。通过加强机制建设推动服务外包示范城市建设取得新突破,在全国和东部16省份综合评价排名中力争实现新的提升。

(二)加强服务贸易集聚区建设,争取培育更多示范基地

紧紧围绕"一基地三区"建设,加强服务贸易集聚区建设,形成集聚发展。加快推动高端产业、科技产业、新兴产业集聚发展。在巩固现有服务贸易集聚区建设的基础上,汇集部门、区域资源优势,积极争取成为国家级特色服务出口基地,打造数字服务、文化服务、中医药服务、设计服务市级示范基地。发挥服务贸易平台产业聚集、综合服务、行业引领的作用。同时,

抢抓全市打造高端服务业集聚区契机，对现有服务贸易集聚区进行全面梳理，根据产业发展特色，通过综合评价，培育一批市级示范园区。

（三）适应新模式、新业态发展需要，加快构建系统科学的政策体系

发挥中央财政和地方财政扶持的杠杆引导作用。用足、用好财政部、商务部外经贸发展专项资金，鼓励技术进出口、承接离岸服务外包业务、建设和完善公共服务平台等。用好天津市支持服务贸易发展资金，加强对关键领域、重点项目、重点区域、重大平台的专项扶持，精准扶持企业自主创新研发、高端人才培养、企业境外并购等，定向扶持龙头企业和创新型中小企业。努力构建系统性、机制化、全覆盖的服务贸易政策体系。

（四）借助展会平台，积极拓展国际市场

广泛动员天津市服务贸易优势企业、潜力企业，借助达沃斯论坛、世界智能大会在天津市召开和美国 Gartner 峰会，充分利用 2020 年第三届"进口博览会""京交会""上交会""文博会""软交会""服博会""港洽会"等重要的国际国内展会平台，全面展示天津市服务贸易优势企业、潜力企业创新案例和技术实力，助力企业拓展国际市场，提升天津市服务贸易企业的国际影响力和竞争力。

（五）抢抓建设"设计之都"契机，大力推进服务贸易招商引资工作

将设计和创意文化产业作为发展重点，进一步优化经济结构、增强发展动力、提升产业竞争力。继续贯彻落实《天津市服务贸易联席会议办公室关于推进天津市服务贸易市场主体建设的实施意见》（津服贸办〔2017〕1 号），做好"三个一批"工作，即培育一批服务贸易优势企业，招进一批服务贸易企业，推动一批生产型企业向"生产＋服务"转型。分解招商任务，发挥服务贸易发展促进资金的引导作用，推动建立各区及各功能区的目标考核责任制。

(六) 做实做强纳统基数,力争实现应统尽统

全力提升服务贸易统计监测工作的质量和水平。完善服务贸易统计监测体系。提高天津服务贸易统计数据的准确性和时效性。深化落实商务部、国家统计局印发的《国际服务贸易统计监测制度》和《服务外包统计调查制度》。依托商务部服务贸易统计监测管理信息系统,千方百计扩大天津市服务贸易和服务外包重点联系企业统计数据直报范围和数量,做到应统尽统。

(七) 加快服务外包转型升级

完善促进服务外包转型升级政策体系。健全服务外包创新机制,推动形成特色领域创新联盟。搭建平台,促进制造业企业与技术先进性服务企业融合发展。依托各区域基础优势,重点发展设计、维修、检验检测等服务外包业务,形成集群发展优势。

(八) 加快服务贸易进出口发展

推动天津市《深化服务贸易创新发展试点实施方案》任务全面落地,提升服务外包示范城市竞争力。以数字、中医药、文化、检验检测及维护维修等服务出口为重点,分领域建立促进机制。高水平建设国家级中医药服务出口基地,培育申报国家级文化服务出口、数字服务出口示范基地。引导服务外包企业开展品牌建设,培育服务外包领军企业。梳理服务贸易创新发展试点经验和典型案例,加强宣传推广工作。探索建立服务贸易(服务外包)综合评价体系。

专题五 2019年度贵阳市服务外包产业发展报告

邓丽[①]

近年来，贵阳市以习近平新时代中国特色社会主义思想为指导，贯彻落实商务部贸易强国建设行动计划，切实按照全国服务贸易和商贸服务业工作会议要求，坚持数字化、智能化、特色化发展思路，以打造"中国数谷"和建设国家大数据（贵州）综合试验区核心区为抓手，将数字经济和服务外包作为贵阳建设内陆开放型经济试验区的突破口，系统谋划，主动作为，积极争取先行先试任务，努力建设具有贵阳特色的中国服务外包示范城市。

2015年，贵阳就开始了中国服务外包示范城市的申报。2018年3月，商务部与贵州省人民政府签署了《关于建立部省合作机制的框架协议》，明确"支持贵阳市创建国家级服务外包示范城市"。一个月后，贵阳市成为贵州省首个省级服务外包示范城市，初步具备了申报国家级服务外包示范城市的资格。当前，贵阳市创建国家级服务外包示范城市工作正积极推进。

一、服务外包产业发展总体情况

（一）产业规模创新高

商务部服务外包统计平台显示，2019年，贵阳市服务外包接包合同额达61041.79万美元，同比增长274.86%，与2016年相比增长了近12倍，年均增长率约为134.40%（见图5-8）。接包执行额为23921.78万美元，同比增

[①] 邓丽，鼎韬产业研究院高级咨询师。

长 195.80%，与 2017 年相比增长了 5 倍，年均增长率约为 147.10%。接包执行额远超 10170 美元的全年目标数。近年来，贵阳市服务外包产业发展增速迅猛，为申报国家级服务外包示范城市打下了坚实的基础。

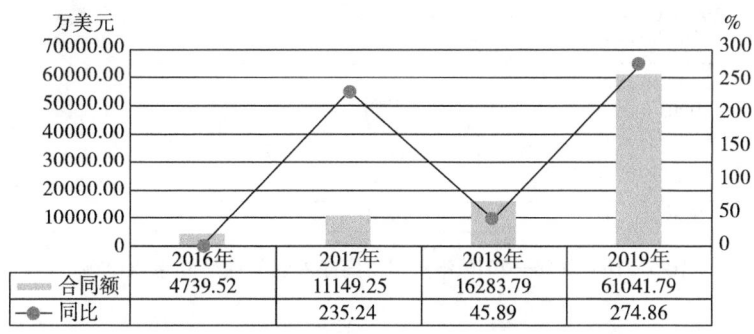

图 5-8 2016—2019 年贵阳市服务外包合同额

（二）离岸外包增速快

商务部服务外包统计平台显示，2019 年贵阳市离岸外包合同额为 34023.60 万美元，同比增长 439.05%，占服务外包合同额的 55.74%；在岸外包合同额为 27018.19 万美元，同比增长 170.94%，占服务外包合同额的 44.26%。

2019 年离岸外包执行额 10578.96 万美元，同比增长 163.47%，占服务外包执行额的 44.22%，与 2016 年相比增长了 26 倍，年均增长率约为 201.80%（见图 5-9）。在岸外包执行额 13342.82 万美元，同比增长 227.69%，占服务外包执行额的 55.78%，与 2017 年相比增长了 3 倍，年均增长率约为 104.40%（见图 5-10）。近年来，贵阳市离岸外包增速较快，与在岸外包的差距正逐渐

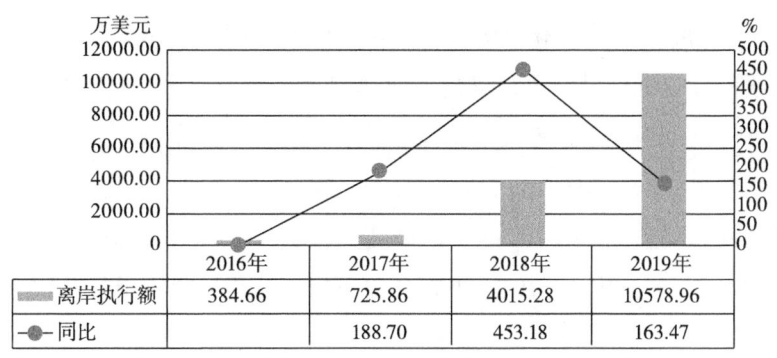

图 5-9 2016—2019 年贵阳市服务外包离岸执行额

缩小，服务外包发展日趋平衡。

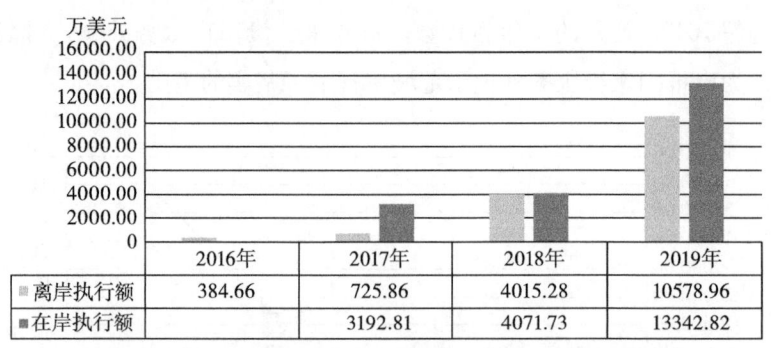

图 5-10　2016—2019 年贵阳市离岸外包与在岸外包执行额

（三）企业培育见成效

贵阳市采取政府引导、社会参与的模式，建成服务外包专业园区 10 个，营业收入共计约 50 亿元，带动就业人数近 5 万人，初步形成全省服务外包核心集聚高地，园区内外市场主体逐渐壮大。英特尔、戴尔、思爱普、富士康、中电科、阿里巴巴、华为、京东、奇虎 360、科大讯飞、世纪恒通、华唐等一批国内外大数据领军企业落户贵阳。

省商务厅等 9 部门分别认定高新区和贵州汇泽科技有限公司为省级服务外包示范园区、省级服务外包示范企业。全市涌现出一批离岸服务和在岸服务外包骨干企业，新一代信息技术被充分运用到企业管理和项目运营中，信息化带动了服务外包产业长足发展。中国电建集团贵阳勘测设计研究院、贵阳铝镁设计研究院深耕"一带一路"沿线市场，在印度、越南、巴基斯坦等布局了多个风电、水电、化学等工程项目，成为贵阳市离岸服务外包领头羊。世纪恒通科技股份有限公司、贵州易鲸捷信息技术有限公司等在岸服务外包企业通过提供车辆、金融等大数据服务引领了贵阳市在岸服务外包产业发展。多彩文化艺术股份有限公司被商务部、中宣部、财政部、文化和旅游部、国家广播电视总局认定为 2019—2020 年度国家文化出口重点企业，该公司的"多彩贵州风"被认定为 2019—2020 年度国家文化出口重点项目。

（四）管理体制新突破

市政府同意成立以市政府主要领导担任组长的贵阳市服务贸易产业发展工作领导小组并建立联席工作机制，首次在对外开放工作目标中设定服务外包执行额目标任务并分解到各区市县，联合市大数据局（市服务外包办）等相关部门和各区（市、县）共促服务外包产业发展，共推服务外包示范城市申报。在商务部和省商务厅的支持下，2019年9月初，在全省率先将服务外包及软件出口信息管理应用系统和服务贸易重点监测企业直报管理应用系统的初审权延伸至贵阳市10个区（市、县）和4个对外开放平台，改过去由市商务局负责初审、省商务厅负责复核为市商务局负责综合汇总、监测，形成全市上下一体、管理通畅的管理监测体制，为全面开展入统工作、数据下沉到基层、实现应统尽统打下基础。

（五）产业发展重支持

贵阳市高度重视服务外包产业发展，编制了贵阳市服务外包"十三五"产业发展规划，出台了促进大数据、服务外包产业发展的"1+4+1"系列政策文件，做好顶层设计。2015—2018年，贵阳市连续四年在政府工作报告中提出"加快发展离岸服务外包产业"，把服务外包产业作为优先发展产业。自2014年以来，贵阳市委、市政府共召开300余次市委常委会、市政府常务会、专题会研究部署大数据和服务外包产业发展工作。2018年，贵阳市获得"贵州省服务外包示范城市"称号，亮丽"名片"背后是高强度投入所成就的高质量发展。作为国家"双创"城市，贵阳市获得了国家9亿元专项支持资金，并同步拿出27亿元的匹配资金，绝大部分都投向了大数据服务外包产业。

近年来，贵阳市努力搭建对外交流合作平台，先后组织市大数据局（市服务外包办）、高新区等相关部门和服务外包企业参加了中国服务贸易交易会、中国（徐州）国际服务外包合作大会暨国际经济数字经济峰会、中国国际数字和软件服务交易会等展会活动，积极开展对外展示和招商。

（六）申报阶段新进展

贵阳市申报中国服务外包示范城市取得阶段性进展，2019年4月，已完成申报服务外包示范城市答辩。5月，应商务部邀请，市领导参加"数字服务贸易研讨会"并做了《贵阳市数字经济发展实践和建议》的发言。7月，商务部会同国家发展改革委等部门对2017年度31个中国服务外包示范城市和11个申请城市开展了综合评价公示，贵阳市在中西部地区排名第一。9月，贵阳积极做好2018年中国服务外包示范城市和申请城市综合评价工作，完成《贵阳市人民政府关于创建中国服务外包示范城市2018年情况报告》及印证材料报商务部。10月底，完成申报服务外包示范城市第二轮答辩。

二、服务外包产业发展特色

贵阳市经济增速已连续6年位居全国省会城市第一。贵阳把大数据作为"弯道取直、后发赶超"的强大引擎，正举全市之力打造"大数据2.0版"，向软件和信息服务外包转型升级。在大数据的引领下，贵阳经济社会发展按下了"快进键"，跑出了"加速度"。其中，依托大数据飞速发展的服务贸易功不可没。

（一）推进国家大数据战略行动，夯实数字经济和服务外包产业发展基础

2015年，贵阳市成立了以市委、市政府主要领导任双组长的贵阳市大数据发展工作领导小组，充分发挥作为国家首个大数据综合试验区先行先试的优势，坚定战略定力、增强发展后劲，大数据发展从风生水起到落地生根，呈现产业加快聚集、行业深度融合、创新能力显著增强、信息基础设施不断改善的良好态势，向"中国数谷"建设迈出坚实步伐。

全力建设大数据产业发展集聚区。在全市统筹布局了大数据产业生态示范基地、数字物流产业示范基地等10个大数据产业集聚区，涉及数据存储、数据清洗加工、数据分析应用、数据安全、数字物流、创新创业孵化、大数据人才培训等业态，初步构建起较为完整的大数据产业链条。目前，贵阳市

集聚了英特尔、思爱普、富士康等一批世界500强企业，中电科、阿里巴巴、华为、京东、奇虎360、科大讯飞等一批国内大数据领军企业落地，涌现了满帮集团、朗玛信息、东方世纪、易鲸捷等一大批本地优强企业。2018年，全市大数据企业实现主营业务收入1000亿元，增长22.4%。电信业务总量463亿元，增长140.0%。大数据与实体经济融合指数达到45.3，高于全省8.4。

创新培育数字经济新业态。人工智能、智能端产品制造等从无到有，大数据分析应用、数据金融、呼叫服务等从小到大，数据交易、数字物流、智慧医疗等做大做强。目前，贵阳大数据相关企业超过5000家。全国首个大数据交易所——贵阳大数据交易所在12个省设立了分中心，接入225家优质数据源，可交易数据产品超过4000个，其数据星河大数据交易平台成为唯一入选工信部2017优秀应用解决方案案例的数据交易平台。"独角兽"企业贵阳货车帮，2018年营业收入达110393万元，合并后的满帮集团荣登福布斯发布的"中国50家最具创新力企业"榜单，在国内市场占有率达到80%。贵阳朗玛在"2018年中国互联网企业100强榜单"中列第39名，旗下"39健康网"拥有全国规模最大的医院、医生、药品及个人医疗资料数据库，覆盖用户突破4亿人，成为国内领先的医疗健康类门户网站。大数据分析应用典型企业数联铭品在企业画像、宏观经济分析、新经济指数等方面积极开展大数据深度应用，成为国家发展改革委社会信用体系建设的合作单位。易鲸捷荣获"2018世界物联网博览会"新技术、新产品、新应用成果银奖，其数据库已在美国GP摩根、中国移动、国家电网、"天眼"FAST等大型企业和重点项目中推广使用。

打造中国国际大数据产业博览会。从2015年起，贵阳连续举办了5届全球首个大数据主题博览会——中国国际大数据产业博览会，现成为充满合作机遇、引领行业发展的国际性专业盛会，与乌镇世界互联网大会相互呼应、错位发展，为国家大数据战略服务。"2018数博会"以"数化万物/智在融合"为年度主题，习近平总书记专门给"2018数博会"发来贺信。展会围绕"同期两会、一展、一赛及系列活动"，举办了8场高端对话、65场专业论坛、40场成果发布、81场招商推介，来自全球29个国家的5万多名代表和嘉宾参会，全球共388家企业参展，观展人数超过23万人次。

（二）申报服务外包示范城市，扩大以大数据为引领的服务外包产业辐射带动作用

2015年，贵阳市成立市服务外包及呼叫中心产业领导小组，并开启了申报中国服务外包示范城市之路，被贵州省政府列为示范城市培育对象。贵阳市将服务外包产业发展作为一项日常化、制度化、常态化的工作，常抓不懈。

推动完善服务外包产业发展顶层设计。贵阳市服务外包产业作为发展产业，积极编制出台服务外包产业规划和各项政策文件，做好顶层设计。在2019年市委十届五次全会和市人大十四届第四次会议政府工作报告中都进一步明确提出"做强做优数字经济"，确立了以软件和信息服务外包产业为主导的发展方向。自2014年以来，市委、市政府召开市委常委会、市政府常务会、专题会研究部署大数据和服务外包产业发展工作共计300余次。

服务外包产业价值链呈数字化、工业化、专业化发展态势。一是大数据、物联网、移动互联、云计算等技术的创新和应用，推动贵阳服务外包产业向价值链中高端地位迈进。2018年底，信息技术外包、业务流程外包、知识流程外包分别占49.00%、21.00%、32.00%。从领域来看，软件和信息技术服务占52.32%，文化、体育和娱乐行业占10.64%，制造业占8.51%，教育占4.26%，科学研究和技术服务业占2.13%。二是融工程设计、工程咨询、智能技术、专有技术制造成套为一体的国际型工程咨询服务外包产业蓬勃发展。中国电建集团贵阳勘测设计研究院提供大中型水电水利、风电、新能源等多个业务领域的规划、设计等服务外包业务，承担了阿根廷阿劳科风电场、老挝南坎、洪都拉斯帕图卡等水电站勘测设计以及苏丹上阿特巴拉和凯吉水电站成套设计与技术服务项目、伊朗纳玛瑞斯特水电站EPC项目、柬埔寨西山3A水电站勘测设计、刚果（金）国家水电规划等多个工程。贵州省交通规划勘察设计研究院股份有限公司已在刚果（金）开展公路、桥梁等基础设施总承包服务业务。贵阳铝镁设计研究院有限公司是我国有色工业设计龙头企业，具有自主知识产权，业务遍及20多个国家和地区。

承接"一带一路"相关国家和地区的离岸业务快速上升。2018年，承接"一带一路"沿线国家和地区服务外包合同金额为3333.13万美元，占离岸服务外包合同总额的 52.81%；执行金额为 775.93 万美元，占离岸服务外包执行总额的 19.32%。刚果（金）、印度、巴基斯坦是 2018 年贵阳市离岸外包三大主要来源地，其中刚果（金）是 2018 年贵阳市企业接包金额最大的贸易伙伴。中国香港是合同执行金额最大的贸易伙伴。巴基斯坦是 2018 年贵阳市企业承接业务最多的国家，总计承担该国项目 9 个。中国电建集团贵阳勘测设计研究院 2018 年进入越南市场，承接 HongPhong 1A&B 光伏 EPC 项目；该公司 2018 年国际业务实现新签合同额 35.30 亿元，同比增长 351.00%。贵阳铝镁设计研究院有限公司 2018 年与全球最大的石油焦煅烧公司 Rain Carbon 集团签署了年产 37.5 万吨石油焦煅烧供货合同。

（三）抓住创建示范城市契机，扩大数字经济和服务外包引领带动作用

进一步运用大数据手段全方位推进体制机制创新。贵阳市紧紧抓住首批国家服务业综合改革试点区契机，在服务外包、服务贸易相关的管理体制、促进机制、政策体系、监管模式等方面先行先试。一是充分运用大数据手段推进政务治理能力和决策水平，为服务外包企业提供良好的营商环境。在"云上贵州"贵阳分平台构建了五大基础数据库，部署了 84 个单位的 144 个业务系统。实施"数据铁笼"、大数据综合治税、失信被执行人联合惩戒云等，有效保障经营者权益。二是积极推进贵州国际贸易单一窗口建设，进一步提升海关便利化水平，促进服务外包、服务贸易、跨境电商、国际贸易等贸易便利化。三是以建设中关村贵阳科技园为契机，依托高新开发区、经济技术开发区及重点产业园区，搭建科技创新、项目研发、人才创新创业承载平台，打造"政策+基地+资金+服务+平台"模式的服务外包创新创业全生态链。四是构建政府数据共享开放体系，实现"数据不搬家、数据不复写、管理机制不变"的共享开放新模式。全面完成了市区两级政府数据资源目录梳理工作，共梳理市级及各区（市、县、开发区）365 家政府部门、1385 个政务应用系统，建立了 14053 个数据资源目录。贵阳成为全国首个建成市区两级政府数据资源全量目录的城市。

进一步加大政策支持力度。一是贵阳市作为国家"双创"城市，获得了国家 9 亿元专项支持资金，并同步拿出了 27 亿元的匹配资金，绝大部分都投

向了大数据服务外包产业。二是 2014 年贵阳市制定出台《贵阳市呼叫中心产业股权投资基金管理暂行办法》。目前，累计投入 1.20 亿元设立专项资金，用于支持业务流程外包服务、信息技术外包服务、知识流程外包服务等领域的产业项目、园区建设、人才支撑体系和配套研究体系。2016 年，出台《贵阳市服务外包及呼叫中心产业发展专项资金管理办法（试行）》。截至 2019 年，已经累计投入 3.39 亿元专项资金，对认定的呼叫中心座席，以及服务外包企业新取得的开发能力成熟度模型集成、开发能力成熟度模型、人力资源成熟度模型、信息安全管理、IT 服务管理、服务提供商环境安全性等相关认证的系列维护、升级给予支持。三是积极支持企业开拓国际市场，给予政策资金上的支持。一方面，通过市级外经贸发展促进资金对服务外包和服务贸易企业"走出去"给予资金奖励；另一方面，落实技术先进型服务企业所得税优惠政策，贵阳市享受技术先进型服务企业减按 15% 的税率征收企业所得税的纳税人共 5 户，已减免企业所得税 331.30 元。

进一步为服务贸易企业拓展国际市场提供专业服务。依托贵阳市高新区国际合作中心，多渠道开展国际合作，建立了德国、澳大利亚两个海外创新中心。2018 年，先后与英国剑桥大学、伦敦帝国理工学院、英国国际贸易部、伦敦毕马威国际会计公司、英中贸易协会、瑞士日内瓦州工商会以及瑞士肖邦表厂等企业科研机构和有关团体开展交流合作活动，积极促成全市企业与哈佛大学、麻省理工学院、澳大利亚蒙纳士大学建立了良好的合作关系。与印度软件和服务业企业行业协会（NASSCOM）签署合作框架协议，共建中印 IT 产业集聚区；与帝国理工学院签署战略合作协议书，建设帝国理工贵阳实验室；与新加坡南洋理工大学理学院签署战略合作协议书，共建中新智慧大健康产业技术研究院。

进一步促进国际高端人才流动。一是优化外国人才引进制度。提供更为便利的外国人来华工作许可管理服务。简化申请材料，优化审批流程，规范申请标准，为 A 类外国高端人才来华工作、创新创业开辟"绿色通道"。2017 年 4 月以来，贵阳市审批通过聘外单位注册 210 家，办理外国人来华工作许可 352 人，其中 A 类高端人才 76 人，B 类技能人才 224 人，C 类技能人才 52 人。二是优化创新创业服务平台。贵阳市国际人才城为海外高层次人才提供

"一站式"服务。三是积极引进海外人才智力。2018年以来,邀请俄罗斯、乌克兰大健康医药、汽车发动机制造、生态农业等领域13名院士到贵阳市开展咨询指导、项目合作,直接引进海外高层次人才73人,柔性引进海外人才17人,达成项目合作43项,总投资8亿元,涉及生态农业、生物技术、大健康等多个领域,吸引181名外籍人才到贵阳市工作。

进一步提高综合创新能力。一是优化教育资源配置,稳步提升教育品质。2018年,在筑本科院校17所,在校学生28.9万人,专科、高等职业等学校19所,在校学生15.3万人,为贵阳市服务外包产业发展输送源源不断的人才。二是贵阳综合科技进步水平指数达96.5%,始终稳定保持全省增比进位首位。2018年,全市全社会R&D经费投入达64.6亿元,比上年增长35.9%,占GDP的1.7%;科技进步对经济增长的贡献率达61.0%,比上年增长0.67个百分点;万人发明专利拥有量为12.49件,在中国西部省会城市中名列前茅;"中国国际大数据产业博览会领先科技成果奖"入选国家科学技术奖励工作办公室发布的《社会科技奖励目录》;贵州凯阳航空发动机有限公司和瓮福科技工程股份有限公司获得技术先进型服务企业称号。

进一步提高交通运输水平。2018年,贵阳域内县县通高速,已形成以贵阳为中心、辐射全省的高速路网体系,全部乡镇通柏油路、村村通公路,城市轨道交通开通运营,"五环十八射"城市路网加快形成。高铁直达北京、上海、广州、深圳、香港等城市,全面融入"7小时高铁经济圈"。贵阳龙洞堡国际机场作为全省"一干十六支"机场布局中心,已开通国内外航线162条,其中国际航线19条(含贵阳至旧金山、洛杉矶、莫斯科、米兰、巴黎等5条洲际航线),旅客吞吐量突破2000万人次。

三、服务外包产业发展展望

2020年,贵阳市将积极贯彻落实国家《关于推进贸易高质量发展的指导意见》,扩大开放,发展数字经济、服务外包和服务贸易工作。重点发展以软件和信息服务业、大数据为主导的服务外包,强化本地企业基础,打造贸易竞争新优势。继续创建有贵阳特色的中国服务外包示范城市,以不断培育服务外包和服务贸易新业态、增强"贵阳服务"国内外竞争力、走向国际市场为发展目标，积极实施服务贸易管理优化、服务外包新业态发展及服务外包企业竞争力提升等工程，重点开拓以"一带一路"沿线国家和地区为主的服务外包市场，巩固提升离岸知识流程外包，拓展离岸信息技术外包，优化业务流程外包。贵阳市将继续推进国家大数据战略行动，加快服务外包向高技术、高附加值、高品质、高效益方向发展，争取成功创建中国服务外包示范城市，推动全市经济高质量发展。

（一）大力推动服务外包高水平发展

以习近平新时代中国特色社会主义思想为指导，积极贯彻落实商务部、省市委关于扩大开放、发展数字经济和服务贸易的工作要求，积极创建国家服务外包示范城市，探索建立国家数字服务出口基地。一是用好服务贸易领导小组和联席会议制度，加强部门联动，深挖服务外包和服务贸易的企业资源、行业潜力，用好各部门政策和资金，及时解决产业发展过程中的重大问题。二是坚持高水平顶层设计。制定《贵阳市服务外包"十四五"产业发展规划》《关于加快发展服务外包和服务贸易的实施意见（2019—2021年）》《贵阳市加快发展软件服务外包产业行动计划2019—2021》《贵阳市大数据电子信息产业振兴发展行动方案》等文件，把服务外包和服务贸易作为构建贵阳开放型经济的重要突破口，采取综合扶持政策，尽快扩大在岸服务和离岸服务外包规模，鼓励促进贵阳服务企业"走出去"。

（二）不断构造特色优势领域的核心竞争力

一是以"万企融合"为统领，全面推进大数据与实体经济深度融合。大力发展工业互联网，建设工业互联网交付基地，构建国家工业互联网标识解析二级节点，搭建国家区域级工业互联网平台、贵阳智能制造协同共享平台、工业信息安全制造业创新中心，争取国家顶级域名服务器节点落地贵阳，为工业企业转型升级提供指导和支撑。加快制定出台"数博大道产业规划""数博大道数字孪生空间规划"，谋划一批高水平、前瞻性的产业项目和融合应用项目。二是大力支持工业技术类服务企业发展，加大"走出去"力度，鼓励企业在工程中充分利用互联网、大数据、人工智能等新一代信息技术,开展工程行业新技术、新业务、新模式研究和应用,探索构建"数据驱动型"企业,创造新的经济增长点和可持续发展路径。

(三)探索开展服务外包和服务贸易统计

积极开展服务贸易统计直报工作。协调商务部服贸司将统计端口延伸至各区(市、县)和开放平台,挖掘服务外包和服务贸易新业态、新领域、新企业,加强企业培训,扩大系统中企业数量和业务数据。同时,积极探索运用大数据等技术手段优化在岸服务和离岸服务外包统计方式方法,探索生产性服务业分离方法,探索建立贵阳市服务外包产业门户网站、综合性公共服务平台,为政府、园区、企业创建信息分享、资源互补的渠道,推动服务外包产业成为全市推进服务型政府建设的典范。

(四)加快健全服务外包促进体系

充分利用中国国际大数据产业博览会、生态文明(贵阳)国际论坛等国家级展会平台,举办服务外包产业发展论坛。积极组织参加德国工业博览会等世界顶级数字贸易大会,组织参加中国服务贸易交易会、中国国际技术进出口交易会、大连软交会等各类展会平台开展招商洽谈活动,帮助贵阳企业"走出去"。依托陆海贸易新通道建设,依靠贵阳作为连接陆上和海上"丝路"的重要纽带和节点优势,抢抓机遇,优先布局,充分发挥其重要节点城市的功能,加强与"一带一路"沿线国家合作,积极承接服务外包发达地区的业务转移,促进离岸服务和在岸服务外包迈入全国先进水平。

(五)优化服务外包发展要素保障

数据、人才、资金等都是依托大数据优势的服务外包重要的投入要素。要加强建设大数据生态环境,加快技术创新,加快产业链垂直整合和行业资源重组,从而加强与客户的战略合作,实现互动发展,并拓展新的服务领域,实现服务外包产业的转型升级。

推动大数据与服务外包深度融合,迫切需要从制度层面入手,推动数高效流通，提升人才供给水平，畅通资金投入渠道。

推动数据资源流通共享。一方面要完善开放数据分级分类标准、数据开放技术规范及数据开放接口的建设实施规则，明确数据的开放范围。另一方面要鼓励多方协同，推动数据流通共享，相关政府部门可探索对数据进行脱密处理后开放给企业，科研院所、骨干企业等可以联合建立大数据流通服务平台，凝聚多方力量，共同助力数据资源高效流通。

加快培育融合型人才。大数据改变了服务外包产业的服务模式、运作模式和业务模式。服务外包企业必须拥有具备数据分析、数据挖掘并熟悉具体业务领域的复合能力的人才，才可能具备针对特定的行业领域需求提供差异化服务和集成解决方案的能力。因此，人才是大数据与服务外包融合发展的第一要素，深入推进大数据与服务外包的融合，培育人才队伍、增强人才实力是根本。建议高校优化人才培养方式，加快完善大数据相关学科建设，积极采取跨校、跨院系、跨专业等交叉培养的方式，着力培育数据工程师等专业人才和兼具多学科知识的复合型人才。引导企业踊跃参与人才培养工作，鼓励企业与高等院校、职业院校加强合作，共同培育大数据应用创新型人才。组织在职人员进行大数据知识普及和应用技能培训，提升在职人员融合应用大数据技术的能力。

加强重点领域资金支持。一方面，继续发挥财政资金的支持和引导作用，强化专项资金支持，探索设立大数据产业发展基金，加大对大数据融合创新产品和服务的政府采购力度。另一方面，进一步畅通社会资本投入机制，鼓励金融机构开展金融服务创新，鼓励行业组织等积极搭建产融对接平台，持续深化资本市场改革，多维度入手强化金融市场对大数据与服务外包融合的资金支持。

（六）强化数据技术支撑能力

围绕大数据优势发展服务外包，高度依赖大数据技术、信息基础设施以及数据安全保障等基础支撑的完善程度，强化技术支撑能力、加强信息基础设施建设、增强网络及数据安全保障是必要前提。要进一步加强基础技术研发，联合高校、科研院所等科研力量持续强化大数据基础研究，加快突破适应大数据发展需求的芯片、内存计算等关键软硬件技术。同时，继续强化大数据应用技术,以行业应用的实际需求为指引,集聚产学研多方资源,加强分析、理解、预测、决策支持等大数据应用技术的研发攻关。

加强新型基础设施建设。数据的采集、传输、存储、分析、应用都离不开信息基础设施的支撑。一是依托"宽带中国"行动,加快推进网络基础设施建设,以网络通信能力的持续优化促进数据传输速度的稳步提升。二是加快推进重点领域工业互联网的建设部署,提升服务外包各行业、各领域数据采集范围与质量。三是着力推进云计算创新发展与应用,更好地满足大数据与服务外包产业融合的存储空间与算力支撑需求。四是加速构建布局合理、规模适度、绿色集约的数据中心体系,为服务外包各领域大数据的存储及分析利用提供坚实支撑。

增强网络及大数据安全保障。随着大数据与服务外包融合的持续推进,安全问题日益突出,成为各行业、各领域融合应用大数据的主要顾虑,加强安全保障是解除企业顾虑、加深融合程度的关键所在。一方面,健全网络安全防护体系,强化网络安全防御体系,完善网络空间日常巡检和风险预警机制,优化网络安全事件应急处置预案,从而全面增强网络安全态势感知、预警和应急处置能力。另一方面,强化大数据安全保障,加强大数据安全保护产品和解决方案的研发,强化云计算、大数据基础软件系统漏洞挖掘与加固,进一步增强实体经济各领域融合应用大数据的安全保障。

(七)培育数据深度应用发展生态

随着大数据与服务外包的广泛融合,应用场景愈加丰富,涉及主体类型和数量也随之增加,需加快构建大数据企业、高校院所、行业组织等各类主体协同发展、互促共进的融合生态,持续深化大数据融合应用。

提高企业重点领域大数据应用能力。推动传统企业应用集成,鼓励掌握丰富数据、具备集成能力的生产企业向服务化转型,提供面向行业需求的大数据与服务外包融合应用解决方案。促进大数据应用能力共享,具备数据运营、开发、应用等专业能力的龙头企业可搭建大数据能力开发平台,开放共享大数据应用能力。

深化大中小企业应用协同。加强大中小企业之间的统筹和协调,构建融通发展、集群创新的新格局。加强大中小企业融通，通过载体建设、技术合作、服务外包等，加强大数据龙头企业应用示范、标准输出、需求创造作用，带动中小企业发展。同时，构建优势产业集群，充分发挥人才、地理、市场等优势，聚焦本地特色打造大数据应用产业集群，加强产业链布局，完善服务体系，促进大中小企业有效对接，推动集群内部优势互补和协同发展。

充分发挥行业组织等实体的作用。行业组织介于政府与企业之间、供应商与用户之间，应充分利用其特殊地位和性质，引导融合应用有序推进。开展有针对性的供需对接，聚焦供需失衡突出的领域开展融合需求收集，并通过召开对接会、签订长期合作协议等，促进供需良性互动。促进大数据融合应用推广，结合相关试点示范成果和项目，举办大数据与实体经济融合峰会，组织编写案例集，筛选较成熟的方案向行业推广。

（八）健全数据融合发展体系

依托大数据优势，服务外包产业的发展范围不断拓展，融合程度不断加深，带来了更多新兴主体的涌入，亟须进一步优化营商环境、激发市场活力。应加大负面清单制度的实施力度，进一步放宽大数据与服务外包融合产品和服务的市场准入限制，及时清理妨碍准入的不合理规定，确保各类主体公平进入。改善大数据与服务外包融合项目审批流程，压缩行政审批时限，特别是对融合发展较快、融合创新活跃的领域，可简化审批流程及要求。

优化大数据与服务外包融合治理制度。大数据与服务外包融合发展带来诸多跨区域、跨领域业务，给现行治理制度带来挑战。因此，有必要优化现有治理制度，适应新业务的发展需求，在促进数据充分流通、鼓励融合充分发展的同时保障数据安全。一是弥补法律空白，加快完善大数据领域法律法规，尽快启动《个人信息保护法》立法工作，增强数据流通的规范性、安全性。二是积极推动出台电信和互联网网络数据管理政策和安全标准，强化数据全链条安全管理。三是加强对大数据平台企业的监管，监管重点从非违法个案评估转移到数据管理制度和算法规则，确保平台企业数据管理合法合规。

专题六 2019年度大连市服务外包产业发展报告

赵合喜[①]

一、大连市概况及主要经济发展数据

大连市地处欧亚大陆东岸，中国东北辽东半岛最南端，位于东经120度58分至东经123度31分、北纬38度43分至北纬40度10分，东濒黄海，西临渤海，南与山东半岛隔海相望，北依辽阔的东北平原，是东北、华北、华东以及世界各地的海上门户，是重要的港口、贸易、工业和旅游城市。大连市总面积12574平方公里，其中老市区面积2415平方公里。大连市现辖2个县级市（瓦房店市、庄河市）、1个县（长海县）和7个区（中山区、西岗区、沙河口区、甘井子区、旅顺口区、金州区、普兰店区）。另外，还有金普新区、保税区、高新技术产业园区3个国家级对外开放先导区，以及长兴岛临港工业区和花园口经济区等。[②] 2019年，大连市地区生产总值7001.7亿元，按可比价格计算，同比增长6.5%。其中，第一产业增加值458.5亿元，增长3.0%；第二产业增加值2799.9亿元，增长11.9%；第三产业增加值3743.3亿元，增长2.9%。

2019年，大连市自营进出口总额4132.2亿元，比上年增长21.7%。其中，进口2386.4亿元，增长33.6%；出口1745.8亿元，增长8.5%。机电产品出口688.9亿元，下降11.3%，占39.5%。一般贸易出口652.9亿元，增

---

① 赵合喜，东北财经大学副教授。
② 大连市人民政府官网。

长 13%，占 37.4%。民营企业出口 578.7 亿元，增长 17.9%，占 33.2%。前六大主要出口市场是东亚、日本、"一带一路"国家、北美、欧盟、美国。

2019 年，大连市备案境外投资项目 68 个，协议投资总额 8.04 亿美元，按可比口径计算比上年下降 79.3%。对外承包工程营业额 6.80 亿美元，比上年增长 6.0%；对外劳务合作人员实际收入总额 9660.00 万美元，比上年增长 5.0%。

2019 年，大连市离岸服务外包合同金额 16.94 亿美元；执行金额 15.61 亿美元，比上年增长 16.6%。年末，全市拥有服务外包企业 1110 家，从业人员 15.06 万人。[①]

二、大连高新区概况及产业结构

大连市高新区位于市区西南部，占地 153 平方公里，海岸线长 41.6 公里，森林覆盖率达到 70% 以上，生态良好，交通便利。大连高新区是大连软件和服务外包企业聚集区和产业核心区，是 1991 年 3 月建立的首批国家级高新技术产业园区，是中国东北高新技术产业集聚的高地和自主创新的平台，同时也是大连市对外开放的先导区、科技兴市的示范区、高新技术产业集聚区。目前，注册企业 5000 余家，其中高新技术企业超过 900 家、出口型企业超过 380 家，IBM、惠普、爱立信、戴尔等世界 500 强企业超过 100 家。

大连高新区以软件和信息技术服务外包为主导，发展以网络及电子商务、文化创意及动漫游、生命科学、设计、新材料与新能源、智能制造、科技金融为特色的现代服务业。大连高新区产业结构如图 5-11 所示。

大连高新区先后被授予中国唯一的"国家软件产业国际化示范城市"和"国家创新型软件产业集群"、中国首家"国家创新型特色园区"，以及"国家软件产业基地"和"国家软件版权保护示范城市"等称号。2013 年，高新区被命名为"国家级文化和科技融合示范基地"，成为全国创新创业的高地。大连高新区基础设施齐全、创新创业体系功能完备，拥有集综合孵化、专业孵化、国际孵化和二级孵化于一身的特色孵化网络体系，拥有近百个国家级

---

① 大连市人民政府官网."对外经济贸易"[Z].2020-02-11.

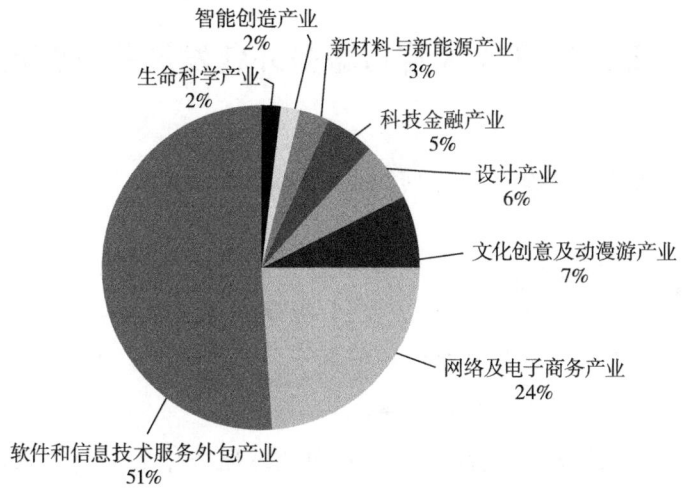

图 5-11　大连高新区产业结构

研发中心和企业研发中心、8 个公共技术服务平台。高新区自主创新成果不断涌现,知识产权申请及授权总量居大连首位。

大连高新区是软件和服务外包产业的核心区,同时也是辽宁沿海经济带重点发展区域,软件和服务外包产业呈高端化、规模化、集群化发展态势。目前,该产业已拥有企业 1220 家,收入达 1108 亿元,并且还规划建设有大连软件园、七贤岭现代服务业核心功能区、河口国际软件园、黄泥川·天地软件园和华信软件园等多个专业软件园。软件和服务外包产业实力、规模和创新能力居全国前列。

2020 年,大连高新区将紧紧围绕国家"大众创业、万众创新"的重大历史机遇,优先发展以软件和服务外包为主的工业设计、网络和动漫游戏产业,以及科技金融、教育培训、总部经济等战略性新兴产业,抓住物联网、云计算、移动互联和大数据时代的历史契机,全面实施创新引领战略,加速产业转型升级,充分整合国内外两大市场资源要素,加大企业引进和产业培育力度,努力打造"科技创新引领、高端产业聚集、绿色生态示范、人文交互共生"的综合高新技术产业高地。①

---

① 园区概况[EB/OL]. 大连高新技术产业园区网站. https://www.dlhitech.gov.cn/yqgk/index.html;jsessionid=69F82C7B8DD2EA6C79BD3A72A7ADACD1.

三、2019 年大连市服务外包发展基本情况

（一）大连市服务外包发展特点

2019 年，大连市服务外包呈现如下发展特点：

一是跨国公司集聚，全球交付中心地位彰显。已有 100 余家全球 500 强企业在大连从事软件开发和服务外包业务，全球前十大 ITO 和 BPO 服务提供商中，有 6 家在大连开展外包业务。

二是跨国公司从区域性服务中心向全球服务中心升级发展。大连拥有 IBM、埃森哲、简伯特、软银、索尼、花旗、思科等跨国公司地区服务总部 20 余家。

三是服务外包多元化发展和产业跨界融合趋势明显，企业自主研发能力进一步增强。

四是产业园区建设日新月异。大连现有颇具规模的软件服务外包园区 10 个。大连软件园是全国 11 个国家级软件产业基地中唯一的民营软件园区，经过十几年的不懈努力，大连软件园一期目前已经聚集了 786 家服务外包企业。

（二）依托服务外包产业落实国家战略情况

一是依托服务外包产业，积极打造"一带一路"合作平台，建设包括产品创新、产业创新、商业模式创新在内的创新体系。依托大连理工大学，积极与"一带一路"沿线国家和地区及国内高校和科研院所合作建设人工智能研究院。依托瀚闻资讯，加强与国家信息中心合作，建设"一带一路"大数据研究院。大连瀚闻资讯有限公司是中国第一家全面收集世界主要贸易国货物贸易统计数据的商业机构，是中国境内唯一与海关总署公开建立全球贸易数据互换机制的机构，是在贸易信息调查领域唯一拥有国家统计局颁发的涉外调查许可证的机构。该公司拥有独立机房和服务器，获得 29 项有关大数据清洗处理开发等方面的专利，掌握当前最先进的大数据抓取、清洗、识别、处理、挖掘、机器学习、分析、可视化等技术方法，积累了海量的大数据资

源和丰富的大数据开发应用实战经验。大连瀚闻资讯有限公司连续多年为商务部、国家发展改革委、海关总署、中国贸促会等国家级机构提供政务大数据开发应用及咨询研究服务，承担编制了《"一带一路"贸易合作大数据报告》《中国贸促会出口促进路线图》《中国对外贸易 500 强企业研究报告》《中国中小企业"走出去"研究报告》《中国中心城市外贸竞争力研究报告》等国家级权威报告。同时，瀚闻资讯与辽宁省、浙江省、湖北省、山东省、重庆市、大连市等各级地方政府保持密切联系，尤其是作为扎根于大连高新园区的智库型企业，与园区税务局、科技创新局（知识产权局）、发展改革局（统计局）等部门保持密切合作，承担了《对标上海：大数据解读连沪高新技术产业发展差异》《税务大数据的开发应用服务》《火炬统计调查服务项目》等项目。

大连市还通过与国内外知名企业共建干细胞、基因检测与再生医学研究院和文化产业研究院等创新平台，集聚东北及全国的相关创新资源，开发创新成果。

二是依托外包产业，围绕高新区"2 + 3"重点产业方向，打造包括苗圃、孵化器、加速器在内的创业推进体系。大连市聚焦未来 10 ~ 20 年的发展，确定了"2 + 3"产业方向，即智能科技、洁净能源两大主力产业，海洋科技、生命科学、数字文创三大协力产业。为此，大连高新区编制了《大连高新区建设国家自主创新示范区三年行动计划实施方案》，将包括洁净能源国家实验室、中国科学院大学能源学院和大科学装置、人工智能研究院、工业智能研究院、干细胞与再生医学研究院、东软集团生命健康学院、无人驾驶船舶产业创新基地等在内的前瞻领先行业作为主要发展方向。围绕产业方向，倾斜资源，聚集项目，持续发力，大力推进牵动性项目引进和发展，发挥辐射带动作用。

三是依托外包产业，积极应对全球新技术革命和新产业革命。大连市积极融入全球创新网络，培育区域创新能力，当好创新发展先行者。把握世界科技进步大方向，积极推进脑科学与人工智能、干细胞与组织功能修复、国际人类表型组、材料基因组、新一代核能、量子通信、拟态安全、深海科学等一批重大科技基础前沿布局。继续稳固引领东北亚创新发展的核心地位，提高国际、国内"两个扇面"的服务辐射能力,提升全球资源配置能力,培育科技创新策源力,繁荣文化影响力,保障高端制造业实力,提升在国内乃至全球经济领域的功能引领性,激发城市经济的内生动力。

四是依托外包产业,打造东北地区最具吸引力的"孵化航母"。依托"创业大连·高新区示范引领工程",实施新型孵化器培育工程、海内外创业人才集聚工程、科技成果转化工程、科技金融助推工程、创业服务提升工程、创业文化示范工程等六大工程。打造"苗圃+孵化器+加速器"阶梯形孵化体系,形成一条覆盖从在孵企业技术创意、产品实现到产业化实施各个阶段的孵化服务链,成为大连市乃至东北地区高科技创业者实现梦想的首选地和创新创业资源的集聚区,成为大连市乃至东北地区最佳"双创"热土。

五是以创业投资为主,打造包括股权基金、风险投资、知识产权质押、融资租赁、互联网金融在内的创新创业投融资体系。以建立全省科技金融创新示范区为切入点,紧抓"上海—大连"对口合作机遇,全面构建适应创新创业快速发展的投融资体系。通过建立创业投资基金、创业投资担保基金和风险补偿基金,开展知识产权质押贷款和信誉贷款,对创新创业主体给予贷款贴息或上市费用补贴等手段,不断优化区域科技金融生态环境。

六是依托外包产业,放眼国际,加大与国内外创新创业先进国家、地区和机构的合作力度,打造能有效吸引全球创新资源的国际合作体系。大力推进与上海及中关村合作;充分利用"软交会""海创周"等平台加强对美国、日本、韩国、英国、德国、以色列等国家创新资源的利用和引进;加大与京都大学中国学生学友会、西雅图创业协会、中美企业创新中心(波士顿)、科控欧洲科技创新中心、全球创新学院 GIX、英国剑桥大学、华盛顿大学、中加商业加速网络等国际顶级孵化器以及高校和华人团体的合作力度,使大连成为海归人员的创新创业中心。启用三丰大厦 B 座 4.6 万平方米共 26 层场地,打造归国成熟项目和人才的承接平台——联创国际加速器,聚焦智能科技、生命科学、大数据、海洋科技等重点产业领域,重点围绕人工智能技术,吸引与人工智能研发、生产、应用相关的项目入驻,并拟打造人工智能公共技术支撑平台,为企业和项目提供"一站式"技术服务,吸引更多高端项目和人才集聚东北亚创新创业创投中心。联创国际加速器的运营模式是通过政府引导、第三方运作的方式，向市场化、国际化、专业化方向发展。

（三）大连市服务外包产业辐射带动情况

一是推动区域协同创新。借助与张江等国家级先进高新区合作，依托张江国家级技术转移交易平台等载体的功能作用，建立与国际知名中介机构深度合作交流的渠道，打造辐射全球的技术转移交易网络，建立健全市场化、国际化、专业化的营商服务体系。同时，依托硅谷瀚海科技园、波士顿中美创新中心（CUBIC）、太库硅谷加速器、中美企业创新中心（波士顿）、洪泰智造工场、中以国际孵化器、科控欧洲科技创新中心等国际顶级孵化器，进行了多轮交流对接，开展多家孵化器国际合作。

二是构建企业协同创新平台。依托华信、东软等具有引领带动作用的创新型骨干外包企业，与日本、美国等海内外科研院所、高等学校研发机构以及其他各类研发机构紧密对接，组建一批具有国内先进水平的企业协同创新平台，统筹产业链关键技术开发、工程化、标准制定、市场应用等环节，推动创新要素整合和技术集成，努力实现重大突破，大幅提升企业核心竞争力。

三是构建公共协同创新平台。围绕"2+3"产业发展的核心共性问题及产业链延伸发展方向，有针对性地构建大数据协会、人工智能协会、知识产权联盟、战略性新兴产业联盟等一批协同创新平台，集中优势力量协同攻关，取得一批拥有自主知识产权的核心技术和经济社会发展急需的关键技术，开发出一批具有创新点、增长点及处于制高点的协同创新项目。

四是构建军民协同创新平台。依托中国运载火箭技术研究院大连军民融合创新中心、贝斯特电子、海大船舶等企业，联合中央军工企业、科研院所、高等学校，进一步完善军民科技融合机制，组建一批军民协同创新平台，大力开展航天航空、船舶、电子信息等军民两用技术的协同攻关。加大政策、资金等方面的引导性、开发性、基础性支持力度，推动国防科研资源向民用企业开放，促进军用高技术向民用产业转移。

五是扶持专业云平台建设。对有基础的行业领域，采取企业主体、政府扶持的方式加速专业云平台建设，支持英特工业仿真云、楼兰车联网云等建设运行；逐步在工业、交通、医疗、教育等重点领域建设专业云平台，支撑企业的研发与应用推广，以及行业数据积累与项目开发运行，开放资源吸引企业聚集与应用创新，形成重点行业细分领域的创新与竞争优势。

六是加强公共技术平台建设。遵循以市场为导向、企业为主、政府扶持的原则建设和用好现有大连云计算公共服务平台、华为软件云平台，提高企业云计算技术的开发和应用能力，为东北地区服务；建立智能硬件开发公共技术服务平台、智能装备技术创新中心等，支持面向物联网、人工智能等硬件产品的开发测试和人才培养。

（四）大连市服务外包管理体制机制建设情况

2019 年，大连市服务外包管理体制机制建设主要包括以下七个方面：

一是出台自创区行动计划。紧紧围绕发展智能科技、洁净能源两大主导产业及海洋科技、生命科学、数字文创三大协力产业施策发力，紧盯《高新区建设国家自主创新示范区三年行动计划》，确保 73 项重点任务按时间节点有效完成。

二是多措并举，出台政策解决企业发展瓶颈。围绕产业布局，做好招商引资工作，重点引进行业领军企业，通过实施"华腾计划""育龙计划"分层级培养区域龙头企业；做好企业入库、培育工作，稳步实现高企倍增计划；做好上市企业辅导工作，助推区内企业挂牌上市；增强企业创新能力，通过研发费用加计扣除、研发费用后补贴、知识产权奖励、高新技术企业奖励、研发中心奖励等政策落地实施，提升企业核心竞争力，助推优质企业体量实现大幅增长。

三是聚焦前沿，出台措施加快创新资源集聚。依托"科创工程"政策，集聚一批高校院所科技成果在高新区落地，支持高校院所与高新区企业共建公共研发平台、专业技术平台等各类研发机构和技术中心，鼓励科技中介服务机构开展科技创新活动。着眼新兴产业发展趋势，谋划布局一批前瞻性项目：推进与大连理工大学共建人工智能研究院；推进清洁能源国家实验室、先进光源大科学装置项目落地；规划建设无人艇研发测试基地、高技术船舶设计制造基地；推动建设东软集团生命健康管理与医疗学院、大连医科大学附属第一医院临床干细胞研究国家重点实验室，全面贯彻区校一体化战略；

推动已签订战略合作协议的 10 余所高校院所的合作项目有序开展；与即将达成合作的大连工业大学、俄罗斯圣彼得堡大学等保持紧密联系，尽快签署合作协议；等等。

四是深挖痛点，确保有效精准施策。加大中关村"6+4"政策宣传力度，确保中关村推广至全国的先行先试政策和高新区目前已经出台的创新政策落实到位。实施"创新十条""众创十二条""金融八条""科创工程""海创工程"等政策，并根据本年度执行情况做好第二年政策实施的布局谋划。做好"三新备案"，实施社保补贴政策，切实帮助企业降低运营成本。充分发挥自创区开展政策先行先试的优势，按照主导产业发展现状和"2+3"产业发展布局，研究制定针对专项产业的扶持政策，有效提升政策精准性。

五是创新模式，全力打造人才高地。采用"项目+团队"的引进人才模式，充分发挥项目带头人和关键人才的带动效应，达到"1+1＞2"的理想效果。首先加强对两院院士等领军人才及高技术、高级职称和紧缺产业类人才的引进和培养。其次利用"中国海外学子创业周"（简称"中国海创周"）国家级引资引智平台，做好海内外高层次人才和团队的引进。再次积极引导区内企业与大学、职业院校对接，根据产业发展趋势和岗位技能需要开展"订单式"培养。最后改善生活配套环境，充分发挥人才大厦载体的服务功效，为稀缺专业人才配偶落户就业、子女上学等做好服务保障。

六是畅通渠道，完善金融服务体系。紧抓"上海—大连"合作机遇，加大力度引进上海金融资本，激发区域科技金融活跃度。依托科技金融大厦、双创金融小镇等功能区，集聚各类金融机构，吸引社会资本共同设立产业创业投资引导基金，为产业发展拓宽资金渠道，扶持重点项目发展壮大。引导科技银行开发针对科技创新型企业特点的科技信贷、知识产权和股权质押贷款、应收账款质押和仓单质押贷款等创新型产品，丰富区域科技金融服务手段。

七是加快改革，优化产业发展生态环境。在招商引资、创业孵化、载体运营等方面，更多地在宏观规划、政策制定和实施上发力，最大限度地减少具体、微观的管理，减少对市场的干扰，最终实现运营主体市场化、多元化。构建"科技创新无费区"。建立以市场为导向的科技服务业发展机制，通过联盟化运作，引进和培育一批服务专业化、发展规模化、运行规范化的科技中介机构，建设一支高素质的科技服务人才队伍，为各层级的企业提供个性化、特色化、专业化、市场化的服务。全面对接上海资源，构建科技服务业"第四方平台"，聚集一大批科技服务机构、金融投资机构和优质项目资源，打造东北亚地区"科技服务综合市场"。充分发挥东北老工业基地国企的创新主体作用，主动加强与大型国企的合作。

四、2020年大连市服务外包工作重点

2020年，大连市将认真贯彻《商务部等8部门关于推动服务外包加快转型升级的指导意见》（商服贸发〔2020〕12号），以习近平新时代中国特色社会主义思想为指导，全面贯彻党的十九大和十九届二中、三中、四中全会精神，围绕推进贸易高质量发展总体要求，充分发挥服务外包在实施创新驱动和培育贸易新业态、新模式中的重要促进作用，加快服务外包向高技术、高附加值、高品质、高效益转型升级，全面提升"中国服务"和"中国制造"品牌影响力和国际竞争力。

2020年，大连市服务外包重点有以下工作：

一是设立"双创"投资基金，补齐科技金融短板。为解决小微科技企业"融资难、融资贵"的难题，大连高新区大力扶持小微企业融资平台建设，发挥财政资金的杠杆效应和引导作用，引导社会资本支持双创发展。2019—2020年，高新区拟与火炬创业导师联盟合作，吸引国内知名创投公司加盟，建立"大连市高新技术双创产业引导基金"。资金总额度5000万元（拟由大连市和高新区两级财政各出资2500万元），主要用于投资高科技型初创企业，同时该基金也用于尝试对天使投资进行引导、奖励和补偿，引导社会资本进入创业企业初创阶段，并根据小微企业不同成长阶段的需求打造自企业初创期到成熟期的完整投融资服务链条。接下来将持续强化金融创新功能，补齐科技金融短板，加速推动科技、金融、产业深度融合发展。

二是聚焦高端，加大海外高层次人才引进力度。2019—2020年，进一步提升"中国海创周"国际化和专业化水平，汇聚全球创新创业资源；重点组

织人工智能、生命科学、海洋科技、大数据及云计算等领域的200个国内外高科技项目参与路演,来自伯克利大学、斯坦福大学、哈佛大学、麻省理工、京都大学、帝国理工等的300位海外学子参与人才洽谈,邀请全国200家活跃度较高的投资机构和国内各界代表2000余人参会,并拟引进GIX全球创新大赛、ITTN中欧创新大赛等品牌活动,同时开展中以、中美、中欧等专场活动。预计将有更多的高端项目依托"中国海创周"平台落地大连,为全市、全省及东北地区吸引和输送人才。

三是完善政策体系,充分激发市场活力,鼓励大学生就业创业。对符合条件的服务外包企业吸纳高校毕业生就业并开展岗前培训的,或为高校毕业生提供就业见习岗位的,按规定给予相应补贴。支持办好相关创新创业大赛,对获奖人员、团队或项目在相关政策方面按规定予以倾斜。

近两年,大连市大力推进"双创"工作,不断完善政策体系,2019—2020年大连市在完善和兑现现有政策的同时,还将继续出台一系列扶持力度较大且具有较强针对性的科技创新政策和软件信息服务业政策。首先,下大力气引进有强大资源支持的全球知名创新创业创投机构落地大连,共建平台,推进"双创"工作发展;其次,根据自身产业特点,围绕人工智能、生命科学、检验检测、大数据分析等重点产业,制定各具特色的发展方向和重点孵化领域,形成差异化优势,着力打造"2+3"小产业集群,助力产业转型升级,推动经济创新发展。

在金融政策方面,构建区域科技金融生态。修订上市企业补贴办法,将后补贴改为前补贴,提升企业上市活跃度。在不断完善当前创投基金运营模式的基础上,联合社会金融资本,再设立几只创投、天使基金,助力企业发展。

四是全力打造人才高地。大力培养引进中高端人才。推动大连市将服务外包中高端人才纳入相应人才发展计划。鼓励符合条件的服务外包企业对重要技术人员和管理人员实施股权激励。实施高端人才个税返还政策。通过政策引领,构建人才培育梯队,打造本地化高端人才培育体系。改善人才生活配套环境,充分发挥人才大厦载体的服务功效,为稀缺专业人才配偶落户就业、子女上学等提供服务保障。新建人才公寓200套,人才公寓总量达2200套以上。用好市、区两级人才产业创业等扶持政策,打好组合拳。以创业型和企业所需骨干型人才为重点，通过举办招聘会、购买猎头公司服务等方式重点做好北上深、日美等地的东北籍中高级人才引进工作。挖掘高校联盟资源，支持企业与高校带博士、硕士的教授开展项目合作，使人才深入企业，加深彼此的了解，发现和留住人才。以引智方式聘请日本专家组成顾问团，为企业提供咨询指导服务。

五是深化产教融合，完善服务外包人才培养培训体系。商务部等8部门在《关于推动服务外包加快转型升级的指导意见》（商服贸发〔2020〕12号）中提出要"完善包括普通高等院校、职业院校、社会培训机构和企业在内的社会化服务外包人才培养培训体系，鼓励高校与企业开展合作，加快建设新工科，建设和改建一批以新一代信息技术为重点学科的服务外包学院"。

目前，大连有独立设置和学校内设软件学院5所，其中大连理工大学软件学院、东软信息技术学院为独立设置的软件学院，大连交通大学、大连工业大学、大连外语学院等高校在校内设软件学院3所，大连理工大学、大连海事大学、东北财经大学等20多所高校设置有计算机开发与应用软件专业。计算机软件类专业在校生规模约1万人，与服务外包相关的经济管理类专业在校生规模约3万人，毕业生能够从事服务外包的接近5000人。但目前，大连在软件及服务外包人才供需方面存在较大差异，"用人"和"育人"脱节。

2020年，大连市政府将牵头，由高新园区管委会负责组建大连市软件及服务外包人才综合实践基地，通过搭建实践平台，着重解决大连市软件及服务外包企业"找人"难题和大连高校的计算机软件信息类专业和经济管理类专业毕业生"找工作"难题。市政府将投入基地建设专项资金，高新园区负责解决场地问题，由企业和高校及培训机构共同负责解决师资问题，实践基地的师资队伍由高校教师和企事业单位的专业技术人员、管理人员共同组成。综合实践基地由参与共建的高校和企事业单位共同制定软件及服务外包人才实践教育的教学目标和培养方案，共同建设实践教育的课程体系，共同评估实践教育基地的教学质量。除承担大连高校学生校外实践教育任务外，综合实践基地还应向全国其他高校开放，主动发布实践基地有关信息，根据接纳能力，接收全国其他高校的学生进入实践基地学习，逐步把大连市软件及服务外包人才综合实践基地建成立足大连、辐射全国的专业实践教育基地。

专题七 2019年度威海市服务外包产业发展报告

刘文 杨馥萍[①]

威海市地处中国陆海交接的最东端，三面环海，拥有近千公里优良海岸线。现辖环翠区、文登区、荣成市、乳山市，以及高技术产业开发区、经济技术开发区、临港经济技术开发区等3个国家级开发区和1个综合保税区。市域总面积5798平方公里，常住人口282.56万人，其中城镇人口187.79万人。威海市重视国际化发展，城市影响力不断提升，在服务外包产业发展中凸显发展优势和发展潜力。

一、威海服务外包产业发展概述

威海服务外包产业以离岸外包为主要形式，市场涵盖了大部分发达国家和发展中国家，尤其是软件与信息服务外包快速发展，形成了以龙头产业为支点的产业链布局，商务流程外包平稳发展，以文化创意为特色的知识流程外包初具雏形。

2019年，威海市服务外包合同数为4979份，合同额为796152万元，执行额为693183万元，分别较上年同期增长了57.9%和48.5%，远超全国18.6%和11.5%的平均水平。从业务类型来看，全市服务外包产业对外开放度高，业务多集中于离岸服务外包。全市离岸服务外包合同额和执行额分别为787860万元和690298万元，占比均超过99.0%，远高于全国58.7%和60.0%的平均水平。外包来源地多达112个国家和地区，其中日本和美国是

[①] 刘文，山东大学商学院教授、博士生导师；杨馥萍，山东大学商学院博士生。

主要发包国。业务涉及软件与信息服务、培训、业务整合、客户服务、人力资源服务、文化创意、工业设计等多个领域。

软件与服务外包是威海服务外包的主导产业，出现了一批软件外包龙头产业。比如，威海开发专利技术数量最多的企业，专业从事智能设备/装备的研发、生产、销售和服务的山东新北洋信息技术股份有限公司，凭借其突出的研发能力，与欧洲的 WINCOR、ORIENT 和美国的 CRS 等多家服务外包发包商签订了中长期服务外包业务合同。国核信息科技有限公司在 ERP 咨询服务、生产实时数据库、管控一体化、节能诊断评价服务、生产管理信息系统等方面位居全国前列，积极承接来自数字电厂、口岸、物流等行业和领域的软件开发订单。作为服务外包的重点外商投资企业，威海联亚软件开发服务有限公司是拥有中美合作背景的 IT 服务企业，主要业务涵盖 IT 咨询服务、软件开发服务、IT 服务外包等，承接了三星、泰国石油、新加坡 M1、正大集团、海尔、惠普、家家悦集团、威海港集团等世界 500 强企业和行业领头企业的多个大型软件项目，在物流、仓储、电商、零售、互联网等行业积累了大量的项目经验。这些企业率先走出国门，主动参与到国际外包市场竞争中，其业务能力、创新水平、服务水平有力地提升了威海服务外包品牌形象（见表 5-4）。

表 5-4 威海企业"走出去"项目承接情况

公司名称	主要的国际外包项目
联亚软件	韩国三星 IT 服务外包项目、新加坡电信 M1 软件商店、泰国会员卡管理系统
新北洋信息技术股份有限公司	德国 WINCOR 项目、德国 QUAD 项目、美国 CRS 项目
韩亚科技有限公司	韩国 KEP 服务外包项目、韩国 CHALLA BROS 游戏服务外包项目
国核信息科技有限公司	巴西 Tractebel Energia 公司建设工程管理信息化系统项目、中国神华能源股份有限公司国华电力分公司印尼爪哇 7 号建设工程管理信息化系统项目

续表

公司名称	主要的国际外包项目
威海众城钢结构技术服务有限公司	韩国米德兰电力有限公司项目、澳大利亚必和必拓有限公司项目
威海睿博软件有限公司	日本商船三井株式会社海外云仓项目、日本佐川急便株式会社海外云仓项目
威海市思开网络科技有限公司	德国Sixt国际租车公司项目、德国Antibodies-online公司项目、Delmed公司Delemei网站项目

资料来源：根据各公司网站相关资料整理。

龙头企业的知识溢出效应和产业带动作用对小微外包企业扩大经营规模具有重要意义。威海北洋电子信息孵化器为入驻的20余家软件及信息技术企业提供了包括信息、技术、政策、培训、资金扶持在内的各项专业服务。在行业协作互助机制的作用下，逐步形成了以龙头企业为引领、网罗行业内中小企业的集聚发展态势。

在商务流程外包领域，借助国内外大中型项目整合区域资源，拓展流程外包产业规模。全市打造了融培训、业务整合、客户服务、人力资源服务为一体的国际BPO中心，以日本软银、韩国CNT科技有限公司等国际知名企业为服务对象，汇集了包括日本IEC株式会社、韩国GIGAKorea等外资企业，以及大批中小接包企业。国际外包项目的落地，极大地拓展了威海地区商务流程外包市场，吸引了全市相关人才、资金、项目、业务快速聚集，培育了服务外包产业新的增长点，推动了商务流程外包产业的跨越式发展。

知识流程外包是面向知识流程业务的知识密集型服务外包模式，涉及知识产权研究、医药和生物技术研发、分析与数据挖掘、教育课件研发、工程设计、产品技术研发、动漫及网游设计等几大方面。在动漫设计领域，以爱茵软件、卓星网络、佳明电子和彩旅信息技术为代表的威海本土企业大力承接来自韩国、中国香港等地的动漫设计、游戏开发和软件设计等服务外包业务。在工业设计领域，依托制造业发展工业设计产业是威海市助力传统产业转型升级、提升产业附加值的有力手段，取得了一定成效，初步构建起工业设计产业体系框架。

二、威海服务外包产业发展特色

(一) 优化服务外包产业供给结构,推动制造业和服务外包融合发展

从服务外包供给结构来看,信息技术外包、商务流程外包以及知识流程外包三种不同的外包类型具有不同的发展定位。[①] 在信息技术迅猛发展和专业分工不断深化的大背景下,威海以软件外包为先导,通过革新技术、规范标准、加强监管等方式集聚产业优势,提高产业发展质量,助推软件及相关产业的整体升级。依托现代 IT 技术的支持,不少企业将物流、采购、人力资源、财务会计、客户关系等商务流程外包给外部供应商,以重塑企业核心竞争力。政府加大政策扶持力度,拓展招商引资渠道,企业深度参与全球价值链、流程链重构过程,以多种方式参与全球商务流程外包市场。伴随物联网和区块链迅速发展,以及云计算部署和大数据技术技能需求的爆发式增长,外包业务更加倾向于寻求完整的解决方案,传统低层次的服务外包逐渐向技术含量高的知识流程服务外包转型。因此,威海地方政府推动引导服务外包产业由"卸包减压"式发展向自主创新模式转变,通过主动承接技术含量高的服务外包,拓展研发、设计、维修、检测等"两头在外"的服务贸易新业态、新模式。[②] 不断推动工业与服务部门向先进技术前沿靠近,推动服务外包产业向数字化、智能化、高端化转型,提升服务外包在全球价值链中的地位并获得反包的话语权。

威海有着传统的专用设备制造业计算机、通信和其他电子设备制造业,以及医药产业基础,汇集了威高集团、新北洋、广泰空港、惠普段子、三角集团等一大批拥有核心技术的行业领军企业。2018 年,威海的制造业持续增长,全年规模以上工业增加值增长 6.0%。在 37 个行业大类中,有 19 个行业

[①] 徐元国.服务外包模式选择与我国经济转型升级[J].改革与战略,2011(1):39-42.
[②] 商务部:进一步推动完善服务贸易支持政策[EB/OL].(2019-02-22)[2019-10-10]. https://caijing.chinadaily.com.cn/a/201902/22/WS5c6f5a32a31010568bdcb474.html.

实现增长。其中，专用设备制造业增长 45.1%，农副食品加工业增长 7.6%①。服务业也处于高速发展阶段。2019 年上半年，服务业拉动全市 GDP 增长 2.9 个百分点，对全市经济增长的贡献率达 82.2%。以信息传输、软件和信息技术服务业为代表的营利性服务业实现增加值 183.37 亿元，增长 16.0%，分别高出 GDP 和第三产业 12.4 个和 10.2 个百分点。良好的产业基础为服务外包的发展奠定了坚实基础。全市以大数据、云服务以及人工智能等先进技术作为核心驱动，加快推动装备制造、电子信息、食品医药、轻工纺织等传统优势产业与现代服务外包业的融合创新式发展。制造业借力服务外包整合外部资源、拓展产业边界，服务业依托制造业融入全球创新资源体系，打造共商合作、共享资源、共建生态、共享成果的协同发展新模式。服务外包与制造业的协同发展态势不仅促进了服务外包规模的扩展和品牌提升，而且通过产业关联和知识溢出效应，使产业综合创新能力显著提高。

（二）以园区为载体，集聚优势产业，凝聚中小企业，完善服务外包产业链

在产业集聚尚未形成的早期阶段，为了避免服务外包企业同质化和低端化竞争，政府在顺应经济自然集聚的基础上，充分发挥对资源配置的激励和引导职能，以本地资源禀赋和产业积淀为基础，引导特色产业向经济技术开发区和高新区转移，打造完整的产业链条，并通过持续的招商引资和自主创新促进产业链条快速延伸，帮助和引导服务外包企业明确发展定位和发展方向，在区域水平上优化产业布局和劳动分工，充分释放产业发展潜力，打造极具竞争力的服务外包产业集群。威海经济技术开发区和威海火炬高技术产业开发区作为国家级开发区，集中了威海市半数以上的服务外包企业，承担了创建服务平台、培育龙头企业、壮大产业集群的重要职能。产业园以日本软银全球 BPO 中心、韩国 CNT 呼叫中心、日本 IEC 培训中心、韩国 GIGAKorea 资源统合平台和东华软件合创智慧园为先导，大力引进国内外服务外包项

---

① 威海市统计局:2018 年威海市国民经济和社会发展统计公报[R/OL].(2019-03-13)[2019-10-10]. http://tjj.weihai.gov.cn/art/2019/3/13/art_13262_1578533.html.

目,打造辐射东北亚的国际化服务外包基地。国内外大型外包项目的引进不仅有助于成熟外包企业进一步打入国际市场,也为威海中小企业的发展创造了契机。

以东华软件威海合创智慧园为代表的大量软件项目的发展,意味着威海软件外包产业分工的进一步深化,旨在发挥大型软件企业"联结点"和"生长点"作用,借助内在技术关联引进软件开发、手机应用、动漫文化等优质服务外包企业,通过新型分工协作体系将中小型企业逐步纳入产业链,推动产业链上下游企业形成集群,构建产业内合作网络以获取规模优势和合作创新效应。基于业务的服务外包合作网络可以有效利用大公司的规模和范围优势来补充中小企业的速度和灵活性,弥补过度专业化带来的创新下降问题,提高整体的外包规模和实力,增强对发包商的吸引力。

(三)充分发挥地方经济合作的政策优势,拓展离岸外包市场

当前国际经济区域化协作发展态势明显,服务外包市场开拓很大程度上受到国家区域合作、双边合作背景的影响。在地理边界外,由自由贸易协定、投资协定及相关的贸易立法和政策划定的"边界",在服务外包发展过程中的作用日益凸显,在一定程度上也削弱了跨国公司在协定所在地投资和建设的经济、政治和制度障碍,对金融和信息服务外包领域尤其重要。

自2004年11月以来,威海积极参与中韩自贸区官产学联合研究和谈判相关工作,成为第一个被写入自由贸易协定的中国城市,通过中韩自贸区地方经济合作示范区的建设"政策洼地",推出了许多创新举措,实现了一系列领先全省乃至全国的改革创新成果。威海还获批国家服务贸易创新发展试点城市、山东省跨境电子商务综合试验区、山东半岛高新技术示范区、山东省中医药健康旅游示范区,并拥有全国第45个综合保税区。同时,园区建设、产业支撑、配套服务、创新支撑以及人才发展等方面的扶持政策,也为服务外包产业创造了良好的发展环境。

在融入"一带一路"倡议的过程中,威海服务外包企业积极开拓泰国、新加坡、印度尼西亚等"一带一路"沿线市场。截至2018年,威海市有28家企业在"一带一路"沿线20个国家设立跨境企业43家、研发机构(营销

中心）近20个，累计实际投资6.9亿美元，已建成和正在推进的境外生产基地（园区）5处。与沿线国家和地区在基础建设、交通运输、能源工业以及电子通信等领域的合作，将带动其对相关后续服务的外包需求。通过引进浪潮集团"一带一路"海外云服务平台，在10多个国家设立了境外云服务中心，提供定制化的"数据中心+云服务"，输出中国标准、中国方案。通过多种方式拓展"一带一路"的外包市场，举办了威海—东盟经贸合作创新发展报告会、威海—埃塞俄比亚投资贸易座谈会、东南亚投资贸易促进活动等100多场经贸活动，在2018年威海市政府组织或推荐的120个境外展会中，有62个针对"一带一路"沿线国家市场。一系列生产基地的建设、产业标准的确立和交流活动的展开，都为以生产性服务出口为依托的服务外包产业的发展提供了契机。

（四）组建战略联盟，有效提升接包规模和服务质量

连接全球的贸易网络和持续增长的外国投资有效推动了服务外包尤其是离岸外包的发展。威海是山东半岛国家自主创新示范区中国际化水平最高的城市[①]，离岸外包是其服务外包产业的主攻领域。在全球服务外包逐渐呈现从单一外包向包括高端支持服务的集成外包转变的背景下，企业"走出去"对其国际化水平、管理水平和创新能力都有较高的要求，更适合那些已经有国际化基础、占据一定国际市场的大型企业。为解决威海中小企业规模小、市场拓展缓慢的问题，全市服务外包企业依托本地开放型产业架构，构建战略联盟联合参与国际外包市场，充分利用服务外包的技术和知识溢出效应，在扩大服务业规模的同时提升附加值，加快国际化进程。联盟内企业共享项目资源，开展转包、众包业务，增强彼此业务的专业性，提高了联盟和企业自身的核心竞争力。同时，充分发挥浪潮"一带一路"国家云服务运营中心、中韩OTO电商平台、中韩商品贸易交易平台等重点项目对企业的凝聚和带动作用。这种具有高度灵活性和反应能力的开放式网络，不但能够帮助企业克

---

① 威海市在国际化领域的发展表现突出，在基于出口创汇额、单位GDP外商实际投资额、海外上市企业比率构建的国际化测度体系中，威海在山东半岛国家自主创新示范区中居6市首位。刘文，杨馥萍. 山东半岛国家自主创新示范区创新能力研究[J]. 科技管理研究，2018(10)：106-113.

服市场容量、专业能力、基础设施和支撑产业上的不足,帮助中小企业快速进入国际市场,而且能够扩大组织学习和知识创造范围。

(五)重视载体建设,构建服务外包产业的支撑体系

载体建设、政策支持、技术支撑和平台支撑是推动威海服务外包企业进入国际生产体系的重要因素。

载体建设。以国际 BPO 中心、技术研发中心、云服务中心为特色的威海服务贸易产业园,为服务外包的发展提供了系统的支撑载体。政府在园区内构建了多个服务外包子区域,大力引进跨国公司服务外包项目落地产业园。一方面,引导企业学习先进的技术,提供符合国际标准的服务,增强本地供应商的国际市场竞争力;另一方面,项目中心作为服务提供商和跨国公司的连接节点,中小外包企业可以借助与当地分公司的业务往来,进一步搭建与国外母公司的连接网络。

政策支持。政府在顺应产业自然集聚的基础上,激励和引导资源配置,主动落实中央和省政府对技术先进型服务企业的税收优惠政策。同时,根据本市具体发展情况和产业发展态势,在服务出口、国际认证品牌建设、生产性服务进口、国际市场开拓、产业园区建设、项目引进、平台建设、培训机构建设等方面对符合条件的项目、企业和园区给予一定程度的支持和补助。

技术支撑。设置专门机构帮助国内企业了解国内外服务外包发展动态,扫描和获取国外关键技术,指导企业进行质量认证,构建企业、政府、高校和研究机构、投资方之间资源交流共享的机制,最大限度地提高企业的业务能力和创新能力。

平台支撑。依托云计算中心,搭建了"政务云""公共云""设计云"三大平台。依托北洋集团、艾瑞科技等重点骨干企业,建设了服务外包信息交流平台、服务外包企业孵化平台、威度网等服务外包公共服务平台,为1000余家服务外包企业提供综合性公共服务,助力服务外包产业协同、有序、健康发展。

（六）区位优势和共同的文化渊源，为承接日韩外包业务提供了便利

物流、运输及通信网络的发达程度，反映着一个国家或地区参与碎片化生产和服务外包的潜力，具有相对完善的物流和信息技术基础设施的国家或地区，服务连接成本相对较低，因此其参与全球化生产的积极性更高并且潜力更大。威海位于山东半岛东北海滨，北跨渤海与东北三省老工业区相连，东越黄海与韩国经济中心区相通，与日本列岛隔海相望，是我国通往韩国、日本、朝鲜等东北亚国家便捷的出海口，拥有距离韩国西海岸最近的港口。现有国家一类开放口岸4个、国际海上客货运航线6条，多种交通方式全面发展，构建起了立体化的区域交通网络，为服务外包产业的发展提供了便利条件。

威海同日韩两国的经贸合作由来已久。中韩两国建交前，威海就享有"韩国人落地签证"特殊政策，平均每天有2400多人往返于威韩之间，每年有近40万人次韩国游客来威海旅游，有4万多韩国人在威海工作生活。全市各区（市）与韩国21个城市（区）建立了友好合作关系。截至2019年，威海市在韩国首尔、釜山、仁川等地投资建立企业34家，设立办事机构15个，中方协议投资额1.2亿美元。早在1992年，威海就与日本宇部市结为友好城市，与日本交流合作不断深入。现已在日本设立项目33个（含办事机构17个），中方协议投资总额为1645万美元，投资领域涉及水产养殖加工、电子科技研发、医药制造、橡胶制品、贸易及办事机构等。"二战"后至改革开放初期，韩国约有95%的华侨华人来自山东，其中以文登、荣成、牟平、寿光籍为多（主要为汉族），这在一定程度上决定了韩国华侨华人的齐鲁文化传统及对山东的地缘认同。20世纪90年代以来，韩国新华侨华人则多来自吉林和辽宁（大多是朝鲜族）。这一时期吉林和辽宁来威海就业创业的人口也日益增加。同民族语言上的亲缘性及人际关系成为对韩国服务外包的"拉力"。长期的经贸往来也有助于对彼此市场和法律、政策的了解，亲缘联系和频繁的商业互动使企业间建立了高效的沟通模式和商业习惯，有助于后期外包合作的高效开展。同时，威海也吸纳和培育了一批具备日语、韩语技能的服务外包专业人才。自然和人文因素使威海在承接日韩业务上有着欧美和印度企业无法比拟的天然优势。外包业务需要发包商对接包商的业务进度和业务质量进

行全程监督,日韩两国对工作态度、客户维护和执行力等业务能力具有很高的要求。由于文化差异和沟通障碍,印度和欧美企业难以满足其要求;而威海企业近年来有针对性地提高对日本、对韩国的业务能力,加强双方企业的对接能力和业务理解能力。相近的地理位置也使发包企业可以很容易从本国派遣员工监督和指导业务,或者帮助解决合同执行过程中的一些技术问题,进一步稳定了双方的合作关系。

(七)租金和劳动力成本优势突出,有助于承接国内外服务外包产业转移

降低成本是企业进行服务外包的重要动因,成本降低主要是通过规模经济和人工成本差异来实现的。从国际来看,低成本的劳动力资源、高质量的工作和丰富的外包经验,曾使印度成为欧美公司削减IT开发和维护成本的首选外包目的地之一。然而,受国际上不断增长的对廉价劳动力的需求推动,印度IT工人工资上涨速度较快,一定程度上抵消了成熟离岸外包产业和完善信息基础设施带来的优势,印度也在不断寻求由基础信息技术外包向高端知识流程外包转变的机会。国际廉价IT工人供不应求的现实局面以及印度外包产业的调整,给加拿大、中国、以色列、俄罗斯和南非等离岸目的地国家承接欧美服务外包提供了机会。从国内来看,低廉的成本是推动中国服务外包产业二次转移的关键因素。由于各地相继推出各种优惠政策、服务体系和智力支持措施,大量外包企业开始由成本飙升、人才和市场竞争激烈的示范城市向成本低、人力资源充沛的二线、三线城市转移。

在国内外产业转移的大背景下,威海在吸引外包产业上具有相对优势。与北京、上海、苏州、大连等传统外包城市相比,威海在房屋和土地租金、劳动力成本等方面具有较强的竞争力。2018年,全市非私营单位从业人员年平均工资为66543元,明显低于全国平均水平(82461元),更低于东部地区平均水平(93253元)。① 同时,威海在房屋和土地租金方面也具有优

---

① 威海市统计局. 威海统计年鉴2018[EB/OL]. (2019-04-02)[2019-10-10]. http://tjj.weihai.gov.cn/module/download/downfile.jsp?classid=0&filename=e05f7b392f4b4eb09fe1f6c2a59f667c.pdf.

势。2019年,威海商服地价水平值为4094元,远低于东部地区商服地价水平值(20004元),更低于华东区商服地价水平值(21710元)。① 相对低廉的劳动力成本优势和租金优势,加上财政、税收、人才等方面的政策鼓励和支持,使威海企业能够大力承接印度、加拿大等国家的外包业务以及国内大连、宁波等地的国内业务转移。

三、威海服务外包产业进一步发展思考

虽然服务外包产业发展前景广阔,但是威海外包产业也存在许多问题。企业缺乏核心竞争力,低水平扩张趋势明显;服务外包专业人才储备不足,缺乏高水平的国际外包人才;行业规范机制尚未建立,很多企业并未形成一套包括访问控制、网络安全、设施和操作以及应用程序安全在内的完整安全措施和流程;尚未建立起与国际接轨的服务外包标准,外包行业中通过CMM、ISO国际认证的企业相对较少;企业和市场的标准化水平在一定程度上影响了企业承接服务外包,尤其是离岸外包的数量和质量。

成熟的外包产业是以需求为导向、以高效对接的服务外包企业为主导、以充足的人力资本和稳定的信息基础设施为支撑、以开放高效的产业环境为保障的专业化体系。威海市服务外包产业要进一步发展,应综合考虑服务外包产业发展的优势和劣势,从外包精准布局、培养和引进人才、确定发展模式、规范市场运行机制、加大政策精准支持等方面采取措施。应充分利用山东大学、哈尔滨工业大学等11所驻威高等院校的人力资源优势,发挥威海对日韩外包业务的前期优势,探索跨境"政产学研用"合作机制,建设多元化开放合作平台,力促威海服务外包产业嵌入全球价值链并向中高端攀升,使威海成为面向日韩、辐射全国、有机融入"一带一路"的东北亚服务外包中心城市。

2019年底发生的新冠肺炎疫情在2020年初成为世界性的"大流行病",蔓延全球,导致国际金融和经济局势动荡,给中、日、韩制造业供应链带来

---

① 根据中国地价信息服务平台资料整理。

严重冲击，但也为中、日、韩服务贸易外包产业合作带来新的契机。中、日、韩三国面对疫情，"青山一道、同担风雨"。威海作为中国距日韩最近的城市，在三国互援防疫物资、共享防疫信息、构建联防联控机制中都发挥了重要的作用。国际经济新形势、新变化，给服务外包产业发展带来挑战，也带来机遇，并将在更高起点、更高层次、更高目标上推进威海服务外包产业的发展。

VI 案例篇

案例一　创新，带给东软新的生命
——东软集团股份有限公司

一、东软集团股份有限公司的基本情况

东软集团股份有限公司（以下简称"东软"）成立于1991年，1996年上市，是中国第一家上市的软件企业，也是中国第一家通过CMM5、CMMI5认证和PCMM Level5评估的软件企业。近30年来，东软坚持以软件技术为核心，不断探索软件业的新型商业模式，通过软件与服务结合、与制造结合，技术与行业能力结合，提供行业解决方案、智能互联产品、平台产品以及云与数据服务等。公司现有员工16656人。国际业务覆盖日本、美国、欧洲等多个国家和地区，2018年实现营业收入71.7亿元，国际区域营业收入14.8亿元，毛利率26.04%。东软拥有210多个业务方向750余种解决方案及产品，重点业务领域为医疗健康及社会保障、智能汽车互联、智慧城市、企业互联等，在云计算、大数据、物联网、人工智能等新技术的应用方面也取得了新的进展。其核心竞争力体现在"大医疗健康""大汽车""智慧城市"等领域的技术优势、行业经验、知名度和市场影响力等诸多方面。

在大健康领域，东软医疗是中国大型高端医疗设备行业发展的引领者，其业务已遍及美国、俄罗斯、意大利、阿联酋、埃及、巴西、肯尼亚等全球110多个国家和地区的9000多家用户，总装机量达30000多台。同时，东软医疗以技术和服务创新为驱动，持续推出新技术与新产品。连续8年领跑医疗IT市场，社保业务覆盖人群超过7亿人，为19万家医疗两定机构提供软件与服务。在大汽车领域，在全球前30大汽车厂商中，85%使用了东软的软件

与服务，并在新能源汽车、智能网联、自动驾驶与共享汽车等领域快速发展。在智慧城市领域，公司与诺基亚贝尔建立战略合作关系，共同推进5G和垂直行业融合创新研究，以及电信核心网NFV云化建设。已与30多个城市签署战略合作协议，构建了覆盖政府、企业、社区、家庭和个人的产业集群。此外，东软打造了覆盖智能商务、智能监管、智能制造的智能化管理体系，以信息技术服务于政府与企业数字化转型及产业优化升级。

东软公司是中国首家通过ISO质量管理体系认证的软件企业，是中国第一家通过CMM5和CMMI5级认证的软件企业，是国家工信部认定的首批"计算机信息系统集成特一级资质企业"，是中国第一家通过Automotive SPICE ML3的企业。2018年，公司再次通过CMMI5级认证，并再次获得"信息系统集成及服务大型一级企业"证书；东软HCM产品再次入选Gartner分析报告，被评为亚太及日本地区产品供应商优秀代表，东软SaCa Aclome荣获年度影响力产品奖。

二、东软集团自主与引进的融合创新

东软采取的是开放式的创新战略，注重吸收外部技术资源，从国际化起步。1988年，东软从日本阿尔派株式会社获得研究经费。1991年，与阿尔派株式会社成立合资公司。此后，凭借强大的软件产品和解决方案研发能力获得了国际巨头的青睐，先后与东芝、诺基亚、飞利浦等成立合资公司，并与IBM、英特尔等国际IT巨头开展战略合作。这对推动东软拓展业务、提升技术及管理水平等产生重大影响。目前，东软正在致力于芬兰、德国、罗马尼亚、美国、中东、越南等国家和地区的全球化研发、销售和服务网络的布局。可以说，在东软初创的时候，国际化使东软获得了最宝贵的资本和发展机会；在东软成长过程中，国际化是东软制定长远可持续性发展战略的基础。通过自主与技术引进的融合创新，东软在技术创新能力上实现了跨越，拥有了自主核心技术体系和知识产权体系，走上了一条知识产权、专利技术引领的自主创新与引进技术相融合的发展之路。

早在20世纪90年代末，东软就相继与美国BITCO公司、韩国MEDISON

公司、荷兰 BAAN 公司和中国台湾金氏电脑公司合资成立了从事软件开发和数字医疗设备生产的中外合资公司。2000 年，与诺基亚合资组建东大诺基亚通信技术有限公司，向移动互联网领域全面进军，为电信运营商提供更完整和更高质量的应用解决方案。同年，与甲骨文公司共建国内首家电子商务虚拟公司，与英特尔等八家公司共同宣布携手推进电子商务开放平台，通过合作使公司的产品和解决方案获得更大的发展空间。2009 年在欧美市场，利用开放式创新和收购兼并，成功实施了收购兼并，加强了公司在智能手机和移动终端领域的设计和创新能力，形成了面向重点客户的离岸、近岸及在岸外包的运营体制。2010 年 4 月，正式宣布与哈曼建立战略合作伙伴关系，分别在中国和德国建立联合技术开发中心，共同开发汽车与消费电子等领域的先进技术。2013 年，作为甲骨文合作伙伴网（OPN）的白金级成员，与其签署战略合作备忘录，深化战略合作关系，在具体行业解决方案融合、全民健康计划、智慧城市以及其他领域展开合作。2014 年，保持与阿尔派、Harman 在汽车电子业务领域的深层次的合作，持续推进商业模式转型与创新，向产业高端价值链转移；加强与核心芯片厂商的深度合作，并发布首款英特尔架构企业级移动终端解决方案，为产品工程业务转型和云服务业务拓展奠定基础。2015 年，设立硅谷研究中心。2016 年，开始与国际知名汽车厂商直接合作，参与基于其自有平台的业务规划与创新设计，持续提升在汽车电子产业链中的地位。

目前，东软研发人员数量达到 12997 人，研发人员数量占公司总人数的 78.03%。自成立以来，东软集团就十分重视研发投入，一般是将每年营业收入的 5%~10% 投入基础研究和中间平台的开发。近年来，研发支出持续增加，金额连创新高，占营业收入的 10.00% 以上。2018 年，公司的研发支出总额为 104868 万元，同比增长 9.31%，占营业收入比例为 14.62%，同比增加 1.17 个百分点（见表 6-1）。在公司设立国内首家软件架构国家重点实验室并通过建设期验收。公司成立技术委员会，设立院士专家工作站，在时空数据管理等方向开展合作，为交通、水资源管理、智慧城市等民生领域提供基础性研究支撑，也推动"产学研用"相结合。已经建立起全方位的知识产权保护体系，形成了商标、专利、软件著作权、信息安全四位一体的保护框架。在中国建立 8 个区域总部、10 个软件研发基地、16 个软件开发与技术支持中心。截至 2018 年末，公司共申请专利 1756 件，授权专利 516 件；共拥有软件产品登记 1393 件，软件著作权登记 1649 件；申请国内外商标 601 件，已获得注册 475 件。

表 6-1 2012—2018 年研发支出情况

年份	研发支出（万元）	占营业收入比例（%）
2012	46850	6.73
2013	60405	8.11
2014	72613	9.31
2015	77007	9.93
2016	87969	11.37
2017	95940	13.45
2018	104868	14.62

资料来源：根据东软年报整理。

东软已在 60 多个城市建立营销与服务网络。在日本、欧洲和美国等地设有分公司，在俄罗斯、中东、北非设立子公司，构建本地化服务能力，积极拓展区域市场。在日本、欧洲和美国都拥有一批高端客户，例如东芝、电装、亚马逊、英特色弱、HARMAN、高通等，并且与客户不断创新合作模式。

东软与飞利浦的合资与合作

2004 年，东软与飞利浦共同出资成立东软飞利浦，其中，飞利浦持有 51% 的股权，东软医疗持有 49% 的股权。双方共同研发、共同制造，均可用自己的品牌在中国和全世界市场销售。根据达成的协议，在 5 年内，双方均不能够与其他第三方合作。东软将其 CT、核磁、彩超、X 线等技术放到合资公司，飞利浦将其全球的制造管理经验，还有一部分 IT 技术放到合资公司，双方共享知识产权。合作的成果之一是东软飞利浦 16 排的 CT 行销全球 60 多个国家，东软在销售 CT 产品的同时，飞利浦的全球网络也销售同样的 CT 产品，一年的销量近 400 台；另一个成果是

> 合资公司制造了一个适合大量使用的彩超,在全球范围内销售。2013年,公司完成了对东软飞利浦股权的收购,与飞利浦由合资转变为合作。

三、创新软件成为赋能工具

简单回顾东软的发展历程可以发现,这家起步于大学与外资合作的企业,一直以创新作为自己获得新生命的基因。1991—1996年,在原始积累期,东软走的是"产品拉动"路线;1997—2000年,在行业信息化开始萌芽爆发时期,东软以系统集成商的角色较早地切入行业,进入了电信、社保、电力、医疗、政府等多个领域,并形成了自己的领先优势;从2001年起,东软开始逐步放弃利润不断下滑的硬件,开始从系统集成商向IT服务提供商转变。在数字时代,软件已从单纯的产品或技术转变为赋能的工具,与众多行业、产业融合,创造更多的新技术、新产品、新模式、新应用,搭建新的平台与生态。东软在着重打造智慧城市、医疗健康与社会保障系统、智能汽车互联和企业信息化等核心业务的同时,探索用软件创造新商业模式、新价值的成长路线,通过创新软件赋能新经济、创造新价值。

在智慧城市、大健康、大汽车等国计民生相关的重要领域,东软正在通过软件技术的创新、新商业模式的构造、内外部资源的融合,创造新时代的软件价值和产业生态,打造更多的新技术、新产品、新模式、新应用,让软件真正服务于社会,走进百姓生活;用软件赋能城市发展,让社会更智慧;通过智慧城市运营与管理平台,帮助城市整理和分析数据,构建新型应用,全面参与城市数字化运营,从智慧城市解决方案提供商成功转变为智慧城市运营商。在医疗健康领域,东软已经用软件成功构建了涵盖卫健委、医院、医保、商保、民政、扶贫、就业、养老等细分领域的医疗健康生态系统,通过人工智能、大数据等技术,进行商业模式的融合与创新。同时,东软还利用软件持续打造新的商业实体,形成东软医疗、东软熙康、东软望海、东软睿驰、东软汉枫、融盛财险等多个创新公司,持续拓展新的业务领域,不断注入新的增长动力。

此外，在医疗领域，东软持续用软件赋能设备，让医疗设备、汽车等大型机器更智慧。在医疗设备领域，东软旗下的东软医疗公司持续创新和创造，先后推出首台国产128层CT、NeuSight PET/CT、256层宽体能谱CT、全球首款悬吊七轴智能血管机——NeuAngio 30C DSA等新产品，不断刷新中国大型医疗设备领域的最高水平。在汽车领域，东软将车联网、人工智能等技术融入汽车产业，在车载娱乐系统、高级辅助驾驶和无人驾驶、新能源汽车等细分领域陆续推出多款新产品，推动汽车产业向安全、互联、智能、节能方向发展。

随着国家将区块链作为战略性技术，东软也在该领域提前布局。通过以应用场景为驱动的技术路线，东软已实现区块链的关键技术突破，并积极推进区块链技术落地，成功在食药安全、医疗、保险、金融、慈善等多个行业进行了应用推广。另外，东软也正在积极与合作伙伴展开密切合作，加速业务模式创新。2019年，东软与百度携手，共同推进人工智能技术在智慧城市、医疗健康等关键领域的落地。

从最初的技术、产品、解决方案、服务，到超越技术本身，成为数字时代社会系统的基础与使能，软件已经进入了赋能的时代。东软不断用软件延续自己的生命，用软件创造新价值、新生态、新实体。

四、创新东软产业战略方向

经过多年的实践，东软选择了智慧城市、医疗健康、智能汽车互联和面向企业的解决方案等产业战略方向。

第一，在智慧城市领域，过去20多年来，东软为数十个行业提供IT解决方案，积累了丰富的数据、客户等资源，具有极大的竞争优势。今天，东软将过去所有的解决方案变成智慧城市整体解决方案中的应用，通过与合作伙伴、客户等合作，构建智慧城市的平台，参与智慧城市的数字化运营（见图6-1）。东软正在从原来单纯的解决方案提供商，变成一个数字城市的运营商。

第二，在医疗健康领域，东软在医疗IT市场连续多年排名第一，区域卫生业务覆盖国家、省、市、县四级平台，服务的医院客户超过2500余家，三

案例一　创新，带给东软新的生命——东软集团股份有限公司

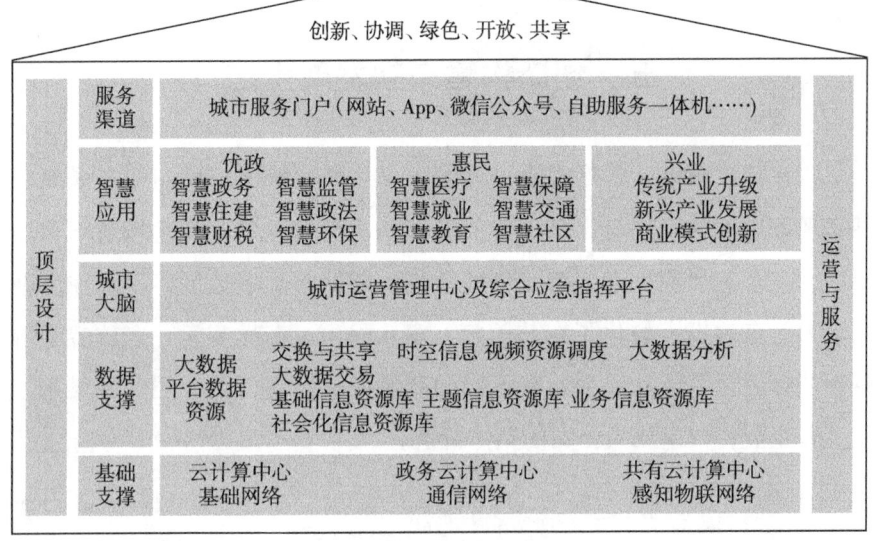

图 6-1　智慧城市解决方案

资料来源：东软官网。

级医院近 500 家，基层医疗机构和诊所 30000 余家，每年服务全国诊疗人次约 4.6 亿。东软把医疗健康看成是智慧城市解决方案中的一个重要组成部分，与众多城市合作开展健康城市建设。东软的社保业务市场份额超过 50%，服务全国 7 亿以上的居民。东软现仍在观察该领域的变化，为未来保险与医疗的融合寻找数字化的解决方案。

第三，在汽车领域，东软拥有车载信息娱乐系统、全液晶虚拟仪表、T-Box、高级辅助驾驶以及电池组等自有产品；构建了由分布在中国、德国、日本的 3000 余名优秀人才组成的汽车电子软件研发团队，为众多国内国际车厂、国际汽车电子厂商提供软件与服务。

第四，在企业互联和平台产品方面，东软有 UniEAP 业务基础平台、SaCa 云应用平台、睿见大数据高级分析应用平台来帮助企业进行互联网化转型，同时拥有档案管理、人才资本管理、网络安全等软件产品，并面向烟草、制造业等企业提供信息化解决方案。

东软在这些领域都有着 20 多年的实践经验。东软将在这些业务的基础上把软件和数据转换成服务，特别是进行新的商业模式的创造，融合新一代信

息技术，满足客户和社会未来发展需求，持续创造价值。

五、创新构建东软发展生态

东软在智慧城市、医疗健康、智能汽车互联、软件产品与服务领域，用软件实现万物互联。同时，基于软件的核心优势来延伸、构建智慧城市、大健康、大汽车等产业生态，孵化创新公司，在新的领域拓展，不断注入新的增长动力。东软投资孵化了东软医疗、东软熙康、东软望海、东软睿驰等多家创新业务公司，让软件企业有不同的商业模式，用创业公司的思维来独立运营这些企业，快速放大公司的整体价值。

东软发展生态

东软医疗是专注于高端影像设备研发及制造的公司，是中国大型高端医疗设备领导者，提供基于影像云平台覆盖放射影像、常规检查、放疗与核医学三大领域的全面医疗解决方案。目前，东软医疗的产品已经遍布全球100余个国家和地区，为9000多家医疗机构提供医疗设备与服务，在"一带一路"沿线的60多个国家中，已经有50多个国家使用东软的医疗设备，覆盖率达80%以上。

东软熙康是专门面向健康管理领域成立的公司，致力于构造强大的基础医疗服务云医院平台，目前已在20多个城市开始建设和运营。熙康云医院是支撑医疗机构、医生、护士提供医疗健康服务的平台，涵盖健康管理、互联网诊疗、远程医疗、养老护理等全生命周期的医疗健康服务。目前，平台连接超过3万家医疗机构、4.7万名医护人员、50个医学学科，服务居民超过3400万人。

东软望海是国内HRP（医院综合运营管理系统）软件龙头之一，目前正在加速从软件到互联网和大数据业务的转型。随着一系列转型的推进实施，已经在各创新领域取得巨大的成果。近年推出的供应链管理平台"供应宝"快速占领市场，在线交易金额超百亿元。东软望海服务的客户

案例一 创新，带给东软新的生命——东软集团股份有限公司

> 覆盖卫生厅局、各级医疗机构，累计超过 3000 家，覆盖医院成本管理绝大多数市场；智能 DRG 业务累计覆盖省级客户 11 个、地市级客户 120 个，运营医院达到 5500 个。
>
> 东软睿驰成立于 2015 年，是主要从事电动汽车动力系统、高级驾驶辅助系统、汽车自动驾驶系统等产品研发和生产的一家子公司。成立短短两年，东软睿驰就在电动汽车电池管理系统及电池包等电动汽车核心技术领域取得了非常大的突破，并于 2017 年与本田签署战略合作协议，在电动汽车核心技术、共享汽车等领域开展合作。经历了 2016 年、2018 年的两次增资，东软睿驰在技术、市场等方面均有快速突破，组建了一支拥有 600 多位高端、专业化核心人才的队伍。

经过几年的努力，这些公司融资能力和创新动力已经强大起来，受到了资本市场的认可；经过几轮融资，这些公司获得了充足的资金，加大了研发投入，以创造持续成长的动力，开拓出更大的市场价值。另外，还能通过业务协同实现获益。这些创新业务公司与东软的业务能够协同发展，不重复，更不冲突。未来，可以在医疗健康、智能汽车互联、智慧城市等领域开展合作，构建一个新的业务发展生态，融合更多的资本和市场动力。东软作为第一大股东，这些公司的独立不是利益的损失，而是能量的释放、风险的回避、价值的收获，是东软创造生命力的新方式。

东软秉承开放式创新的经营理念。从最初的软件产品、系统集成到行业解决方案，从外包到 BBC 商业模式，从人力资源驱动到知识资产驱动成长，东软已连续多次成功实现业务转型发展。当前，东软充分利用软件这一赋能工具，在助力个人、企业及众多行业应对万物互联时代的同时，与众多行业、产业融合，催生新的应用场景，创造新的商业模式，搭建新的平台，营造新的生态。

案例二 博彦科技的进阶之路

一、从软件外包服务商到战略合作伙伴

1995年,博彦科技承接了微软 Windows 95 本地化的外包订单。在当时,外包行业面临没有知识产权、缺乏国家政策支持等严峻形势,并且被业内人士冠以"低技术含量""低收益""低回报"的帽子。在被多个大学和研究机构谢绝后,微软找到王斌先生(博彦科技董事长兼CEO),经过几次技术沟通和商务谈判,最终谈定合作。4个人、1间屋子、1台电脑,面对严峻的资源环境,几个人连轴转,歇人不歇机器。为了达到更高的技术标准,王斌先生向微软公司请求技术支持,共同突破技术壁垒。几个月后,博彦科技按时且高质量地完成了微软的外包订单。这一次的本地化服务不仅让博彦科技获得了经济回报,更重要的是认识到与跨国公司的技术差距,学习到跨国公司的先进技术,熟悉了跨国企业的业务体系等。从此,博彦科技"牵手"微软,开始了与跨国企业合作的发展历程。

2003年,为了更好地配合微软等其他跨国企业的业务需求,博彦科技成立了日本子公司,进一步拓展了亚洲市场。2004年,博彦科技正式成立美国分公司,总部设在西雅图,并在洛杉矶、纽约、圣何塞、温哥华、博伊西等地设立了交付中心。紧跟微软等跨国企业进军中国本土的发展脚步,博彦科技在上海、广州、深圳、武汉、杭州、西安、苏州等主要城市深入布局,与跨国企业共同设立离岸交付中心,为客户提供贴身服务,形成了"在岸+离岸"相结合的交付模式,获得了更大的市场占有率和更有竞争力的客户服务

能力，提升了行业竞争力与国际地位，逐渐从软件外包服务商升级为微软等跨国企业的战略合作伙伴。

二、从被动技术服务到主动技术创新

博彦科技在与国内外客户的全方位合作中，不断总结技术和经验，逐步完善服务能力。同时，完善公司业务体系，建立内外部知识和技术共享平台，与客户共同开展新兴领域和前沿技术的研究，将大数据、云计算、移动互联等前沿技术融入高科技、互联网、金融、地产、零售、制造业、医疗、农业等多个领域。目前，博彦科技已拥有多项自主知识产权，实现了从被动的技术服务到主动的技术创新的转变，进一步加快实现博彦科技全球化布局的战略目标。

在服务客户的过程中，博彦科技发现传统行业的工作模式亟待进步，借助人工智能、大数据、云计算等技术可以直戳和解决许多领域内企业的痛点，并开始研究具有自主知识产权的核心技术。2017年，为了解决大数据时代的运维挑战，博彦科技自主研发的智慧运维管理平台利用人工智能以智慧运维方式解决传统运维效率问题，降低人力成本，帮助企业理顺数据，形成专家系统，让知识转化为生产力。同年，又自主研发出一款基于云端移动设备管理的企业级测试自动化软件平台——博彦妙测（Device Pulse），提高人工测试效率，促进测试自动化，实现持续测试、持续集成，从而帮助企业实现移动应用的快速迭代，并以更高的质量进行发布。

博彦科技与包括微软在内的多家跨国企业共同在大数据、移动互联和云计算等技术领域持续发力，帮助客户制定符合中国本土市场情况和特点的产品和解决方案。2018年，博彦科技与礼来中国展开合作，以微软认知服务的语义理解服务（LUIS）、机器人框架和QnA Maker服务为基础，探索智能对话机器人系统的实施和落地，用于辅助礼来数千名医药代表的工作，并扩展到IT服务、员工服务、客户支持等更广泛的应用场景中。

与微软、礼来合作开发智能机器人系统，打开了博彦科技探索人工智能的大门。2019年，博彦科技以具有独立自主知识产权的人工智能产品知识套件（Konwledge Base Suit，KBS）为基础，以知识图谱和自然语言为依托，与某临床营养领域跨国企业密切合作，打造了智能知识对话产品"智多星 AI 助手"，改变了传统的线下医药培训模式，为肠外营养全体医药代表提供线上实时在线答疑。

三、从国外到国内（海外业务助力国内业务发展）

目前，博彦科技在中国、美国、西班牙、日本、印度、新加坡和马来西亚等 7 个国家设有 40 余家分支机构、研发基地或交付中心，经过 20 多年的 IT 服务实践和行业积累，拥有了行业经验丰富、技术储备深厚的团队，成功为众多世界 500 强企业提供 IT 咨询、产品和解决方案。

近几年，我国软件和信息技术服务业将保持良好发展态势。根据工信部发布的《软件和信息技术服务业发展规划（2016—2020 年）》，到 2020 年，软件和信息技术服务收入将突破 8 万亿元，年均增长 13% 以上。随着国家创新驱动战略的实施和供给侧结构性改革的深入，创新红利、数据红利、模式红利、人才红利将持续释放，软件和信息技术将成为重要技术力量，促进社会和经济发展。实体经济与产业发展深度融合进程加速，为软件和信息技术服务产业的发展创造了巨大的市场空间，并不断催生新模式、新业态。博彦科技以此为契机，积极开拓国内软件市场。经过海外业务的成功实践，博彦科技拥有了成熟的交付能力和服务能力，在处理国内业务时变得驾轻就熟。加之近年来国家对于软件市场的政策鼓励和引导，博彦科技积极拓展新的金融科技与服务细分领域，拓宽物联网、新零售等领域业务板块的发展空间，快速进入金融、地产、汽车、交通、物流等多个垂直行业，更好地服务国内头部企业，取得良好业绩。

图 6-2 数据说明，2017—2019 年度，国内、国外营业收入呈逐年上升趋势。相较而言，国内营业收入上升速度较快，自 2018 开始，国内营业收入比重开始超过国外营业收入比重；到 2019 年，国内营业收入比重显著高于国外。这表明，博彦科技的战略布局逐渐从国外转向国内。未来，博彦科技将继续在中国软件市场深耕细作，紧跟市场需求，调整优化业务结构，不断发掘与客户合作的深度与广度。

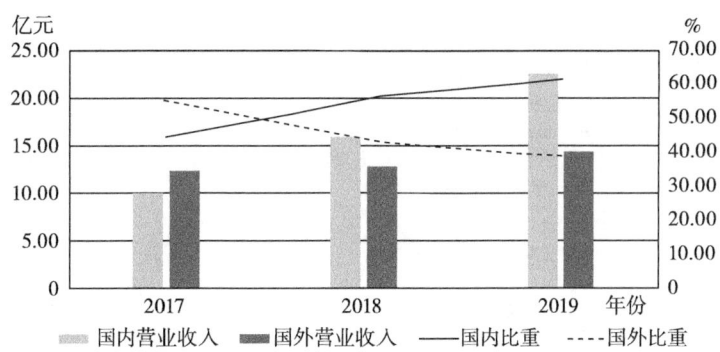

图6-2 博彦科技2017—2019年国内国外营业收入和比重一览

四、从国内到"一带一路"

2013年,我国提出建设"新丝绸之路经济带"和"21世纪海上丝绸之路"的"一带一路"倡议。在"一带一路"的政策驱动下,沿线国家也迎来了新的经济发展机遇,积极出台招商引资相关政策,如马来西亚政府计划实施"大吉隆坡计划",通过九大工程实施,吸引国际企业在本国设立据点(即分公司或办事处)。

博彦科技依托全球分支机构和交付中心的成功运营、多行业的积淀和跨文化的融合,以及立足中国本土的诸多优势,顺势而为,加大在"一带一路"海外新兴市场的布局,在沿线国家开展信息技术出海业务,把国内发展成熟的软件和硬件产品,以及创新的商业模式引到"一带一路"沿线国家和地区,并相继在新加坡、西班牙和马来西亚落地。

博彦科技贴身服务客户,因地制宜,发挥传统技术与新兴技术优势,在新加坡、西班牙、马来西亚为当地企业提供开发、测试、运维等传统技术服务,加快当地企业技术发展脚步。同时,着重推广自主研发的创新型解决方案,如物联网、新零售解决方案,助力当地传统行业实现数字化转型,使其更进一步地了解物联网、人工智能、大数据等新兴技术。博彦科技将以更加开放的心态与"一带一路"沿线国家和地区展开合作,因势利导,顺势而为,共同发展,共同进步。